BIBLIOTHÈQUE
DE L'ÉCOLE DES HAUTES ÉTUDES
PUBLIÉE SOUS LES AUSPICES DU MINISTÈRE DE L'INSTRUCTION PUBLIQUE

SCIENCES RELIGIEUSES

QUATRIÈME VOLUME

LA
MORALE ÉGYPTIENNE
QUINZE SIÈCLES AVANT NOTRE ÈRE

ÉTUDE
SUR LE
PAPYRUS DE BOULAQ N° 4

PAR

E. AMÉLINEAU
Maître de Conférences à l'École pratique des Hautes Études
(Section des Sciences religieuses).

PARIS
ERNEST LEROUX, ÉDITEUR
28, RUE BONAPARTE, 28

1892

BIBLIOTHÈQUE
DE L'ÉCOLE
DES HAUTES ÉTUDES

SCIENCES RELIGIEUSES

QUATRIÈME VOLUME
LA MORALE ÉGYPTIENNE

CHALON-SUR-SAONE
IMPRIMERIE FRANÇAISE ET ORIENTALE DE L. MARCEAU

LA

MORALE ÉGYPTIENNE

QUINZE SIÈCLES AVANT NOTRE ÈRE

ÉTUDE

SUR LE

PAPYRUS DE BOULAQ Nº 4

PAR

E. AMÉLINEAU

Maître de Conférences à l'École pratique des Hautes Études
(Section des Sciences religieuses)

PARIS
ERNEST LEROUX, ÉDITEUR
28, RUE BONAPARTE, 28
—
1892

INTRODUCTION

L'ouvrage que je publie aujourd'hui est une œuvre difficile qui m'a demandé beaucoup de travail et de soins. C'est le résultat des leçons que j'ai professées à la Conférence de Religion égyptienne, dans la section des *Sciences religieuses* de l'*École des Hautes Études*. Je n'ai aucunement la prétention de donner au public une œuvre qui soit en tout point irréprochable, qui rende le papyrus que j'ai traduit accessible à toute personne; dans les travaux égyptologiques, personne, à l'heure présente, ne peut avoir la prétention de publier des œuvres qui rendent désormais inutiles les études ultérieures, parce que le dernier mot de la science aurait été dit sur la question traitée : les ouvrages des égyptologues, les miens surtout, sont éminemment revisables, et il est probable que dans cinquante ans les progrès réalisés feront, des ouvrages publiés à cette fin de siècle, des œuvres bonnes à consulter pour les érudits, mais qui ne sauraient en aucune façon répondre aux besoins de la science d'alors. De même, je n'ai point davantage la prétention de rendre mon travail accessible à tous ceux qui pourraient être attirés par le titre : la langue égyptienne a ses tournures particulières, et j'estime qu'une traduction digne de ce nom doit avant tout se préoccuper de rendre bien fidèlement l'original. Mon livre ne sera donc point d'une lecture courante. Mais les esprits philosophiques habitués à chercher, sous l'enveloppe donnée aux idées, ces idées mêmes, ne pourront que gagner à le lire avec attention. Ils verront que la manière dont les premiers hommes comprenaient la morale ne ressemble guère à celle dont nous la comprenons aujourd'hui, après tout le progrès des siècles. Ils seront ainsi bien payés de leurs peines, puisqu'ils pourront voir plus loin dans cette antiquité humaine et tirer du spectacle qu'ils auront eu sous les yeux des conclusions neuves, vraies et profondes. Pour cela, ils n'auront qu'à mettre leur confiance dans celui qui voudrait être un guide plus sûr de lui-même et du chemin qu'il veut ouvrir.

Quelle confiance mérite cet ouvrage? Je tâcherai de le dire moi-même, et tout de suite. Si je ne regardais que ma personne, mon travail et ma peine, je pourrais peut-être dire qu'il mérite la confiance qu'on accorde à tout auteur qui se produit en public: il n'est point ici question de cette confiance particulière ; mais il y a d'autres questions à côté qu'il faut résoudre, celle par exemple de la lecture du papyrus, celle de l'intelligence des mots, celle des progrès généraux de l'Égyptologie. C'est à ces questions que je répondrai avec franchise. L'Égyptologie, quoique de date relativement restreinte, a fait des progrès considérables, si considérables même qu'on peut avoir toute confiance dans les traductions données par les égyptologues sérieux et qui se tiennent au courant de la science. Ces traductions sont certaines, si l'on ne regarde que le gros de l'œuvre : l'ouvrage de la postérité sera de corriger quelques nuances, en tenant compte des nouveaux progrès faits dans la grammaire égyptienne ; mais, je le répète, on ne saurait se tromper sur le sujet d'un papyrus, sur les phrases elles-mêmes et l'on peut avoir confiance dans les traductions données. Quelquefois, on se trouve en présence d'un mot encore inconnu, ou dont le sens n'est pas bien précis : cette sorte d'inconvénients se trouve dans presque toutes les langues mortes, et la science a dans ce cas la méthode de comparaison qui lui sert à établir le sens du mot cherché. Dans cet ouvrage, les mots nouveaux ou à acception nouvelle sont très rares, si même ils existent. Reste la lecture. La lecture des papyrus hiératiques est aujourd'hui sortie à tout jamais des ambiguïtés de la première heure, et certains savants peuvent défier toute correction dans la transcription hiéroglyphique qu'ils ont donnée des papyrus hiératiques. Cependant là encore, quelques signes ont défié tous mes efforts: mais ils sont très peu nombreux, à peine deux ou trois. On peut donc être assuré de la certitude de la transcription des signes hiératiques en signes hiéroglyphiques : par conséquent les causes de confiance sont assez nombreuses. Quant à la traduction, les savants compétents jugeront si elle est bonne : j'ai du moins fait tous mes efforts pour la rendre aussi bonne que je le pouvais, et je crois pouvoir affirmer qu'elle forme un notable progrès sur les autres traductions données antérieurement et dont je parlerai bientôt. C'est pourquoi je la publie. Les progrès de la science depuis plus de vingt ans qu'ont été données au public les premières traductions, ont été immenses : il n'est donc pas étonnant qu'en les appliquant à la traduction de ce papyrus, j'en ai moi-même éprouvé les effets.

Comme je dois dans cette introduction traiter, autant qu'il m'est possible, toutes les questions qui ressortent du papyrus en question, je les diviserai en deux parties; dans la première, je parlerai de celles qui se rattachent à la publication du papyrus et je ferai l'historique des travaux dont il a été l'objet; dans la seconde, je dirai ce qu'était la morale égyptienne en m'appuyant sur ce papyrus et sur ses similaires.

I

Le papyrus dont je présente la traduction faisait partie du musée de Boulaq; il fait aujourd'hui partie du musée de Gizéh, car les monuments du musée de Boulaq ont été transportés au palais de Gizéh, où ils n'auront plus à craindre l'effet désastreux des inondations du Nil. Il a été publié par Mariette en 1872, et il porte le numéro IV de la collection alors réunie à Boulaq : il comprend neuf planches numérotées 15-23 du premier volume des *Papyrus égyptiens du musée de Boulaq, publiés en fac-similé sous les auspices de S. A. Ismaïl-Pacha, Khédive d'Egypte*. Cette date est la date officielle telle que je la trouve sur la couverture du livre de M. Maspero : *Du genre épistolaire chez les anciens Egyptiens de l'époque pharaonique*; elle doit faire loi en librairie ; mais dès l'année précédente, quelques exemplaires devaient se trouver entre les mains de certains savants, puisque deux traductions datent de 1871.

Le fait est que l'édition était faite dès l'année 1870, qu'une première préface était composée et imprimée, où Mariette disait : « Papyrus n° 4. — TRAITÉ DE MORALE. — Acheté à Louqsor. Le papyrus est opistographe. Les planches 25 à 29 reproduisent les textes écrits au recto ; les planches 15 à 23 les textes écrits au verso[1]. » Mariette ne fut sans doute pas content de sa première préface, car il la remania, l'amplifia et la publia avec la date 1871. Il dit dans cette seconde préface : « Le papyrus n° 4 a passé par plusieurs mains avant d'entrer au Musée. Nous l'avons acheté avec le papyrus n° 5[2] et le papyrus n° 7[3], et un précieux ensemble de lettres en langue copte sur papyrus. C'est, dit-on, près de Deir-el-Médinet (Thèbes) et dans une tombe chrétienne que ces manuscrits auraient été trouvés, enfermés dans un coffre de bois.................. Le papyrus n° 4 est un traité de morale analogue à la composition littéraire qui nous a été conservée par le monument que la science connaît sous le nom de Papyrus Prisse. Vers la fin, on rencontre une sorte de dialogue entre le prêtre, au nom duquel le texte est écrit, et son fils. Le papyrus n° 4 a été déjà deux fois l'objet de

---

1. A. MARIETTE: *Papyrus égyptiens du musée de Boulaq*. Préface de 1870, p. 3.
2. C'est-à-dire le conte démotique de Satni Khamoïs.
3. C'est-à-dire le papyrus connu sous le nom de *Papyrus des Heures*.

l'attention de M. de Rougé¹. M. Maspero en a traduit une partie dans le *Journal de Paris* du 15 mars 1871. — Au verso des pièces incomplètes qui paraissent n'être que des exercices d'écriture². »

Cette seconde préface nous informe donc de l'origine presque certaine de notre papyrus : il fut trouvé dans une boîte, sur le sol d'une tombe de moine chrétien qui lisait le papyrus de morale, en même temps que le conte de Satni, et qui diversifiait ses occupations par l'étude des papyrus contenant la description du domaine des heures de la nuit, c'est-à-dire d'un papyrus funéraire. On voit ainsi que les moines chrétiens dans la Haute-Égypte n'avaient pas répudié la science de leurs ancêtres. Au VIIe siècle de l'ère chrétienne, presque au lendemain de l'invasion persane en Égypte, l'évêque de Coptos (Qeft), Bisendi (Pisentios), pouvait couramment lire les listes de momies qui se trouvaient dans un tombeau de Thèbes³. Ainsi le texte fameux, où Clément d'Alexandrie affirme que nul, de son temps, ne savait plus en Égypte se servir des anciennes écritures, est complètement contraire à la vérité telle qu'elle ressort des documents.

Le papyrus n° 4 du musée de Boulaq est acéphale, ce que ne dit pas Mariette, mais ce qui se voit du premier coup d'œil et ce qu'il avait lui-même vu. Tout le préambule manque et l'on ne peut dire combien il y avait de planches avant celle qui commence le papyrus dans son état actuel. Ce préambule nous aurait instruits sur quantité de choses importantes à savoir pour bien établir le premier état de la morale égyptienne ; il nous faut malheureusement nous en passer et nous contenter de ce que le sort nous a donné. Le papyrus commence par des débris qui appartiennent au moins à deux planches différentes, et je suis persuadé pour ma part que

1. Mariette cite en cet endroit le titre du premier opuscule de M. de Rougé et dit ne pas connaître le titre du second. J'en parlerai plus loin.
2. *Papyrus égypt. du mus. de Boulaq*, p. 9.
3. E. AMÉLINEAU : *Étude sur le Christ. en Ég. au VIIe siècle*, p. 144.

les débris qui forment la première planche de la publication des papyrus de Boulaq devaient appartenir à quatre ou cinq planches précédentes. De la dernière de ces planches, il reste environ la moitié; je ne m'en suis pas servi, car il m'a paru bien difficile, sinon impossible, de traduire un texte coupé par la moitié, quoique M. de Rougé l'ait tenté en partie dans son dictionnaire manuscrit[1]. Je n'ai commencé la traduction qu'à la première ligne de la planche seizième.

Si le papyrus est acéphale, il ne contient plus que de légères lacunes, provenant de l'usure du papyrus et de l'effacement de quelques lettres : nous en avons sans interruption la suite jusqu'à la fin. Le nom de l'auteur du traité de morale s'y trouve et cet auteur est connu dans la science sous le nom d'Ani : il parle à son fils qui se nomme ordinairement Khonsou-hôtep. Je crois qu'il faut changer les termes de la proposition, que le père, auteur du traité de morale, s'appelle Khonsou-hôtep et que le fils s'appelle Ani. J'ai deux raisons pour préférer ce changement : la première n'est pas absolument certaine, quoique très probable ; la seconde est une raison de grammaire. Pour expliquer la première, je suis obligé d'entrer dans quelques détails sur les autres traités de morale égyptienne que nous possédons, et j'espère qu'on me le pardonnera.

Les traités de morale égyptienne que nous connaissons se bornent à trois, outre le papyrus de Boulaq, dont les deux premiers sont contenus dans le papyrus Prisse, et le troisième dans un papyrus démotique du Louvre. De ce dernier je ne dirai mot, car il ne contient que des maximes détachées, dont quelques-unes sont intraduisibles par suite des lacunes, et elles ne se rapportent qu'à des devoirs généraux. Des deux autres que contient le célèbre papyrus Prisse, le premier aussi est acéphale, le second est complet. Le premier n'a pas de nom d'auteur, quoiqu'on ait attribué à tort la paternité de

---

1. C'est ce que l'on conclut du *vocabulaire* de M. Pierret où plusieurs phrases sont citées.

cet ouvrage à un certain Kaqemni : le texte ne dit pas en effet que ce personnage avait composé le traité de morale, mais qu'après la mort du roi Houni et l'avènement du roi Snéfrou, Kaqemni devint un comte nomarque[1]. On en a conclu que ce Kaqemni était l'auteur du livre, lorsqu'il eût été beaucoup plus simple de conclure que c'était à lui qu'était adressé le traité de morale qui ouvre le papyrus Prisse et que les paroles auxquelles je viens de faire allusion montrent qu'il avait été un élève docile, qu'il avait pratiqué les préceptes qu'on lui avait enseignés et qu'une telle conduite l'avait désigné pour les plus hautes charges. S'il n'en était pas ainsi, à quoi bon la mention que Kaqemni fut fait comte nomarque ? D'ailleurs, une autre observation vient encore rendre plus probable celle qui précède. Je ne crois pas, et j'en dirai plus bas la raison, que les traités de morale égyptienne soient authentiques, c'est-à-dire, qu'ils soient l'œuvre du personnage auquel on les attribue ; j'en trouve ici une preuve indirecte. Si Kaqemni eût réellement obtenu la dignité susdite, l'auteur ne se serait pas contenté de dire qu'il fut fait comte nomarque ; mais il eût dit que Kaqemni fut créé comte nomarque de tel nome particulier. Je suis donc en droit, ce me semble, de considérer cette mention comme la mention d'une récompense idéale, prouvant seulement l'excellence du livre qui finissait.

Le second traité nous est arrivé avec le nom de l'auteur auquel il est attribué, et cet auteur est un certain Petah-hôtep. Ce Petah-hôtep était fils aîné du roi sous le règne d'Assi, pharaon de la ve dynastie : on ne peut guère douter que ce pharaon ne soit donné comme le père de Petah-hôtep[2]. Malheureusement si le pharaon Assi se trouve bien mentionné parmi les pharaons de la ve dynastie, il n'en est pas de même de Petah-hôtep qui aurait dû être nommé comme fils aîné du roi ; car le roi Assi n'a qu'un seul fils qui

---

1. Voir le texte dans VIREY : *Étude sur le papyrus Prisse*, p. 24.
2. *Ibid.* p. 23 et 32-33.

soit nommé dans les généalogies de cette époque reculée, et ce fils se nomme Asse-ônekh. Je ne veux pas dire cependant que cette filiation ne soit pas possible, car nous sommes loin de posséder la liste complète des familles royales de la ve dynastie, et je croirais même assez volontiers qu'elle devait être exacte. Petah-hôtep avait lui-même un fils et c'est à ce fils, qui n'est pas nommé, qu'est adressé son livre de morale. Or, toujours en admettant ce que je prouverai tout à l'heure, que le traité n'est pas authentique, je p... mes lecteurs d'observer comment est composé le nom de l'auteur : un nom de divinité et une racine égyptienne : Petah + hôtep, le nom de la divinité étant celui du dieu adoré à Memphis. La raison de cette dénomination est qu'on mettait sous la protection du dieu Petah le livre de morale qui était publié. De même le nom de Khonsou-hôtep est composé exactement de la même manière : Khonsou-hôtep ; mais ici au lieu de mettre le livre sous la protection de Petah, qui est un dieu memphite, on le met sous celle de Khonsou qui est un dieu thébain, puisque c'est à Thèbes qu'a été trouvé le papyrus. C'est la première raison qui est plûtôt une raison d'analogie, mais qui cependant a une certaine force, quoi qu'elle ne soit pas péremptoire.

La seconde raison, raison beaucoup plus forte, péremptoire jusqu'à un certain point, est une raison de grammaire que je ne ferai qu'indiquer ici, parce que je l'ai traitée tout au long dans le cours de mon travail. J'ai fait observer ailleurs [1] ce qui déjà était connu auparavant [2], mais avec moins de détails, que le verbe égyptien pouvait se présenter sous un triple état, l'état construit, l'état avec un régime annoncé par une préposition, et enfin l'état avec suffixe. Je n'ai à parler ici que du premier de ces trois états. Quand le verbe égyptien est à l'état construit, il se fait remarquer par une vocalisation plus faible, il est suivi immédiatement de son régime et

---

1. E. Amélineau : *Lettre à M. Maspero*, etc., dans le *Recueil*, tome xii.
2. Cf. Schwartze : *Das alten Ægypten* ; et Stern : *Koptische Grammatik* qui a copié Schwartze.

a son sujet après son régime. C'est le cas ici, comme je le montrerai plus loin, et c'est pourquoi j'ai été amené à changer l'attribution de l'ouvrage que l'on disait être l'œuvre d'Ani, quand il est donné comme l'œuvre de Khonsouhôtep[1].

D'ailleurs ce n'est là qu'une chose de peu d'importance, parce que je crois que ces sortes d'œuvres ne sont pas authentiques, et qu'elles ont été attribuées à des hommes du passé afin de leur donner un air d'authenticité qui les faisait bien accueillir. J'ai déjà démontré avec évidence qu'il en était ainsi pour les œuvres citées dans l'introduction que j'ai placée en tête de mes *Contes et Romans de l'Egypte chrétienne*[2]. Or, on voudra bien s'assurer que les habitudes littéraires en honneur chez les Coptes n'ont pu être introduites tout d'un coup en Egypte et être acceptées favorablement des Egyptiens chrétiens. Il est beaucoup plus raisonnable de croire que les auteurs coptes n'avaient agi de la sorte que par suite d'une longue habitude déjà contractée dès les temps les plus anciens par leurs aïeux. En effet, à l'époque ptolémaïque nous voyons qu'un grand nombre de livres gréco-égyptiens qui nous sont parvenus sont attribués à Hermès Trismégiste; en remontant presque à la naissance de l'empire égyptien, nous voyons dans le livre le plus ancien du monde, le livre des morts, que certains chapitres de ce livre étrange ont été composés par Thoth, l'Hermès-Trismégiste des Alexandrins, et ces chapitres existaient déjà au temps des Pyramides. La continuité de l'habitude de ce que nous nommerions aujourd'hui œuvre apocryphe ou œuvre de faussaire est donc démontrée, et il ne sera pas surprenant que les œuvres de morale aient eu le même sort que l'œuvre religieuse par excellence en Egypte, le livre des morts. De même qu'on représen-

1. M. Maspero (*Lectures historiques*, p. 16), semble être parvenu aux mêmes conclusions; mais il n'a pas donné les raisons qui l'ont conduit à cette constatation.
2. E. Amélineau: *Contes et Romans de l'Eg. chrét.* 1 p., XXVII-XXIX.

tait certains chapitres du livre des morts comme l'œuvre d'un dieu afin de leur donner plus d'autorité et de vertu, de même on représentait les œuvres morales comme celles d'hommes célèbres par leurs vertus et leur longue vie, afin de leur attribuer plus d'autorité, sinon plus de vertu. De là vient que l'auteur du livre de Petah-hôtep dit à la fin de son ouvrage : « Cela (ces préceptes) m'a fait gagner cent dix années de vie, avec le don de la faveur du roi, parmi les premiers de ceux que leurs œuvres ont fait nobles [1]. » De là aussi la mention que Kaqemni fut créé comte nomarque à l'avènement du pharaon Snefrou.

D'ailleurs, si l'on veut bien considérer la forme littéraire de chacune des œuvres de morale qui nous sont parvenues, on sera persuadé que les traités de morale ne sont pas aussi anciens qu'on veut bien les dire et que l'attribution d'une antiquité reculée à ces traités rentrait dans les moyens littéraires que tout scribe égyptien, plus ou moins, avait à son service. On connaît déjà la conclusion du livre incomplet qui commence le papyrus Prisse ; le second, celui de Petah-hôtep a un préambule très étudié sur le malheur d'être vieux et les infirmités de la vieillesse ; il a une conclusion assez longue, très flottante, où l'auteur se répète plusieurs fois, sur les avantages de l'obéissance. Notre auteur a varié un peu la conclusion, il a institué un dialogue entre son fils et lui-même et il a terminé par un trait qu'il considérait sans doute comme un trait d'esprit. Or, à l'époque où l'on voudrait faire remonter les traités de morale, ce n'était guère le style en usage dans les monuments qui datent certainement de l'époque des pyramides ; de plus à toutes les époques, ce n'est point là le ton que prend un père pour instruire son fils. En un mot la vérité, comme a dit Molière, ne parle point toute pure dans ces sortes de compositions : elle est très

---

1. VIREY : *Etude sur le Papyrus Prisse*, p. 107. Cette traduction ne me semble pas inattaquable.

apprêtée et très ornée, autant que pouvaient le faire les auteurs égyptiens à cette époque reculée.

Maintenant, à quelle époque faut-il faire remonter notre papyrus? On a fait remonter le papyrus Prisse jusqu'à la fin de la IIIe dynastie, parce que le nom du pharaon Houni s'y trouve[1]. Il en faut rabattre quelque peu, ce qui n'empêche point que ce ne soit un livre des plus anciens du monde. Selon toute vraisemblance, le papyrus Prisse a été copié vers la XVIIe dynastie, et les œuvres qu'il contient peuvent remonter jusqu'à la XIIe[2]. Ce papyrus prend soin lui-même de nous avertir qu'il a été « écrit, de son commencement à sa fin, conformément à ce qui se trouve en écrit[3] ». Le papyrus moral de Boulaq ne peut prétendre à une aussi haute antiquité. Tout d'abord le nom même de Khonsou-hôtep, qui est celui de l'auteur auquel il est attribué, n'est pas aussi ancien que le nom de Petah-hôtep. Peut-être remonte-t-il à la XIe ou XIIe dynastie. Si l'on calculait l'époque de sa composition d'après le laps de temps qui s'écoula entre la Ve et la XIIe dynastie, on serait amené à en placer la composition quelque part vers la XVIIe et la XVIIIe dynasties. Ce qu'il y a de remarquable, c'est que le papyrus moral de Boulaq fait allusion à des mœurs qui semblent avoir été inconnues à l'auteur du papyrus Prisse; par exemple, ce que l'auteur appelle les *maisons de bière*, et ce que nous nommerions aujourd'hui les cafés, ou plutôt les établissements de marchands de vin. En outre certaines expressions, et certaines phrases qui se rencontrent dans la conclusion de notre œuvre, nous reportent vers la XVIIIe ou la XIXe dynastie, car l'on trouve dans les documents de cette époque des phrases qui ont un air de parenté intime avec les phrases qui terminent notre papyrus. Or, pour rencontrer des mœurs et des phrases identiques

---

1. Chabas, en particulier, dans le premier de ses travaux sur le papyrus Prisse.
2. M. Griffith lui a attribué la même époque: *Proceedings of the Society of B. Arch.* Vol. XIII p. 65-66, 145-146.
3. Virey: *Etude sur le papyrus Prisse*, p. 107.

dans des œuvres différentes, il faut que les mœurs aient été communes et que les phrases aient été dans l'air. C'est pourquoi je mettrai la composition de notre traité de morale vers la xviiie ou la xixe dynastie, peut-être même un peu plus tard.

Quant à la date du papyrus de Boulaq, elle est encore beaucoup plus récente et il faut la rapprocher de nous de trois ou quatre dynasties au moins. En effet l'écriture hiératique s'y montre étroitement apparentée avec l'écriture démotique : certains signes sont faits exactement comme dans certains papyrus démotiques de la xxvie dynastie; cependant le caractère général de cette écriture se rapproche beaucoup plus du caractère hiératique que du caractère démotique : c'est pourquoi j'attribue au papyrus de Boulaq une antiquité un peu plus reculée que la xxvie dynastie, qui est l'époque antérieure à la conquête persane de Darius.

J'en aurai fini avec ces questions préliminaires en disant que rien dans le texte en question ne vient en aide à la supposition que Khonsou-hôtep était un prêtre, comme le dit Mariette[1], ou un hiérogrammate, comme le veut M. de Rougé[2]. Mais ce sont là deux qualités bien vraisemblables : l'auteur n'aura certes pas négligé ce qui était élémentaire pour donner de l'autorité à l'œuvre composée. D'ailleurs, c'est une question assez oiseuse.

Il importe maintenant davantage de parler des travaux auxquels a donné lieu le papyrus de Boulaq. Longtemps avant la publication de Mariette, E. de Rougé avait entretenu le public du contenu de l'œuvre égyptienne dans une séance générale des cinq Académies, tenue le 4 août 1861. Le mémoire qu'il lut à ce propos parut dans le *Moniteur*, le 25 du même mois[3]. Presque dix années s'écoulèrent

---

1. Mariette : *Les pap. Eg. du mus. de Boulaq*, 1, p. 9.
2. De Rougé dans le *Moniteur* du 25 août 1861.
3. Mariette se trompe en donnant dans sa préface (*Papyrus Egypt. du mus. de Boulaq*, p. 9) la date du 23 août pour cette publication.

ensuite sans que le papyrus moral de Boulaq attirât l'attention dont il était digne. Mais dès le mois de mars 1871, comme la publication de Mariette avait paru, M. Maspero donna du papyrus moral un très court aperçu dans le *Journal de Paris*, le 15 mars. Au mois d'août de la même année, M. Maspero fournit à la revue anglaise l'*Academy* une analyse plus étendue de notre papyrus. La même année encore, E. de Rougé analysa le traité moral de Boulaq dans une des séances ordinaires de l'Académie des *Inscriptions et Belles Lettres* et il en donna une traduction complète[1]. Cette traduction de l'honorable académicien, qui avait été le restaurateur en France, et on peut dire dans toute l'Europe savante, de la méthode et des études de Champollion, était déjà en grande avance sur la traduction des passages qui avaient été traduits auparavant, soit par lui-même dans le mémoire cité plus haut, soit par M. Maspero dans des articles faits pour la presse courante et qui ne demandent qu'à frapper l'attention du gros public.

Chabas, dont la mort prématurée a causé un si grand regret dans la tribu égyptologique, consacra de son côté son dernier ouvrage au papyrus moral de Boulaq[2]. Jusqu'à l'apparition du journal *L'Égyptologie*, il avait fallu s'en tenir aux traductions partielles et à la traduction complète d'E. de Rougé, sans avoir le texte sous les yeux, à moins qu'on n'eût le texte hiératique publié par Mariette; avec le journal que Chabas écrivait et imprimait lui-même, on eut non seulement le texte hiératique sous les yeux, mais encore la transcription hiéroglyphique, la traduction et la discussion entière de chacun des mots qui composaient le papyrus. Ce nouveau travail, œuvre d'un savant qui avait déjà tant fait pour l'avancement des études hiératiques, ne fit cependant pas progresser la science autant que le croyait Chabas. Toutefois

---

1. *Comptes rendus des séances de l'Acad. des Inscr. et Belles L.*, 1871, p. 340-350.
2. Chabas : *L'Égyptologie*. Ce recueil est entièrement consacré à ce papyrus.

il constitue un progrès sérieux, quoiqu'en un certain nombre d'endroits la quasi-nécessité où se trouvait Chabas de prétendre traduire avec plus de méthode que ne l'avait fait avant lui E. de Rougé l'ait conduit vers des sens hasardés et insoutenables : il manquait à Chabas, non pas de ne pas connaître assez les auteurs grecs ou latins, comme on le lui a si souvent reproché, mais de connaître l'Égypte. Si Chabas eût fait un voyage en Égypte, quantité de choses qu'il ne pouvait s'expliquer lui seraient apparues ; il eût pu presser son texte de plus près et par conséquent mieux traduire. Malgré tout, son travail reste une œuvre sérieusement conçue et faite sérieusement.

Depuis l'année 1878, date où M. Chabas termina son important et volumineux travail sur le papyrus moral de Boulaq, aucun ouvrage n'a été fait sur ce papyrus ; cependant quelques savants, comme M. Erman[1] en Allemagne et M. Maspero en France[2], ont eu l'occasion d'en traduire certains passages.

En m'occupant, après de si grands savants dans la science égyptologique, d'un papyrus qui a déjà été le sujet de travaux si importants, je n'ai d'autre prétention que de prouver à ceux qui furent mes maîtres que j'ai profité de leurs leçons. Depuis vingt ans que datent les premiers travaux sur ce papyrus, la science a progressé, elle a marché à pas de géant, on a étudié beaucoup les papyrus hiératiques, on a fait de très bonnes études et de très bonnes remarques sur la grammaire : il n'est donc pas étonnant que, le dernier venu, quoique je ne saurais et ne voudrais me mettre à la suite immédiate de savants illustres, il n'est pas étonnant, dis-je, que mon travail soit en progrès sur celui de mes devanciers. D'ailleurs j'ai été sur un point plus favorisé qu'ils n'avaient été par la fortune : j'ai eu en effet l'avantage inappréciable d'avoir fait

---

1. ERMAN : *Ægypten.*
2. MASPERO : *Lectures historiques et Études égyptiennes*, vol. I.

un long séjour en Égypte, de pouvoir examiner moi-même les mœurs quotidiennes d'un peuple qui, malgré les révolutions politiques et sociales qui l'ont assailli, est resté en grande partie le même. Je n'ai donc eu qu'à ouvrir les yeux pour voir : la chose n'était pas très difficile et je n'ai aucun mérite à l'avoir faite. Un nombre assez considérable de maximes ont trait à des mœurs qui existent toujours. Par conséquent ceux de mes devanciers qui n'ont pas eu l'avantage de connaître l'Égypte, ou ceux qui n'y ont fait que des séjours peu prolongés, ne pouvaient pas deviner ce qui était si opposé à nos propres coutumes. En outre il y a dans les maximes de Khonsou-hôtep des sentences vraies en tout pays et en tout temps : un peu de philosophie m'a fait reconnaître les dites sentences. Je l'ai déjà dit souvent, et je le répète encore ici, les Égyptiens étaient des hommes tout comme nous : s'ils ont parlé, c'est sans doute pour se faire comprendre, et si nos traductions présentent à l'attention d'un lecteur qui se donne la peine de réfléchir des non-sens ou des sens tellement absurdes qu'on peut se demander si vraiment les hommes qui auraient ainsi parlé étaient des hommes sains d'esprit, il faut avoir le courage de le dire, nous n'avons pas compris le sens de ce que nous avons traduit. Le temps de ces traductions empiriques est désormais fini : quelques retardataires s'obstinent seuls à traduire ainsi. On trouvera plusieurs exemples de ces sortes de traductions en lisant mon travail : je les ai combattues ; c'était mon droit et mon devoir ; mais je proteste que jamais il n'est entré de sentiment d'amertume ni aucun sentiment de mépris pour les travaux de mes prédécesseurs. Bien souvent ce sont les fautes mêmes qu'ils ont faites qui m'ont fait trouver le véritable sens, ou ce que j'ai regardé comme le véritable sens des maximes du vieux scribe égyptien. La science a des droits et impose des devoirs. Et puis, ce ne serait pas la peine de publier un ouvrage, si je ne savais rien y apprendre à mes lecteurs.

Cependant, malgré tous mes efforts, certains passages de ce papyrus restent encore inexplicables, soit par suite des difficultés du texte, soit par suite des quelques lacunes qui s'y trouvent. Pour les lacunes je ne me suis pas senti en droit de les combler, quand les signes qui restaient ne rendaient pas la restitution certaine, ou quand le sens n'exigeait pas évidemment le mot que j'ai traduit, et encore dans ce dernier cas j'ai restitué le mot dans ma traduction, mais je me suis donné garde de le restituer dans le texte. Au contraire du papyrus Prisse qui, d'après la démonstration de M. Griffith[1], est rempli de fautes, ce dont on s'aperçoit d'ailleurs quand on l'étudie et qu'on essaie de le traduire, le papyrus moral de Boulaq ne contient guère de fautes ; mais il a une exubérance remarquable de signes qu'on appelle déterminatifs et de voyelles. Ce n'est plus l'écriture et l'orthographe employées dans les papyrus de ce que nous nommons la bonne époque; mais les difficultés de traduction sont bien moins grandes. La principale des difficultés vient assez souvent de l'emploi de mauvais déterminatifs ; mais je n'ai usé qu'avec la plus grande prudence du droit que j'avais d'examiner et de rejeter ces déterminatifs. Le temps n'est plus où l'on regardait les manuscrits comme inviolables, parce qu'on ne pouvait les voir défectueux en quoique ce soit; j'ai montré, pour ma part, que les scribes coptes avaient souvent fait des fautes extraordinaires, et d'autres avec moi se sont chargés de montrer que les scribes coptes n'avaient pas dégénéré, que leurs habitudes étaient le résultat d'habitudes antérieures à eux léguées par leurs aïeux.

Enfin je place mon travail sous l'abri des paroles suivantes qu'a écrites E. de Rougé : « Il y aura là, a-t-il dit en parlant du papyrus moral de Boulaq, pendant de longues années, de beaux sujets d'études, pour les jeunes savants qui se destinent à soutenir l'honneur de l'érudition française. Nous

---

1. Dans les *Proceedings of the Soc. of B. Ar.* Vol. XIII p. 145-146.

cherchons ici, dans la mesure de nos forces, à leur ouvrir une fois de plus la voie du progrès[1]. » Je suis entré dans la voie que je me suis cru ouverte, n'ayant rien tant à cœur que de soutenir, selon mes forces, l'honneur d'une science qu'un Français a créée, qu'un autre Français a régénérée et que la France fait tant d'efforts pour entretenir toujours forte, toujours glorieuse.

II

La morale égyptienne n'a jamais fait jusqu'ici le sujet d'un travail d'ensemble et pour une bonne raison : c'est qu'on n'avait pas de matériaux pour construire un édifice durable. Les auteurs grecs qui nous ont le plus parlé de l'Égypte, comme Hérodote, Diodore, Strabon et les autres, n'ont presque rien dit sur ce sujet, parce qu'ils n'ont jamais eu une connaissance suffisante des mœurs égyptiennes. Aucun des auteurs grecs ne s'est trouvé en rapport de société et d'amitié avec les membres les plus élevés, les plus instruits de la caste sacerdotale, ou simplement des scribes habiles dans leur métier et ayant conquis une réputation de célébrité quelconque. Ceux d'entre eux qui ont visité l'Égypte, surtout Hérodote, outre qu'ils ont pu par la suite, en écrivant leurs ouvrages, faire plus d'une méprise que nous prenons depuis des siècles pour l'expression exacte de la vérité, n'ont été en relations qu'avec des membres infimes du clergé égyptien qui leur racontaient les contes que l'on disait sur chacun des pharaons les plus renommés, qui n'avaient aucun souci de la vérité, qui se moquaient vraisemblablement de la crédulité du voyageur grec et qui, après lui avoir dit : « Vous autres, grecs, vous n'êtes que des petits garçons, » le trai-

---

1. *Comptes rendus de l'Académie des inscrip. et belles lett.* 1871, p. 342.

taient véritablement en petit garçon[1]. Ces guides peu au courant de la haute culture égyptienne, habitués au contraire à toutes les ruses et à tous les artifices des cicérones de cette époque reculée, n'avaient qu'un souci : amuser le voyageur grec qui s'était fié à eux et lui en donner pour son argent. Aujourd'hui encore, il n'est pas, dans la ville du Caire, un ânier quelque peu rusé qui ne s'offre à vous conduire partout où vous voudrez aller et qui se charge de vous faire les honneurs des monuments que vous voulez visiter. En outre, chaque monument public en Égypte a ses habitués, chargés de recevoir les étrangers, de leur faire visiter les mosquées, les palais, les musées qui existent et qui s'efforcent de vous faire plaisir en attendant quelque *bakschisch*. Quel fond peut-on faire sur les indications de pareils guides ? Et si quelque voyageur moderne s'avisait de recueillir avec soin tous les récits fantastiques ou vrais qui lui seraient ainsi faits, on n'aurait pas assez de sarcasmes pour sa crédulité. Et c'est cependant ce que méritent le plus souvent les auteurs grecs qui nous ont fait connaître ou ont prétendu nous faire connaître l'histoire d'Égypte, les mœurs et les coutumes de ce pays à une époque aussi reculée, et nous les avons acclamés comme nous aurions fait pour les hommes les plus consciencieux et les mieux informés : consciencieux, certes ils l'étaient, et leur crédulité extrême était l'effet de leur temps; mais alors il ne faut pas leur demander ce qu'ils ne peuvent nous donner. L'un de ces auteurs vient confirmer cette manière de voir par un texte que je citerai; quoique cet auteur, je veux parler de Clément d'Alexandrie, ne mérite pas une égale confiance sur tout ce qu'il a dit de l'Égypte, cependant ses paroles cadrent si bien avec mon sentiment sur ce sujet que je ne puis les rejeter : « Les Égyptiens, dit-il, ne révélaient

---

1. Je n'ajoute guère confiance aux noms, cités par quelques auteurs, des prêtres qui auraient été les maîtres de Solon, de Pythagore et de Platon : ils me semblent tant soit peu apocryphes, quoiqu'égyptiens, et l'on n'aurait pas attendu le second siècle de notre ère pour les connaître.

pas leurs mystères à toute sorte de personnes et ne portaient point la connaissance des choses divines aux profanes, mais à ceux seulement qui devaient parvenir au trône et à ceux d'entre les prêtres les plus distingués par l'éducation, la science et la naissance[1]. » A la vérité, Clément d'Alexandrie parle ici des mystères et des *choses divines*; mais il faut se rappeler que tout ce qui sortait de l'ordinaire était regardé comme divin, et surtout qu'au commencement de la civilisation, les prêtres avaient grand soin de garder soigneusement cachés leurs rites et leurs cérémonies, afin de mieux tenir le peuple en haleine. Par conséquent ce n'est pas chez les auteurs grecs qu'il faut chercher des renseignements précis et certains sur ce que nous nommons aujourd'hui la morale. A part quelques renseignements vagues, quelquefois vrais, quelquefois faux, d'autrefois non suceptibles du contrôle de la science contemporaine, comme certaines des affirmations de Diodore de Sicile sur les lois en usage en Égypte, nous ne connaissons absolument rien par les auteurs grecs de ce que nous comprenons maintenant sous le nom d'éthique ou de morale et je rechercherai plus loin si les Égyptiens eux-mêmes entendaient bien, dans ce que nous nommons leurs papyrus moraux, la même chose que nous.

Depuis les auteurs grecs, à part quelques allusions qu'on peut rencontrer dans les auteurs latins, on ne trouverait jusqu'à notre époque aucun travail qui soit réellement personnel sur cette question. Cependant les auteurs ne manquent pas, d'histoire universelle comme d'histoire ancienne, qui ont parlé des mœurs égyptiennes dans leurs ouvrages, et qui, comme Bossuet, ont accusé les Égyptiens de toutes les superstitions les plus absurdes, sans voir que les Égyptiens ne différaient pas en cela des autres hommes, qu'ils leur étaient même supérieurs. Ceci n'est pas chose étonnante, puisque tous les auteurs, jusqu'à l'immortelle découverte de Cham-

---

1. Clem. Alexandr. *Stromates.* V. p. 566 c. (*Patr. græc.*)

pollion, n'avaient à leur service que les rares textes des auteurs grecs ou latins. Cependant, depuis la découverte de Champollion, la morale égyptienne n'a fait le sujet d'aucun travail particulier, et même pour les papyrus moraux on s'est contenté d'expliquer leur texte philologiquement, en ayant soin toutefois, comme Chabas, de faire ressortir la ressemblance de leur contenu avec les sentences et les proverbes du peuple hébreu. On avait cru que cette traduction était encore trop défectueuse pour risquer, sur sa base, l'élévation d'un édifice qu'un souffle eût fait s'écrouler. On l'a tenté récemment malgré tout, et cela d'après le contenu d'un papyrus démotique; la tentative a montré plus de zèle qu'elle n'a eu de succès, et la faute me semble tout entière peser sur l'intention de l'auteur qui n'y va pas, comme on dit vulgairement, par quatre chemins, et qui d'un seul coup a voulu prouver que le Christianisme avait pris un assez grand nombre de ses doctrines morales dans l'ancienne Égypte. Mais il faut citer M. Revillout, puisqu'il s'agit de cet auteur :

« Le droit, dit-il, après avoir parlé de ce qui selon lui est la part des Babyloniens et des Grecs dans la civilisation générale, le droit, en prenant ce mot dans son acception la plus haute; la morale, ses applications aux rapports des hommes entre eux; l'organisation équitable de l'état des personnes et de ses conséquences; la science de l'âme humaine et de ses destinées : voilà quelle fut par excellence, dans l'éducation de l'humanité, la part de ce peuple égyptien infiniment plus ancien que les Grecs.

» Aussi à l'Orient comme à l'Occident, chez les prophètes juifs comme chez les historiens, les poètes et les philosophes de la Grèce, existait-il la même admiration, presque sans limite, des sages de l'Égypte. Ce sont les sages de l'Égypte auxquels Isaïe ne trouve à opposer que la sagesse de Jéhovah. C'est chez eux que Pythagore, Solon, Platon, les plus illustres par leur sagesse d'entre les Hellènes, sont allés se former d'abord en qualité de disciples, suivant les récits de leur temps. Et nous avons eu l'occasion souvent de démontrer que ces dires des anciens sont confirmés par les documents les plus récemment découverts, et que, par exemple, nous savons maintenant avec certitude que Solon a calqué beaucoup de lois d'Athènes sur celles de l'Égypte. Dans ce qui a persisté jusqu'à nous, la morale surtout est, telle que nous la comprenons, tout entière originaire d'Égypte.

» Chose curieuse! on peut même dire que, tandis que chez les autres peuples anciens la morale n'était qu'une simple résultante de la religion, en Égypte on tendrait à l'en croire en quelque sorte indépendante au premier coup d'œil.

» Il y a en Égypte un très grand nombre de sages qui ne sont, à proprement parler, que des moralistes, comme à une période relativement récente dans notre monde occidental, le rhéteur Isocrate, Épictète, l'empereur Marc-Aurèle, etc. Le plus ancien des livres du monde n'est-ce pas le livre égyptien des Maximes de Ptah hôtep, remontant à la IVe dynastie[1] : c'est-à-dire à une époque tellement reculée que partout ailleurs elle se perd dans la nuit des temps? Et plus tard, sous les Ramessides, n'avons-nous pas, dans les Maximes du scribe Ani, un autre livre de morale pure, du même genre[2]? A ce même genre se rattachent aussi les traités analogues écrits en démotique et que nous étudierons cette année, ainsi que de curieux traités coptes que nous avons publiés jadis.

» La *Sagesse* dont saint Jérôme avait parfaitement vu l'origine égyptienne; plusieurs siècles après, les gnomes du saint concile, écrites par le grand Athanase, sont les suites

---

1. M. Revillout se trompe; le livre de Ptah hôtep ne daterait que de la Ve dynastie, s'il fallait tenir pour vrai le nom de l'auteur, qui se dit fils aîné du roi Assa. Or, ce pharaon est le huitième de la Ve dynastie. — C'est du livre de Kaqimna que M. Revillout veut parler; encore remonterait-il à la IIIe dynastie.

2. M. Revillout se trompe encore, comme je l'ai fait voir plus haut. Le papyrus de Boulaq contient une œuvre plus ancienne que ne le dit M. Revillout.

légitimes de cette littérature, toute particulière, dont les productions se comptaient par milliers dans la vallée du Nil[1].

» Aussi je ne doute pas, pour ma part, que c'est d'Égypte exclusivement qu'est parti ce mouvement : pour se propager de là dans le reste du monde antique, mais comme l'écho affaibli d'un son. En dehors de l'Égypte tout nous semble écourté. Quelle différence comme grandeur, par exemple, entre la morale juive de l'Ecclésiaste et des Proverbes et celle que nous trouvons professée dans la vallée du Nil! Et cependant on a déjà remarqué que quelques-unes des maximes juives ont été traduites mot à mot de celles de Ptah hôtep, etc. Combien Isocrate, si célèbre comme moraliste, nous paraît lui-même petit, mesquin, à côté des vieux scribes de l'antique Égypte! Et cependant Isocrate ne faisait certainement que mettre en œuvre les traductions d'anciens ouvrages d'un pays autre que le sien. Nous en avons la preuve à chaque pas. Comment, autrement, dans son traité à Démonique, cet Athénien aurait-il pu recommander à ce citoyen de la république d'Athènes auquel il s'adresse, de vénérer le roi, d'obéir à ses ordres comme à des lois sacrées, etc.[2]?

» Tout cela sent l'Égypte et vient d'Égypte. Les anciens avaient donc parfaitement raison, sans remonter à ces vieux maîtres qui disaient à Hérodote : « Vous autres, Grecs, vous n'êtes que des enfants[3]. »

Plus loin, le même auteur dit encore : « La morale égyptienne est souvent d'une étonnante beauté. Bien supérieure à la morale juive, elle égale parfois la morale chrétienne[4]. »

---

1. Je serais curieux de connaître ces milliers d'exemplaires. Si l'on met à part les papyrus funéraires, il ne reste pas alors une dizaine de ces œuvres qu'on compte par milliers.

2. Ce précepte d'Isocrate peut très bien s'expliquer sans avoir recours à l'Égypte; il suffit pour cela que le rhéteur athénien sut qu'il y avait des rois, et il devait le savoir.

3. *Rituel funéraire de Pamonth.* — *La morale égyptienne*, p. 1-3.

4. *Ibid.*, p. 13.

Enfin, il termine la leçon, faite au Louvre et publiée depuis, par ces paroles : « Je ne sais si vous partagerez mon impression. Mais il me semble que, parmi tous les monuments de la vallée du Nil, établis pour l'éternité, nul n'ait des bases plus solides que cette sagesse égyptienne, qui s'éleva de plus en plus dans la suite des générations, mais qui nous apparaît déjà brillante, colossale, pour ainsi dire, dominant les peuples antiques, dans les maximes de Ptah hôtep, — lorsqu'on construisait les Pyramides — et, plus sublime, plus resplendissante encore peut-être, dans cette confession négative dont nous trouvons tant de reflets sur les stèles de l'ancien empire[1]. »

Ces réflexions sont tout au moins fort exagérées et je montrerai tout à l'heure que telle n'est pas la genèse de la morale égyptienne. C'est ainsi qu'on peut pour un moment jeter de la poudre aux yeux de ceux qui se montrent tout préparés pour cette petite opération ; mais ce n'est pas ainsi qu'on fait de la science et surtout qu'on écrit quelque chose de durable. Le fond de la morale égyptienne était l'égoïsme et, si ce qu'on a nommé l'altruisme s'y montre, la raison en est que, dans la vie commune dans une société bien faite, on ne peut se passer des autres, il faut bien en tenir compte dans les règles de vie journalière. Quelques considérations préalables vont le montrer, en attendant que l'examen des maximes contenues dans les papyrus moraux achèvent de nous instruire à ce sujet.

Sans remonter jusqu'aux premiers temps où l'homme parut sur la terre, où il vécut d'abord solitaire, puis peu à peu se forma en famille, en tribu pour arriver ensuite à la société humaine telle qu'elle existe depuis de longs siècles, au moins huit mille ans, je me bornerai à prendre l'Egypte au temps des Pyramides, c'est-à-dire de quatre à cinq mille ans avant l'ère chrétienne. La société égyptienne est dès lors formée

---

1. *La morale égyptienne*, p. 16.

depuis longtemps, l'écriture est inventée, les arts sont cultivés avec un très grand succès, on élève ces monuments immenses qui font toujours l'objet de notre admiration, les rites religieux sont fondés, le sphinx a déjà besoin de réparations, signe que depuis des siècles il est au pied des monticules sur lesquels ont été bâties les pyramides, regardant toujours de son œil énigmatique les hommes et leurs actions. Or, dès cette époque reculée *le livre des morts* est formé, c'est-à-dire le recueil de cérémonies et de prières qu'on devait faire et réciter sur les cadavres, en faveur des hommes défunts, pour les faire arriver au parfait bonheur d'outre-tombe. Ce livre, qu'on pourrait tout aussi bien appeler le livre des *épouvantements* de la région souterraine et de la vertu des charmes et des incantations magiques pour repousser ces épouvantements, était même déjà si ancien qu'on allait répétant qu'un prince nommé Hordidif, au temps du roi Menkeri, c'est-à-dire à la IV° dynastie, avait découvert le chapitre LXIV° de ce livre dans le temple de Thoth, que ce chapitre était gravé sur une pierre de prix, qu'en le récitant le prince avait éprouvé certains effets que je vais préciser. « Ce chapitre fut trouvé à Eschmounou (Hermopolis), sur une brique de *Ba-kes*, écrit en kesbet sous les pieds de ce dieu (c'est-à-dire de Thoth). La trouvaille au temps du roi de la Haute et de la Basse Égypte, Menkeri, juste de voix, fut faite par le fils royal Hordidif en ce lieu, lorsqu'il voyageait pour faire l'inspection des temples. En marchant avec lui, tout en priant, il le porta dans le traîneau du roi, après avoir vu que c'était une grande merveille qui était en cet écrit. Il ne voyait plus, n'entendait plus, quand il récitait ce chapitre pur et saint, n'approchait plus les femmes et ne mangeait plus ni chair, ni poisson[1]. » Puis, pour que le défunt en éprouvât les effets bienfaisants on scellait un scarabée en pierre dure, on le

---

1. *Todtenbuch*, ch. LXIV, p. 91 et suiv. — Cf. Pierret: *Le Livre des morts des anciens égyptiens*, p. 200-201.

revêtait d'or, on le plaçait sur la poitrine de l'homme auquel on avait fait la cérémonie de l'ouverture de la bouche et qu'on avait oint de l'huile destinée à la tête, puis on récitait sur lui une formule magique¹. Ce texte montre bien, si je ne me trompe, que le chapitre LXIV° du *Livre des morts* était regardé comme si ancien et si important qu'on le faisait trouver à Hermopolis par un prince de la IV° dynastie, dans le temple du dieu des écrits, de ce Thoth que les Grecs ont identifié avec leur Hermès trismégiste. En outre, l'ordonnance qui suit et la formule magique terminant le tout font voir avec évidence que nous sommes bien loin d'un code de morale pure.

Cette prescription n'est pas solitaire, et j'en citerai deux nouveaux exemples. Le premier est emprunté au chapitre LXXXVI° et le second au chapitre CXLVIII°. L'un est ainsi conçu : « Qui sait ce chapitre, sort pendant le jour de la divine région inférieure et y rentre après être sorti. Celui qui ignore ce chapitre ne rentre point après être sorti pendant le jour, il ne sort point pendant le jour². » L'autre est plus important et plus long : « Livre donnant la perfection au défunt au sein de Rà, lui donnant la prééminence auprès de Toum, le faisant grand auprès d'Osiris, fort auprès de Khent-Amenti, le rendant vigoureux auprès de la neuvaine des dieux. Il sera écrit le jour de la fête mensuelle du sixième jour du mois, à la fête de la moitié du mois, à la fête Uaga, à la fête de Thoth, à la fête de la naissance d'Osiris, à la fête de Khem, à la nuit de la fête de Hakek. C'est le mystère du Tiaou, l'introduction aux mystères dans Agerti, l'enlèvement des souillures, l'entrée dans la vallée mystérieuse dont on ne connaît pas la porte. Cela donne la verdeur au cœur du défunt, allonge sa marche, le fait avancer et lui fait forcer l'entrée de la vallée pour y pénétrer avec le dieu. Ne laisse

---

1. *Todtenbuch*, ch. LXIV°. — Cf. PIERRET, *op. cit.* p. 200-201.
2. *Ibid*. Ch. LXXXVI°. — Cf. PIERRET, *op. cit.* p. 268.

voir ceci à aucun homme autre que le roi et le Kerheb. Ne le laisse pas voir à un prêtre venant du dehors. Tout défunt pour qui aura été fait ce livre, son âme sortira pendant le jour avec les vivants, grâce à lui, et sera éminente parmi les dieux. Il ne lui sera fait d'opposition par personne en vérité, car les dieux l'environnent et le guident : il sera comme l'un d'entre eux. (Ce livre) lui fera connaître ce qui est arrivé au commencement. Ce livre mystérieux et vrai, nul autre ne l'a connu, nulle part, jamais. Aucun homme ne l'a déclamé, aucun œil ne l'a interprété, aucune oreille ne l'a entendu. Qu'il ne soit vu que par toi et par celui qui te l'a enseigné. N'en fais pas de nombreux commentaires fournis par toi-même et ce qui est dans ton cœur. Exécute-le au milieu dans la salle de l'embaumement ..., en entier. C'est un véritable mystère que ne connaît aucun homme du commun, nulle part. Il nourrit le défunt dans la divine région inférieure, il nourrit son âme sur terre, il le fait vivre à jamais, sans que nulle chose ait pouvoir sur lui [1]. »

Comme ces textes nous le font juger, nous sommes bien loin d'une loi de charité, car M. Revillout ne recule pas devant ce mot[2] ; nous avons affaire à un simple recueil de formules magiques, entourées de tout ce qui pouvait assurer leur respect en prédisant leur infaillible efficacité, œuvre parfaite de prêtres ayant intérêt à conserver intacte leur clientèle avec le pouvoir qu'ils avaient et les bonnes choses qui leur revenaient du pouvoir exercé. Nous sommes encore, on le voit, dans l'enfance de l'art ; mais on n'a pas beaucoup fait de progrès depuis. Ce n'est pas tout : nous avons aussi les textes funéraires des Pyramides et nous pouvons y étudier quels furent, non pas les commencements, mais les dis-

---

1. *Todtenbuch*, ch. CXLVIII[e]. Cf. PIERRET, *op. cit.* p. 499-501. La traduction que je donne ici est en partie empruntée à M. Pierret. Ce ne sont pas les seuls exemples de semblables formules ; on en trouve d'autres à la fin des ch. XVIIIe, XXXe, XXXIe, LXXIIe, XCIX[e], CXXXIII[e], CXXXV[e], CXL[e], CLIII[e], CLXII[e] CLVIII[e], CLIX[e], CLX[e] et CLXV[e].

2. REVILLOUT, *op. cit.* p. 9.

positions des premières tentatives écrites de ces textes religieux qui devinrent aussitôt les premiers essais de morale. Ces textes, découverts en grande partie par Mariette qui avait entrepris les fouilles presque à contre cœur, ont été publiés par M. Maspero qui les a traduits en gros. Or ces textes renferment des parties qui ont disparu depuis du rituel égyptien à cause de leur grossièreté et qui nous reportent à un état de civilisation où le fétichisme le plus grossier n'était pas encore complètement dépouillé de sa forme primitive. En voici quelques exemples : O chefs, — *répandre les pains, les boissons, les gâteaux*[1], — gardiens des canaux célestes, à qui Ounas a attribué les pains et les mesures de Râ, Râ les lui avait attribuées par décret à lui-même, Râ avait ordonné aux chefs qui président à l'abondance de cette année qu'ils prennent à pleines mains et lui donnent ce qu'ils ont saisi, qu'ils lui donnent du blé, de l'orge, du pain, de la bière, de ce qui est à Ounas ; c'est son père qui lui donne, c'est Râ qui lui donne le blé, l'orge, le pain, la bière, de ce qui lui appartient, car un grand taureau qui frappe la Nubie, c'est Ounas certes! Il y a cinq gardiens de pains dans la chapelle funéraire, et il y en a trois au ciel, près de Râ, et il faut se prosterner sur terre auprès de la neuvaine des dieux ; que le défunt brise ses liens, qu'il les brise ; qu'il voie, qu'il voie. O Râ, sois bon pour lui en ce jour dès hier ; car Ounas a connu la déesse Maouit[2] ; car Ounas a respiré la flamme d'Isi. Ounas s'est uni au lotus, Ounas a connu une jeune femme, mais sa force manquait de grains et de liqueurs réconfortantes : lorsque la force d'Ounas a attaqué la jeune femme, elle a donné du pain à Ounas, puis elle lui a servi de femme en ce jour.

1. Dans ce premier passage les mots en italique sont les rubriques indiquant qu'en prononçant les paroles qui précèdent il fallait faire telle cérémonie.
2. C'est-à-dire l'eau divinisée, la déesse *Eau*.

« *Richesse en pains, boissons, gâteaux au Sam*[1]; *richesse en pains, boissons, gâteaux au Sam; richesse en pains, boissons, gâteaux à qui est dans l'œil de Râ; richesse en pains, boissons, gâteaux à la barque! Entrée dans la barque de Râ,..............présenter l'eau, la flamme, le feu, dépecer [la victime] en face d'Ounas, puis donner le grain et quatre mesures d'eau.*

» Shou prospère, car Ounas ne lui a pas pris son bien; Ounas prospère, car Shou ne lui a pas pris son bien. Répéter les dons de l'Orient, c'est [te donner] ton pain.

» Veillez, juges exacts [dépendants] du dieu Thoth! Veillez, les couchés, éveillez-vous, vous qui êtes au Kousit! O ancêtres, toi le grand trembleur qui sors du Nil et Ap-motnou issu d'Asrit, elle est pure la bouche d'Ounas! Ounas encense le double cycle des dieux et sa bouche est pure, ainsi que cette langue qui est dans sa bouche. Ounas a l'horreur des excréments[2], et copieuse est l'urine d'Ounas. Ounas a horreur de ce qui lui fait horreur, et Ounas a horreur de ....; aussi il ne mange pas de son horreur le ...., comme Sit entre ces deux Rehoui qui parcourent le ciel et qui courent avec Thoth. Vous avez pris Ounas avec vous, et il mange de ce dont vous mangez, il boit de ce dont vous buvez, il vit de ce dont vous vivez, il demeure où vous demeurez, il est puissant de votre puissance, il navigue votre navigation; Ounas a rassemblé le filet dans Ailou, Ounas a des ruisseaux d'eau vive dans le champ d'offrandes, et ses offrandes sont avec vous, ô dieux! Les eaux d'Ounas sont des vins comme pour Râ, Ounas court autour du ciel comme Râ, Ounas flotte à travers le ciel comme Thoth[3]. » Ces paroles se retrouvent également dans les autres pyramides. D'autres formules ont rapport à la magie et sont des incanta-

1. C'était un prêtre.
2. La traduction porte retranchement; mais M. Maspero a corrigé lui-même dans la pyramide de Teti (*Recueil*, tom, v p. 11).
3. *Recueil de monum. relat. à la ling. et à l'arch. ég.* tom. III, p. 196-199.

tions destinées à accompagner les charmes lancés contre les serpents. En voici quelques exemples : « S'enroule le serpent : c'est le serpent qui s'enroule autour du veau. O hippopotame sorti du bassin terrestre, tu as mangé ce qui sort de toi : *serpent qui descends, couche-toi, rebrousse chemin !* — Le dieu *Hon* (?) *Peset'it* tombe dans l'eau, le serpent est renversé et tu vois Râ. — « Tranchée la tête du serpent Kaoir-hanou, te dit-on. « Râ pique le scorpion » te dit-on. « *Renversé celui qui bouleverse la terre,* » te dit-on. — Ta salive est en terre, tes deux flancs sont dans le trou, lancent l'eau, et voici que deux pleureuses te ferment la bouche : c'est une suivante qui ferme la bouche à une suivante ; c'est la déesse lynx qui mord le dieu crocodile ; c'est le serpent de Râ, Ounas a mordu la terre, Ounas a mordu Sib, Ounas a mordu le père de qui l'a mordu. Il s'agit de mordre Ounas sans qu'Ounas vienne à nous, de saisir deux moments pour voir Ounas, de saisir deux moments pour fixer Ounas ; tu mords Ounas et il te donne le premier ; tu vois Ounas et il te donne le second. Mord le serpent : c'est la guivre qui mord la guivre. C'est le serpent qui s'enroule autour de la terre, s'enroule autour de ce qui était auparavant. O génies qui vous enroulez autour du dieu dont la tête est cachée (aveugle), enroulez-vous vous-mêmes autour de ces scorpions qui à eux deux portent Eléphantine, qui sont dans la bouche d'Osiris, et qui portent Hor sur le bracelet[1]. »

J'arrêterai là ces citations ; elles suffisent pour montrer qu'à cette époque reculée les idées qui avaient vogue alors n'étaient pas très élevées, qu'elles ont encore une odeur de fétichisme et de grossièreté très prononcée. L'emploi des formules magiques pour préserver le mort, ou l'âme du mort, dans son voyage d'outre-tombe, montre assez que la supers-

---

[1]. *Recueil*, etc, vol. III, p. 220-222. Quoique la traduction citée soit loin d'être satisfaisante de tout point, j'ai cru pouvoir la citer, parce qu'elle est la seule qui ait été publiée jusqu'ici et qu'elle donne une idée assez approchante du contenu de ces textes difficiles.

tition régnait encore en maîtresse chez l'un des peuples les plus civilisés qui habitaient alors la terre. On traitait l'âme absolument comme on agit envers le corps aujourd'hui : on lui assurait la vie au moyen d'aliments, non plus des aliments grossiers et répugnants dont le texte cité contient la mention, mais au moyen de repas luxueux dont la description tout entière est donnée dans la pyramide de Pepi Ier [1], où les plats se multipliaient avec une telle abondance qu'on se demande aujourd'hui comment un seul homme, quand même cet homme était mort, pouvait absorber tant de nourriture. Et cependant la civilisation était déjà très avancée : les études astronomiques s'étaient déjà élevées à un grand progrès, la civilisation matérielle avait fait d'énormes pas en avant. Et malgré tout les idées religieuses en étaient encore restées au point où nous les voyons dans les textes cités. Ces textes avaient été réunis en des livres, et ces livres subsistèrent jusqu'à la XXIVe dynastie, puisqu'on trouve les mêmes textes sur le cercueil de Bokenranef; ils ont même dépassé cette époque et se trouvent encore en pleine dynastie des Ptolémées. Tant il est vrai qu'il est plus facile de faire des progrès dans la civilisation matérielle que de se défaire de certaines idées qui ont une fois subjugué l'humanité.

Donc, si les textes des pyramides qui ont été employés si longtemps sont si loin de la pureté de morale dont on nous parlait tout à l'heure, cela n'est pas difficile à comprendre et il suffit d'un peu de réflexion pour voir qu'il en devait être ainsi. L'homme n'a pas toujours été ce qu'il est aujourd'hui, ni même ce qu'il était à l'époque des premières dynasties égyptiennes. Tard venu sur la terre, n'ayant conquis que très difficilement quelques prérogatives, n'ayant fait qu'à force de travail et de peine quelques-unes de ces premières découvertes qui ne nous semblent presque rien, tant nous nous y sommes habitués, il se trouva d'abord dans une position extrêmement

---

1. *Recueil*, etc., tom. v, *passim*.

précaire, sans langage, ayant à lutter contre des ennemis de beaucoup supérieurs à lui et contre lesquels il ne pouvait prévaloir que par la ruse. Combien de temps les premiers êtres de notre race, les premières familles humaines restèrent-elles ainsi dans cette infériorité primitive de forces, c'est ce qu'il est impossible de déterminer; mais qu'il en ait été ainsi, c'est aussi ce qu'il n'est pas possible de nier. Dans cet état de dénûment primitif, sans cesse en butte à des phénomènes atmosphériques dont il recherchait la cause, sans espoir de la découvrir, il fut tenté de donner toutes les explications possibles qu'il trouvait bonnes toutes ensemble. Le premier qui eut trouvé une explication de ces phénomènes avait inventé la religion. La religion n'est en effet qu'une tentative d'expliquer surnaturellement les phénomènes, physiques ou naturels, qui frappèrent les yeux de l'homme et dont il ne pouvait trouver l'explication naturelle[1]. Le premier qui eut l'idée d'expliquer par des forces surnaturelles les phénomènes naturels et qui sut propager cette idée, en faire découler tout ce qui en ressort naturellement, avait créé à la fois le clergé et son influence. Que pouvait en effet faire l'homme misérable, sans ressources, en face de celui qui lui affirmait que des puissances célestes ou souterraines, des êtres amis ou ennemis de l'humanité étaient les maîtres de ces phénomènes; que ces puissances ou ces êtres, que l'on dépeignait en tout semblables à l'homme, pouvaient être rendus propices, s'ils ne l'étaient déjà, ou tout au moins pouvaient voir leur puissance anéantie par l'emploi de certaines formules que les puissances protectrices de l'homme lui avaient données pour s'en servir moyennant certaines conditions ? L'homme ne

---

1. Je prends ici le mot *religion* dans son sens scientifique et historique, sans examiner telle ou telle religion en particulier. Je suis plein de respect pour les choses établies, je n'examine que le fait compris aujourd'hui sous l'idée exprimée par le mot. Je ne voudrais manquer de respect ou de courtoisie envers aucune des différentes religions qui se partagent aujourd'hui l'empire de l'humanité.

pouvait qu'une chose, recevoir avec actions de grâces ce qui lui était offert, et prendre pour intermédiaire entre lui et ces puissances augustes celui qui lui offrait les formules et les recettes magiques. Sans doute, il fallut des années et des années, peut-être plusieurs siècles, pour faire adopter cette explication et lui faire produire tous ses fruits; mais le sacerdoce était créé par la superstition et devait courber l'humanité sous un joug qu'elle a jusqu'à nos jours été impuissante à secouer, malgré tous les progrès réalisés. Avec le temps, les choses de la religion, de simples qu'elles étaient au début, devinrent compliquées : il fallut au moins conserver les apparences de vérité; mais au fond les choses ne changeaient point, et même en France, on voit de temps en temps par quelques procès que la superstition est toujours en vogue près des esprits simples et grossiers qui ont conservé, plus qu'on ne croit d'ordinaire, les pensers primitifs de l'humanité.

Il ne peut donc apparaître étonnant à l'esprit réfléchi que les Egyptiens de la VIe dynastie, trois mille cinq cents ans avant Jésus-Christ, crussent de leur devoir d'employer certaines formules de prières, de faire certains sacrifices que l'on fait encore chez les peuplades que nous nommons sauvages, de réciter ou de graver sur les murs des tombeaux des incantations qui devaient repousser les ennemis que l'homme pouvait rencontrer après sa mort. C'est l'usage contraire qui devrait surprendre plutôt, si on le rencontrait. Sous ce rapport, la découverte et la publication de ces vieux textes des Pyramides ont rendu un service signalé à l'histoire des religions, et tout d'abord à l'histoire particulière de la religion égyptienne.

Quand la société se fonda, c'est-à-dire quand les familles humaines se groupèrent en une tribu, ou une seule nation, pour se défendre contre les ennemis humains, on choisit pour chefs de la tribu ou de la nation ceux qui jouissaient des prérogatives attachées aux fonctions d'intermédiaire qu'ils remplissaient entre leurs semblables et les puissances surnaturelles qu'on nommait les dieux ou les génies. De là vient qu'au commencement de toute société humaine, tribu ou nation, on trouve le sacerdoce exercé par les rois, idée qui, chez les nations les plus civilisées, n'a pas disparu depuis longtemps et qui se conserve encore chez la nation russe, où le tsar est le chef officiel de la religion, ayant la suprême autorité religieuse et la déléguant à qui bon lui semble.

Quand les tribus primitives se crurent assez fortes pour occuper un pays, s'y fixer et se défendre contre celles qui auraient eu la même idée et la même envie, elles allèrent à la découverte, s'arrêtèrent dans les pays qui leur semblaient convenables et s'y fixèrent, ou recommencèrent leurs recherches, si elles ne regardaient pas le pays comme assez riche pour les nourrir, en continuant leurs courses à la surface de la terre. Il est facile de comprendre que ces tribus primitives n'avaient pu s'établir et se consolider sans que quelques lois vinssent régler les rapports des hommes entre eux et la société. La société fournissait aux individus des avantages inappréciables; il était de toute justice que les individus fussent redevables envers la société. C'est de ces premières lois que parle Cicéron lorsqu'il dit que la loi naturelle est gravée dans le cœur de l'homme[1]; il n'y a en effet aucune loi naturelle autre que celle de la conservation individuelle, c'est-à-dire celle du plus fort, et souvent cette loi est en contradiction avec les lois qui régirent les premières sociétés. Quand ces sociétés primitives se furent consolidées, établies dans un pays quelconque, elles perfectionnèrent leurs lois, demandèrent davantage aux individus qu'elles proté-

---

1. CICÉRON: *De legibus.* — Je sais fort bien que ce n'est pas le sens attaché par Cicéron à ces paroles, ni celui qu'on leur prête d'ordinaire; mais c'est le seul sens dans lequel ces paroles soient acceptables philosophiquement parlant. Cicéron n'était pas éloigné de croire que cette morale était innée au cœur de l'homme. Je ne puis le croire; mais ses paroles sont vraies entendues comme je les entends et le resteront toujours.

geaient, et cela afin de se défendre elles-mêmes contre les invasions du dehors, pour établir l'ordre dans leur sein et régler d'une manière plus précise le droit de chaque individu vis-à-vis de la société, et surtout le droit de propriété. C'est là la troisième étape de l'humanité dans son ascension perfectionnelle. Cette étape dure encore et n'est pas près d'être achevée.

L'Égypte arriva d'assez bonne heure et plus tôt, historiquement parlant, que toute autre nation civilisée à cette troisième période. Elle y était sans doute arrivée longtemps avant la période que nous nommons historique, car dès les premières dynasties nous voyons des conquêtes, comme celle de la Péninsule sinaïtique par le pharaon Snefrou de la IVe dynastie. La société égyptienne était donc constituée avant la Ire dynastie, car on a conservé les noms fabuleux de certains dieux qui ont régné, comme l'on dit, sur l'Égypte pendant les deux dynasties divines. Sans doute cette société ne ressemblait guère à la nôtre, elle n'était même, je le veux bien, qu'embryonnaire; mais dès cette époque, plus de six mille ans avant Jésus-Christ, elle existait, elle était constituée. Or l'Égypte est soumise à des particularités géographiques qui ont dû se refléter en quelque sorte dans les lois de ce pays : elle ne vit que des inondations du Nil; l'irrigation de la terre est de toute nécessité dans un pays où il ne pleut presque jamais. Donc, aux lois qui régissaient les rapports des hommes entre eux dans tous les pays où une société quelconque s'était constituée, devaient s'ajouter en Égypte les lois qui dépendaient des conditions géographiques de ce pays. En outre, l'Égypte avait une religion particulière qui se traduisait par des coutumes spéciales, comme par exemple la momification des cadavres, la condition particulière des femmes qui avait certainement pour cause les croyances religieuses de l'ancienne Égypte au sujet du rôle des déesses, à moins que ce ne fût le rôle des déesses qui n'eût été fait d'après celui de la femme dans la société égyptienne : ces coutumes avaient dû se traduire dans les lois de l'Égypte par quelques préceptes particuliers. Or c'est ce que nous trouvons dans cette célèbre confession négative que l'âme, arrivée devant Osiris et ses quarante-deux assesseurs devait faire en disant : « Je suis pure, je suis pure, je suis pure. » Cette confession vaut la peine d'être citée, car c'est là que la morale égyptienne nous apparaît la plus pure et la plus développée; c'est par là qu'on a pu dire, jusqu'à un certain point de vérité, que le Décalogue juif avait été calqué sur les enseignements des Égyptiens; c'est par là enfin que la morale de l'Égypte a été d'une grande influence sur la morale humaine en général.

Voici cette confession que tout défunt devait faire devant le tribunal osirien, en présence du dieu Thot qui, agissant comme juge d'instruction, avait à la main le rouleau où se trouvaient écrites les actions faites par le défunt, devant la balance où son cœur allait être pesé avec la déesse Vérité, comme poids dans l'un des plateaux, confession qui devait décider si l'âme irait sur la barque de Râ, avec les justifiés, ou serait condamnée à la seconde mort, c'est-à-dire à l'anéantissement. « Hommage à vous, maîtres de la vérité; hommage à toi, Dieu grand, maître de la vérité. Je suis venu vers toi, mon Seigneur, je me présente pour contempler ta splendeur. Je te connais, je connais ton nom, je connais le nom de tes quarante-deux dieux qui sont dans la salle de la vérité, vivant de la garde des pêcheurs, se nourrissant de leur sang au jour du compte des paroles devant Ounnofré. Or, *âme double, maîtresse de la vérité* est ton nom. Or, vous savez, maîtres de la vérité, que je vous apporte la vérité et que j'écarte de vous le mal[1]. Je n'ai fait perfidement de mal à aucun homme. Je n'ai pas rendu malheureux mes proches, ou mes compagnons. Je n'ai pas fait de vilenies dans la demeure de la vérité. Je n'ai pas eu d'accointance avec les

---

1. C'est-à-dire : Vous ne trouverez en moi aucun mal, parce que j'ai eu soin de l'écarter de moi-même et par conséquent de vous.

malfaiteurs. Je n'ai pas fait le mal. Je n'ai jamais fait, comme chef d'hommes, travailler au-delà de la tâche. Mon nom est parvenu à la barque de suprématie, mon nom est parvenu aux dignités de suprématie, à l'abondance et aux commandements. Il n'y a eu, par mon fait, ni pauvre, ni souffrant, ni malheureux. Je n'ai point fait ce que détestent les dieux. Je n'ai point fait maltraiter l'esclave par son maître. Je n'ai point fait avoir faim. Je n'ai point fait pleurer. Je n'ai point tué. Je n'ai point fait tuer traîtreusement. Je n'ai fait de mensonge à aucun homme. Je n'ai point pillé les provisions des temples. Je n'ai point diminué les substances consacrées aux dieux. Je n'ai enlevé ni les pains, ni les bandelettes des momies. Je n'ai point forniqué, je n'ai point commis d'acte honteux avec un prêtre de mon district religieux. Je n'ai ni surfait, ni diminué les approvisionnements[1]. Je n'ai point exercé de pression sur le poids de la balance. Je n'ai pas éloigné le lait de la bouche des nourrissons. Je n'ai pas fait main basse sur les bestiaux dans leur pâturage; je n'ai pas pris au filet les oiseaux des dieux. Je n'ai pas pêché de poissons à l'état de cadavres. Je n'ai point repoussé l'eau à son époque[2], je n'ai pas détourné le cours d'un canal. Je n'ai pas éteint la flamme à son heure[3]. Je n'ai pas fraudé les dieux de leurs offrandes de chair. Je n'ai pas frappé les bestiaux de propriété divine. Je n'ai pas fait obstacle à un dieu dans son exode. Je suis pur, je suis pur, je suis pur. Je suis pur de la pureté du grand Bennou qui est à Héracléopolis, car je suis le nez du maître des souffles qui fait vivre les *Rekhi* le jour du compte de l'*Oudja* dans On, le trentième jour du deuxième mois de la saison des semailles, devant

1. Il s'agit ici ou de la collection des impôts, ou des taxes des temples.
2. C'est-à-dire : Je ne me suis point opposé à la rentrée de l'eau dans les canaux d'un autre village. Ce crime est encore la cause des inimitiés de village à village en Égypte et il est puni très sévèrement ; ce qui n'empêche point de le commettre souvent.
3. Sans doute allusion au feu des sacrifices, ou aux lampes qu'on devait entretenir pour la police.

le maître de la terre. Il ne se produira pas de mal contre moi en cette terre de vérité, puisque je connais les noms de ces dieux qui sont avec toi dans la salle de la vérité. » Puis vient l'énumération des quarante-deux assesseurs d'Osiris : chacun des noms est accompagné d'un crime que le défunt affirme n'avoir pas commis sur la terre, comme : je n'ai pas eu de commerce avec une femme mariée, je n'ai pas endommagé les terres cultivées, je n'ai pas tué les animaux sacrés, je ne me suis pas pollué, etc. Quelques-uns de ces crimes font double emploi avec les péchés énumérés plus haut; d'autres au contraire n'ont pas encore été compris dans la confession du défunt. Quand il a fini d'énumérer les quarante-deux génies qui siégeaient à côté d'Osiris, le défunt en a fini avec la confession négative, et ses paroles deviennent affirmatives: « Hommage à vous, dieux qui habitez la salle de la vérité. Le mal n'est pas dans votre sein, vous vivez de la vérité dans On, vos cœurs se nourrissent de la vérité devant Horus en son disque. Délivrez-moi du dieu du mal qui vit des entrailles des grands, le jour du grand jugement parmi vous. L'Osiris[1] vient à vous : il n'y a ni mal, ni péché, ni souillure, ni impureté en lui ; il n'y a ni accusation, ni opposition contre lui. Il vit de la vérité, se nourrit de la vérité. Le cœur est charmé de ce qu'il a fait. Ce qu'il a fait, les hommes le proclament, les dieux s'en réjouissent. Il s'est concilié Dieu dans ce que Dieu aime. Il a donné du pain à celui qui avait faim, de l'eau à celui qui avait soif, des vêtements à celui qui était nu. Il a donné une barque à celui qui en manquait. Il a fait des offrandes aux dieux, des consécrations funéraires aux mânes. Sauvez-le, protégez-le en ne l'accusant pas devant le seigneur des momies, car sa bouche est pure, ses mains sont pures[2].

1. Ici le défunt parle à la troisième personne et s'identifie avec Osiris, comme c'est toujours le cas.
2. *Livre des morts*, ch. cxxv[e], l. 1-11 et 25-40. Cf. PIERRET, *op. cit.*, p. 369-372 et 377-378. J'ai employé presque partout la traduction de M. Pierret qui est suffisante pour présenter mon argument, si elle soulève certains doutes philologiques.

Je le demande maintenant à tout lecteur sérieux et réfléchi, tous les crimes ou péchés, dont le défunt se disculpe par avance, ne sont-ils pas des crimes au premier chef contre la société, non pas contre la société en général, mais contre la société égyptienne en particulier. Les fautes nommées le plus souvent sont des fautes contre les biens des prêtres ou des dieux, ce qui revient tout à fait au même. Les lois que nous nommerions aujourd'hui de simple police sont considérées comme très sérieuses, puisqu'elles peuvent emporter la damnation éternelle, si on les viole ; preuve évidente que nous sommes en présence des premières tentatives de ce genre pour ordonner la société en Égypte. D'ailleurs tout dans le morceau que j'ai cité a un cachet particulariste. Si certaines expressions traduites en français sonnent absolument comme un précepte de morale chrétienne, il faut bien se garder de le comprendre ainsi ; mais il faut s'efforcer de le comprendre à la lumière de l'histoire. Ainsi pour ce qui regarde les esclaves qui furent toujours très nombreux en Égypte, si le texte cité : « Je n'ai point fait maltraiter l'esclave par son maître » semble devoir tout d'abord pouvoir s'expliquer dans un but d'humanité, ou même de charité, puisqu'on a prononcé le mot, cette même humanité, cette même charité eussent bien dû blâmer l'institution de l'esclavage en son principe. De même si l'on ne devait pas tuer un esclave, c'est avant tout parce qu'on privait son maître, un membre de la société égyptienne, des profits que cet esclave aurait pu lui donner. Jamais, quand il s'agit d'ennemis, un pharaon quelconque n'hésite à leur briser la tête à coups de massue par devant le dieu Râ. Jamais, quand les esclaves s'enfuient, le maître dépossédé ne se dira : « Eh bien ! voilà des hommes qui ont reconquis leur liberté et le droit de disposer librement de leurs personnes (droit naturel, s'il en est un) ; qu'ils aillent donc devant eux où bon leur semblera et puissent-ils trouver une chance favorable ! » Non ; mais de suite on lancera sur la trace des fugitifs des gens qui seront chargés de les ramener enchaînés. On a beau considérer le pharaon comme une émanation du dieu Râ ou le soleil ; on a beau l'entourer de toutes les marques de respect et de tous les devoirs qui découlent d'une si auguste descendance, jamais on n'empêchera quelqu'un de lui ravir le trône et la vie, quand il le peut : l'histoire d'Égypte est fertile en révolutions politiques. De plus, si les idées de l'ancienne Égypte étaient si humaines, pourquoi était-elle un pays fermé ? pourquoi avait-on bâti, à l'est du Delta, une muraille qui était le prototype de la grande muraille de Chine ? pourquoi refusa-t-on l'entrée de ce pays aux Grecs qui désiraient y faire commerce, aux Grecs qui étaient une colonie égyptienne, jusqu'au moment où un pharaon prit sur lui de les appeler pour en former sa garde particulière et leur concéda certaines places où ils pouvaient librement commercer ? Ce sont là des objections bien fortes. Plus forte encore est celle qui se peut tirer de la condition des fellahs. Attaché au sol qu'il cultive à la sueur de son front, maltraité par les hauts personnages auxquels il a affaire, le fellah n'est guère considéré que comme une bête de somme à laquelle on mesure sa pitance journalière : son nom est devenu un sujet de quolibets pour les beaux messieurs du temps qui se content en riant ses mésaventures ; on le pille sans pitié, on lui enlève sa modeste monture, l'âne qui lui sert de fortune, il n'y a aucune justice pour lui et sa vie tout entière s'écoulerait dans la misère, s'il n'était trop habitué à sa condition pour considérer son malheur ; où est l'humanité, la charité qu'on doit avoir pour son semblable, pour le membre d'une même société ? Pourquoi employer le fouet, pourquoi le faire mourir sous le bâton ?

D'ailleurs il semble qu'avec un tel code de morale et un tel châtiment à la fin de la carrière humaine, l'Égypte eût dû être un pays de saints. Il n'en était rien. Les gens ne se faisaient faute ni de voler, ni d'assassiner, ni de commettre l'adultère, le viol ou la sodomie. Et même certains textes nous montrent que les idées que j'ai citées n'avaient guère cours que dans les livres, qu'elles n'affectaient guère l'âme de l'Égyptien ; que pour lui la mort restait toujours le grand mystère inconnu, qu'on avait beau vanter les délices de la barque de Râ, le bonheur de ceux qui pouvaient y naviguer, la région d'outre tombe restait toujours pour lui la région du silence dont il avait horreur, le pays d'où l'on ne revient pas, et il exprimait ces sentiments jusque dans les cérémonies funèbres où, au contraire, la religion et les doctrines des prêtres auraient dû dominer. Dès la xii⁰ dynastie, nous trouvons cette correction aux doctrines officielles exprimées en une stèle très connue, celle d'un gouverneur du nome Thinite, nommé Entef : « O vous, dit-il, qui vivez sur la terre, tout homme, tout prêtre, tout scribe, tout officiant qui entrez dans cette demeure funèbre ! vous qui aimez la vie et ignorez la mort, qui louez les dieux de vos pays et n'avez pas goûté les mets de l'autre monde[1] ! » Qui ne voit l'accent d'amertume de ces paroles ? Dans un chant célèbre que l'on trouve gravé plusieurs fois dans les tombes et auquel les générations ont ajouté des traits particuliers, il est dit : « O âmes parfaites, ô toute neuvaine de dieux qui écoutez et qui faites vos faveurs au *divin* (titre sacerdotal) d'Amon..... rendu parfait comme un dieu qui vit à toujours, rendu grand comme un prince ; vous qui devenez l'objet de la mémoire de la postérité, venez pour réciter ces chants qui sont dans les syringes et qui disent : Qu'est-ce que la grandeur de dessus terre ? Pourquoi l'anéantissement du tombeau ? Faites semblablement pour celui qui appartient à l'éternité, pour le juste qui n'a pas trompé, qui a horreur des troubles, celui qu'on ne songe pas à attaquer lorsqu'il entre dans cette terre contre laquelle personne ne se révolte, qui renferme toutes nos générations depuis le temps du premier être jusqu'à ce qu'elles soient devenues des millions de millions, allant

---

[1]. E. de Rougé : *Notice des monuments exposés dans la galerie d'antiquités égyptiennes*, 3ᵉ édit. p. 85.

toutes ensemble vers elle ; car, au lieu de demeurer dans Tomîri (l'Égypte), il n'y a pas un seul homme qui n'en soit sorti. A toute la quantité qui est sur terre, lorsqu'ils........., il est dit : Va, traverse la vie sain et sauf, jusqu'à ce que tu atteignes la tombe, les deux mains en cadence ! Souviens-toi du jour où tu te coucheras sur le lit funéraire, où tu auras soin de préparer ta sépulture¹. » Dans une autre pièce du même genre, la doctrine qui précède est bien plus accentuée : « C'est l'immobilité du chef² qui est le destin excellent. Deviennent les corps pour passer : les jeunes générations viennent à leur place. Râ se lève au matin, Toum se couche dans Manou³ ; les mâles engendrent, les femelles conçoivent, tous les nez goûtent les souffles aériens, du matin de leur naissance jusqu'au jour où ils vont à leur place. Fais un jour heureux, ô *divin* ! Donne constamment des parfums et des essences à ton nez, des guirlandes et des fleurs de lotus pour les épaules et la gorge de ta sœur qui habite en ton cœur, assise près de toi ; fais que devant toi soient les chants des chanteuses et, mettant en arrière tous les maux, ne te rappelle plus que les joies, jusqu'au jour où il faut aborder à la terre qui aime le silence.⁴ » Plus loin, il est encore dit que des enfers personne n'est retourné pour savoir ce qui s'y passe, et qu'il faut se rappeler le jour où l'on sera hâlé vers cette terre qui mêle les hommes et dont le retour n'a jamais eu lieu⁵. Enfin au temps des Ptolémées, sous le règne de Cléopâtre, on donnait encore aux vivants les conseils qui suivent : « O frère, mari, oncle, prêtre de Ptah, ne t'arrête point de boire, de manger, de t'enivrer, de pratiquer l'amour, de faire un jour heureux, de suivre ton

---

1. E. AMÉLINEAU : *Un tombeau égyptien*, dans la *Revue de l'histoire des religions*, tom XXIII°, p. 167.
2. C'est-à-dire d'Osiris surnommé immobile de cœur.
3. C'est-à-dire dans la région funéraire de Thèbes, à l'Ouest.
4. E. AMÉLINEAU : *Un tombeau égyptien*, ibid. p. 169-170.
5. *Ibid.* p. 170. — Les mêmes chants se chantaient dès la XII° dynastie. MASPERO : *Études égyptiennes*, tom I. 2° fac. p. 178-181.

cœur jour et nuit; ne mets pas le chagrin en ton cœur; qu'est-ce que les années, si nombreuses fussent-elles, qu'on passe sur terre?

» L'occident est une terre de sommeil et de ténèbres lourdes, une place où restent ceux qui y sont! Dormant en leur forme de momies, ils ne s'éveillent pas pour voir leurs frères, ils n'aperçoivent plus leurs pères, leurs mères; leur cœur oublie leurs femmes et leurs enfants. L'eau vive que la terre a pour quiconque est en elle, c'est de l'eau croupie pour moi, elle vient vers quiconque est sur terre, et elle est croupie pour moi, l'eau qui est près de moi. Je ne sais plus où j'en suis, depuis que je suis arrivée dans cette vallée funèbre[1]. » Ainsi parlait aux vivants la femme défunte d'un prêtre de Petah! Je ne sais pas si aujourd'hui on emploie des paroles plus fortes pour mettre en doute la réalité des conditions de la vie future. En tout cas, qu'on crût ou qu'on ne crût pas à la vie future, il est évident qu'on se conduisait comme si l'on n'y croyait pas, qu'on oubliait les préceptes de la morale, qu'on préférait l'existence à la mort, malgré les plaisirs merveilleux dont la mort devait être le signal pour les élus de Râ; on pensait de tout point en Égypte comme l'auteur de l'Odyssée faisant dire à Achille dans les Enfers qu'il préférerait de beaucoup être garçon de ferme et vivant, plutôt que d'être mort et de commander à la foule des ombres[2]. Ce sont là des correctifs importants et qu'il était nécessaire de signaler avant de vanter la beauté merveilleuse de la morale égyptienne. Je sais bien que la morale, comme toute autre chose, a fait des progrès en Égypte; mais c'est précisément ce que je voulais démontrer.

A ceci on peut objecter qu'il faut distinguer soigneusement entre la doctrine et la pratique; qu'il y a encore aujourd'hui

---

1. MASPERO: *Études égyptiennes*, vol. 1 fasc. 2, p. 187-188. Ces paroles empruntent plus de force à ce fait qu'elles sont sans doute l'œuvre du prêtre de Petah, mari de la dame.
2. *Odyssée*, XI, 488-491.

beaucoup de gens en France qui sont loin de faire ce qu'on leur enseigne, que le vice aura toujours pour un grand nombre d'hommes plus d'attrait que la vertu ; que par conséquent une doctrine peut être très élevée, sans qu'elle soit pratiquée par un grand nombre d'individus et que son élévation même sera un obstacle à sa propagation. Je n'en disconviens point, j'en suis même convaincu ; mais je peux répondre à cette objection que les éléments premiers de la morale sont devenus de nos jours des lois, que ces lois obligent, que celui qui ne s'y soumet pas est passible d'un châtiment plus ou moins sévère et que ces lois constituent un minimum d'obligations que doit remplir tout membre d'une société. Y avait-il en Égypte quelque chose de semblable ? C'est ce que personne ne peut affirmer. Il y avait sans doute des coutumes, des traditions que l'on recevait de son père pour les transmettre à ses enfants. On a fait grand bruit ces dernières années d'un prétendu *droit égyptien* : ce droit n'a jamais existé, ou pour que l'on puisse parler de droit comme d'une science ou d'un corps de lois promulguées, il faut que ces lois aient été codifiées ; or c'est ce qui n'a pas eu lieu pour l'Égypte, du moins rien ne nous permet de le supposer. Diodore de Sicile, il est vrai, parle de certaines lois que les pharaons égyptiens auraient faites pour certains contrats ; la chose est vraie puisque nous possédons encore les contrats ; mais c'est une simple tentative. L'Égypte à ce sujet, comme en beaucoup d'autres, a devancé son temps ; elle a entrevu, avant tous les autres peuples connus, ce qui devait donner aux sociétés futures une orientation nouvelle dans leur marche ascendante vers le progrès ; elle n'a pas su organiser par elle-même, ni faire valoir ce qu'elle avait inventé. Elle est demeurée trop particulariste, trop fermée. Les nations sont comme les individus, on ne leur donne de nouvelles forces qu'en leur infusant un peu de sang nouveau. L'Égypte n'a pas échappé à cette loi, ou pour mieux dire, elle a montré par son propre exemple combien cette loi était juste : parce qu'elle ne s'est pas mêlée à ces peuples plus jeunes, elle s'est elle-même soumise à la décrépitude ; son peuple, qui avait rempli sa mission et fait tous les progrès qu'il devait faire, par trop entraîné dans les voies du mysticisme, élément désagrégateur des forces morales par excellence, n'avait plus qu'à disparaître du nombre des peuples qui marquent dans l'histoire de l'humanité ; c'est ce qu'il a fait.

III

Si ce que j'ai dit est vrai de l'ensemble de la morale en Égypte, c'est encore plus vrai des traités moraux qui nous sont parvenus. Les trois traités que nous connaissons, dont un seul est complet, montrent qu'ils s'adressaient avant tout à une classe particulière d'hommes qui se regardaient comme bien supérieurs au reste de la population. Non pas que certains personnages n'aient eu des commencements assez médiocres, comme cet Amten, dont M. Maspero a récemment retracé la carrière ; mais ce jeune homme, prédestiné à de grands honneurs qu'il a conquis un à un, n'appartenait pas aux classes déshéritées ; il était fils d'un scribe pauvre, il est vrai, mais il appartenait à la classe des scribes, devant la science desquels s'ouvrait toute large la voie qui conduit aux charges honorifiques [1]. S'il fût né simple fellah, la mort l'aurait trouvé dans le même état. Les traités de morale n'auraient pas été faits pour lui, s'il y eût eu des livres traitant ce sujet au temps où il vivait.

J'ai déjà dit plus haut que ces traités de morale semblaient adressés à un personnage en particulier, et que dans deux des cas sur trois, c'était à son fils que l'auteur s'était adressé ; j'ai déjà dit aussi que je ne pouvais voir dans ce fait que l'un des artifices littéraires dont les scribes égyptiens ont été si

---

1. MASPERO : *Études égyptiennes*, tome II, 2ᵉ fascicule, p. 120-122.

prodigues en tout temps. Mais cela n'empêche d'aucune façon l'importance de leurs maximes et ces maximes subsistent encore pour que nous puissions les interroger, les comprendre et les juger à leur juste valeur, en nous efforçant de les placer dans le milieu pour lequel elles ont été écrites, et non pas en leur donnant le sens que comportent actuellement les mots dont on est obligé de se servir pour les traduire. Ici encore je ne tiendrai pas compte des papyrus moraux qui nous sont parvenus en écriture démotique, parce que ce ne sont que des phrases détachées sans grande importance et ne contenant que des préceptes généraux pouvant se rapporter à toute société. D'ailleurs un seul de ces papyrus a été traduit.

La première œuvre que nous trouvons à examiner, c'est l'ouvrage incomplet qui ouvre le papyrus Prisse. Il commence au milieu d'une phrase où il semble être question des devoirs d'un bon administrateur, ou d'un bon officier public [1]. Les préceptes suivants ont trait à la gourmandise, à l'ivrognerie, à certaines coutumes encore observées de nos jours dans tout l'Orient pendant les repas. Un précepte contre l'orgueil qui pourrait naître de la force, est suivi d'un autre qui me semble incompréhensible dans l'état présent du texte [2]. Puis vient le commencement de la partie finale où le chef fait venir ses enfants, leur recommande d'observer, sans y changer un seul mot, les préceptes qu'il leur a donnés dans ce livre, de les apprendre par cœur, moyennant quoi ils auront tout ce qu'ils pourront désirer sur terre en fait de biens,

---

1. M. VIREY (*Etude sur le papyrus Prisse*) a autrement entendu ce commencement, trop préoccupé qu'il était des traductions antérieures. Voici comment je le comprends : Donne confiance à celui qui craint ; favorise celui qui témoigne justement ; ouvre l'enclos du silencieux ; élargis le lieu de celui qui est pacifique en paroles ; que les couteaux (les Châtiments) soient préparés contre ceux qui transgressent (m. à m. : qui violent les chemins), etc.

2. J'ai déjà fait observer plus haut, après M. Griffith, que le papyrus Prisse était très fautif.

dans toutes les positions où ils pourront se trouver. Ce commencement de la conclusion est suivi d'une seconde partie où il est dit que le pharaon Houni étant mort, Snéfrou fut élevé au rang suprême sur la Haute et la Basse-Égypte, et que Kaqemni devint un gouverneur de nome. Il n'est pas possible, on le comprendra, de baser une démonstration sur d'aussi fragiles bases ; mais ce que l'on peut faire observer, sans grande crainte de se tromper, c'est que les préceptes contenus dans ce qui reste du premier ouvrage qui se trouvait dans le papyrus Prisse, sont d'un ordre particulier, s'adressaient à des auditeurs ou à des lecteurs de nombre très restreint ; qu'ils ont trait à des règles de savoir vivre que nous regarderions aujourd'hui comme indignes d'occuper un moraliste sérieux, mais qui n'ont qu'à se réclamer du temps où ils furent donnés pour faire aussitôt comprendre que, dans ces époques reculées, le savoir vivre devait être la marque distinctive des hommes arrivés aux honneurs, déjà très avancés dans les éléments de la civilisation ; tout comme aujourd'hui ce même savoir vivre, mais à un degré bien supérieur, est toujours la distinction facile entre les hommes communs et les hommes distingués. Que si l'on pouvait tirer un argument des dernières phrases, c'est-à-dire de la conclusion, je trouverais une preuve de plus de ce que j'avance dans ce fait que le chef appelle ses enfants et les conjure de pratiquer ce qui est écrit dans le livre sans y rien changer, s'ils veulent être récompensés de leurs actions.

Le second ouvrage que nous a conservé le papyrus Prisse est malheureusement dans le même état que le premier ; les fautes y sont tout aussi nombreuses et l'on ne peut guère espérer de les corriger, parce qu'elles consistent surtout en omissions. Cependant, quoique l'on ne puisse traduire exactement tel ou tel précepte, on peut voir la plupart du temps sur quoi roule le précepte donné par l'auteur. Ainsi, s'il n'est pas possible de dire sans crainte de se tromper : tel ou tel précepte signifie ceci ou cela, on peut tout au moins dire : il s'agit de ceci ou de cela, dans tel ou tel précepte. C'est tout ce que je désire pour démontrer ce que je crois vrai au sujet de ce second ouvrage du papyrus Prisse.

Le livre de Petah hôtep est divisé en un certain nombre de sections facilement reconnaissables par l'emploi de rubriques au commencement de chaque section. Il s'ouvre par une sorte d'introduction vraiment remarquable où sont énumérés les maux que la vieillesse apporte avec elle. Il poursuit par un certain nombre de préceptes, sans qu'on puisse y distinguer un ordre quelconque. L'auteur y donne les meilleurs conseils qu'il puisse donner. Tout d'abord il prémunit son fils contre l'orgueil qu'il pourrait concevoir de sa science, contre les abus de la dispute ; il lui conseille de se montrer courtois contre le disputeur et de le laisser dire. Si le fils est employé comme directeur d'un grand nombre d'autres hommes, il doit chercher de faire ce qu'il y a de mieux à faire [1] : il ne doit pas chercher à se faire craindre et à inspirer la terreur. Puis l'auteur passe à d'autres sujets : son élève doit savoir manger, recevoir ce qu'on lui offre, parler quand on l'y invite, etc. ; il doit savoir aussi exécuter les choses dont on l'a chargé sans y rien ajouter, comme sans y rien diminuer. On trouve ensuite un précepte relatif à celui qui cultive la terre, précepte fort mal venu et auquel il est presque impossible de rien comprendre dans l'état présent du texte. L'élève doit savoir en outre s'abaisser devant un supérieur, parce que c'est du supérieur que viennent les biens ; il doit être actif et bien employer le temps de son existence ; il doit savoir élever ses enfants et les former avec sagesse. Il doit remplir les fonctions de gardien des portes avec vigilance ; il se gardera des flatteurs, il usera de franchise dans le conseil de son maître. Si on le prend pour arbitre, il doit écouter les parties avec bienveillance, car

---

1. Un précepte analogue se trouve encore au cours de l'ouvrage.

c'est le moyen de parvenir à juger le différend. Il se gardera avec soin de la femme d'autrui, car c'est un grand malheur que de l'approcher. Il se montrera toujours de bonne humeur, soit à l'égard de sa famille, soit pour ses voisins. Il doit aimer sa femme, traiter bien autrui, ne pas répéter les excès de langage qu'il peut entendre de la bouche des autres, parler sagement dans le conseil, garder en tout un juste milieu, éviter avec soin de déranger 'es grands quand ceux-ci sont occupés, savoir leur rendre hommage[1]. S'il devient grand après avoir été petit, il se rappellera qu'il n'est que l'intendant des *provisions de Dieu*. Suit un autre précepte sur la conduite qu'on doit tenir vis-à-vis d'un supérieur, et un autre que l'état du texte ne permet pas de comprendre. Quand le texte devient intelligible, il s'agit des manières polies qu'on doit avoir à l'égard de son prochain, ou plutôt de ses semblables. L'élève docile se montrera toujours joyeux, s'il veut arriver ; un front ridé montrerait que son ventre est vide et qu'il a l'autorité en horreur. Il saura reconnaître les amis fidèles de ceux qui ne le sont pas, et il se reposera plus sur son vrai mérite que sur le souvenir de son père. Il distinguera ceux qui surveillent les grands ouvrages publics ou particuliers des simples manœuvres, car le travail manuel est dégradant. Puis vient une dernière maxime sur la manière dont on doit traiter sa femme. L'ouvrage se termine par une longue conclusion où l'auteur développe cette pensée que, si son fils écoute bien ses conseils, il arrivera à la justice. S'il a écrit ses préceptes, c'est qu'il n'a pas de confiance dans la mémoire des hommes ; au contraire si l'on vient en aide à la mémoire des hommes par quelques phrases bien faites, on est plus assuré qu'ils sauront retenir facilement les précieuses vérités. Tout se réduit ainsi à

---

1. Suit un précepte analogue à l'un de ceux que j'ai déjà mentionnés plus haut et un autre que j'avoue ne pas comprendre et qui, tel qu'il a été traduit, me semble ne pas convenir à la morale égyptienne ni à l'enseignement de Petah hôtep.

savoir écouter, et cet art est loué pendant tout le reste de l'ouvrage ; le maître jouit d'une position supérieure ; mais si ce maître est le père, « deux fois bon est le précepte de notre père, de la chair duquel nous sommes sortis. Certes un bon fils est un des dons de Dieu, un fils qui fait mieux qu'il ne lui a été dit. » Ainsi, en se montrant docile, il arrivera à la faveur du roi et à une bonne vieillesse, tout comme son père y est arrivé avant lui [1].

Tel est ce livre, sur l'élévation morale duquel je m'expliquerai plus loin. On a pu voir, par le simple exposé des maximes qu'il contient, qu'il nous montre une société encore peu avancée dans les voies de la civilisation, mais cependant déjà sortie depuis longtemps des ténèbres de la barbarie. Tous ces préceptes sont subordonnés à une seule idée qui domine tout l'ensemble du livre, qui est exprimée par l'auteur fort clairement dans les dernières phrases de son ouvrage ; cette idée est la suivante : il faut faire tout ce qui peut contenter le Pharaon, même savoir se dissimuler ses propres besoins ou ses propres peines, remplir les charges qu'on peut avoir avec activité, avec prudence, en se gardant de ceux qui épient toujours les actes d'autrui pour en profiter. Comme ces charges peuvent être fort diverses, qu'elles demandent des qualités presque contradictoires, le scribe les passe toutes, ou à peu près toutes en revue, il donne les règles à suivre pour chacune d'elles, comme il croit ces règles propres à atteindre le but qu'il a poursuivi et que son fils poursuivra après lui. Les charges extérieures ne sont pas le seul thème à moraliser ; il y a aussi le soin que le fils doit prendre de sa propre maison, la conduite qu'il doit tenir vis-à-vis de sa femme, la manière dont il doit élever ses enfants, surtout ses fils, la manière dont il doit choisir celle

---

1. Cette analyse suit presque partout la traduction que M. Virey a donnée du papyrus Prisse ; je rappelle encore que cette traduction, qui est sans contredit la meilleure qui ait été faite, est loin cependant d'être parfaite. C'est pourquoi je me suis borné à cette courte analyse.

qui partagera sa vie¹. S'il a soin de bien remplir ces divers préceptes, il arrivera à une heureuse vieillesse², ayant bien rempli sa vie et ayant toujours plu au Pharaon. Je crois qu'on pourrait difficilement marquer plus clairement le but avant tout utilitaire des préceptes que le soi-disant Petah-hôtep est censé donner à son fils. Par conséquent le but qu'il poursuivait était un but particulier ; ses conseils ne sont qu'un recueil de savoir-faire. Il est vrai que, dans ces temps reculés, le savoir-faire n'était pas aussi perfectionné qu'aujourd'hui ; que si le Pharaon était un prince moyennement juste, il fallait, pour arriver aux charges les plus élevées et les plus lucratives, pratiquer plus que la moyenne de ce que l'on regardait alors comme juste ; que, s'il n'y avait aucun code de lois écrites, il y avait des coutumes et que l'on ne regardait pas alors comme la suprême habileté celle qui consiste, comme on dit, à tourner la loi, c'est-à-dire à la violer sans paraître la violer. Ce qu'il y a de remarquable dans ces préceptes moraux, c'est qu'il y est bien rarement question de Dieu, nouvelle preuve que l'auteur n'entendait point faire un cours de justice, je veux dire de ce qui était intrinsèquement juste et de ce qui l'est toujours. C'est pour n'avoir pas fait attention à toutes ces particularités qu'on l'a représenté comme un héraut de la vertu, lorsqu'il n'était que le héraut du bien particulier et privé, du savoir-faire qui conduit aux charges et aux honneurs ; aujourd'hui il en faut rabattre quelque peu, et il est facile de comprendre qu'il en ait dû être ainsi. C'est là le danger d'employer dans leur

---

1. Cette dernière maxime est un des plus forts arguments que l'on puisse donner en faveur de la thèse que je soutiens, à savoir que ce livre n'est qu'une composition littéraire comme une autre.

2. Les Égyptiens avaient coutume de spécifier cette bonne vieillesse sous un chiffre donné, à savoir 110 ans. J'ai souvent entendu parler de ce chiffre comme d'un nombre fixé auquel il ne fallait attacher aucune importance. Cependant, ce chiffre était souvent réel, et dans les vies des moines égyptiens que j'ai publiées, il était souvent dépassé. Ainsi Schnoudi vécut 118 ans, c'est un fait ; un autre moine est dit avoir vécu 130 ans.

sens actuel des expressions qui ont tellement varié dans le cours des siècles que leur emploi est un véritable contresens, quand on parle d'une époque aussi reculée que celle dont j'entretiens mes lecteurs. Il faut donc se garder de pareilles expressions qui trahissent l'esprit d'une époque ; sans contredit ce n'est pas le moyen de se faire des succès de réclame ; mais ceux qui, en connaissance de cause, les emploient pour faire illusion aux naïfs, sont de véritables charlatans.

Si maintenant nous nous tournons vers le papyrus moral de Boulaq, nous verrons que l'idée qui a fait écrire l'ouvrage attribué au scribe Khonsou-hôtep est identique, quoique la civilisation ait progressé. Je rappelle ici que la date la plus probable à laquelle a été composé le livre de Petah-hôtep est celle qui fixe cette composition à la xii° dynastie ; tandis que le livre de Khonsou-hôtep date au plus tôt de la xvii° dynastie. Il s'est donc écoulé un assez long espace de temps entre les deux livres : la société égyptienne n'a pas manqué d'aller en progressant, par conséquent de se créer de nouveaux besoins, de s'imposer de nouvelles charges, d'être sujette à de nouveaux vices, car l'un ne va jamais sans l'autre. Si le livre de Khonsou-hôtep est vraiment de l'époque dont je parle, on s'en apercevra facilement.

Ce livre est incomplet, comme je l'ai dit ; la page du papyrus qui précède immédiatement est coupée par le milieu : il n'y a donc rien à en tirer pour le sujet qui m'occupe ; car les traductions faites ainsi sur des bouts de phrases sont trop dangereuses. Cet ouvrage, en ne tenant compte que de ce qui nous reste, contient des maximes plus nombreuses, mais beaucoup plus courtes, pour la plupart, que celles qui forment l'œuvre de Petah-hôtep. Les rubriques, dans l'œuvre précédente, marquaient avec exactitude le commencement de chaque précepte ; ici rien de semblable : les rubriques ont été mal employées, le plus souvent omises, et ne peuvent aucunement servir à couper les maximes. D'ailleurs, elles sont très peu nombreuses. Malgré l'absence de cette facilité, dans la plupart, je dois dire que, dans la grande majorité des cas, les savants qui se sont occupés de ces papyrus se sont accordés à couper les maximes au même endroit. Je n'ai pas manqué de conserver ce qui me semblait acquis. De la sorte nous compterons, en dehors de la conclusion, soixante-cinq maximes. Ces soixante-cinq maximes sont rangées les unes à la suite des autres sans qu'il y ait d'ordre : l'auteur a suivi l'exemple du livre de Petah-hôtep et a parlé de ce qui lui venait à la pensée, sans se demander si ce qu'il disait serait mieux placé ici, ou là. De là vient que des préceptes similaires sont placés à de grandes distances les uns des autres, et que l'auteur semble ainsi retourner sur ses propres pas. Aussi, il n'est pas très facile d'analyser une œuvre de la sorte. Je me contenterai de ranger sous un certain nombre de chefs les maximes qui m'ont semblé le mieux répondre à ce classement.

Les principaux chefs sous lesquels peuvent se classer les préceptes du papyrus de Boulaq, sont les suivants : Devoirs du ménage, religion, étude des livres anciens, activité, ivresse et gloutonnerie, discrétion, luxure, soins qu'il faut prendre de se garder des fautes, modestie, but de la vie, calomnie et médisance, bavardage, soins de sa maison, générosité, bonne éducation, propriété, respect de la vieillesse, occupations, courage, dissipation, mobilité de la vie et des circonstances extérieures, amitié et idées sociales. Cette simple énumération nous fait voir que, sur plusieurs points, le livre de Khonsou-hôtep fait mention de nouveaux conseils ; ainsi, la religion que n'avait point mentionnée le papyrus Prisse, est mentionnée sept fois par le papyrus de Boulaq. Evidemment, la religion, comme toute chose, a progressé pendant le laps de temps qui a séparé la composition des deux ouvrages et acquis une importance prépondérante. C'est d'ailleurs ce que nous enseignent d'autres monuments où cependant la religion eût été parfaitement à sa place dès les premières dynasties. Si l'on excepte en effet les sépultures royales, nous voyons que les grands officiers des Pharaons, au temps des premières dynasties et jusqu'à la xii° inclusivement, avaient pris pour habitude de décorer leurs tombes avec des représentations de la vie civile: si la religion y est admise, ce n'est guère qu'au rôle fort secondaire, tandis que le rôle principal est toujours réservé à ces représentations qui nous sont d'un si grand secours pour l'histoire du travail et de la civilisation matérielle. Au contraire dès la xix° dynastie, les rôles sont renversés; la religion domine, la partie civile devient presque nulle[1]. De même, dans le papyrus de Boulaq, on ne parle plus du respect que l'on doit à son chef, de la manière dont il faut remplir ses fonctions, des anciens offices qu'on pouvait remplir dès les premières dynasties, etc.; on y parle au contraire de l'étude, de l'ivresse, du but de la vie, de la propriété, des soins qu'on doit avoir de la maison, du soin qu'il faut avoir d'éviter les multitudes, des juges qui peuvent vous condamner ou vous forcer à leur faire des présents : toutes choses nouvelles qui vous transportent dans un milieu bien différent. Le papyrus Prisse parle de la femme d'autrui d'une manière qui montrerait que la séduction viendrait de l'homme, s'il y avait séduction; le papyrus moral de Boulaq décrit au contraire les artifices employés par la femme adultère, ou la courtisane, pour faire succomber l'homme et l'attirer dans ses pièges. De même le papyrus Prisse ne connaît point les maisons où l'on boit la bière; le papyrus moral de Boulaq décrit avec réalisme ce qui y arrive au bu-

1. On a souvent représenté le contraste qui existe entre les tombeaux de la xii° dynastie, ceux de l'époque des pyramides et les représentations hérissées de serpents des tombeaux de la vallée des rois à Thèbes. Tout d'abord il faut bien observer que les rois de l'époque des pyramides avaient des tombeaux contenant des textes tout aussi mythologiques, s'ils n'étaient pas illustrés. Ensuite le changement qui s'est opéré et qui est réel ne se fit pas tout d'un coup, mais eut lieu peu à peu comme toutes les choses humaines et ne se compléta pas avant la xxi° ou la xxii° dynastie.

veur qui s'est dégradé jusqu'à perdre la raison. Mais si les vices se sont multipliés dans la société de Khonsou-hôtep, les mœurs se sont également adoucies : je n'en veux pour preuve que la maxime où il est censé recommander de bien traiter sa femme, de ne pas la brusquer et de ne pas ignorer ses qualités. Je pourrais multiplier les exemples, sans rendre plus complète ma démonstration, parce qu'elle me semble déjà complète. Nos deux moralistes connaissent bien la société dans laquelle ils vivaient et dont ils faisaient partie ; mais cette société n'est plus la même.

Le lecteur aura de lui-même observé que le scribe, pour avoir varié ses maximes parce que les mœurs avaient varié, n'a pas oublié le côté utilitaire de sa morale. En effet cet utilitarisme est le même que dans l'œuvre de Petah-hôtep. Si la religion est mise en avant, c'est dans un but tout utilitaire. En effet l'une des maximes qui ont trait au culte et aux offrandes dit en propres termes : « Étant donné que le dieu de cette terre, Schou (le soleil), domine à l'horizon pendant que ses emblèmes sont sur la terre ; si l'on offre l'encens avec les pains, chaque jour, son lever fait verdoyer tout ce qui a été planté : multiplie les pains. » C'est-à-dire : Si le Dieu de cette terre, à savoir de l'Égypte, domine à l'horizon, si l'encens et les pains qui lui sont offerts lui sont agréables, ce que personne ne peut mettre en doute, c'est lui qui fait tout pousser ; conclusion : multipliez vos offrandes et toutes vos récoltes pousseront à qui mieux mieux. De même la phrase précédente est conçue dans le même esprit. « Applique-toi, y est-il dit, à faire adoration en son nom, car c'est lui qui donne aux esprits des millions de formes et qui magnifie celui qui le magnifie » ; donc, si tu t'appliques à l'adorer, il te magnifiera et te donnera le pouvoir de faire toutes les transformations que tu voudras, lorsque tu seras dans les enfers. Dans une des premières maximes, lorsqu'on a dépeint comment il faut honorer Dieu, le texte ajoute : « Qui fait cela, Dieu magnifiera son nom. » Le côté utilitaire est donc toujours présent à l'esprit de l'auteur même dans les maximes où il devrait au contraire le moins se rencontrer. D'ailleurs on le rencontre partout. Est-il conseillé de fuir la femme adultère qui a tendu ses pièges? c'est que c'est un crime digne de mort. Précautionne-t-on le disciple contre les foules, c'est qu'on y court le danger d'être arrêté, d'être enchaîné et de se voir dans l'obligation de donner aux juges quelque bon présent. Pourquoi conseille-t-on d'éviter le bavardage ou les excès de langage ? C'est que la ruine de l'homme, dit énergiquement le texte, est sur sa langue, que l'on se crée des ennemis qui peuvent vous ruiner. Le disciple doit se défier des imposteurs et des flatteurs qui se mettent à ses ordres pour faire des travaux, car tout en ayant l'air de travailler pour lui, ils le ruineront et ne travailleront que pour eux. Et ainsi de suite.

En outre, il ne faut pas être grand clerc pour voir que ces préceptes ne s'adressent aussi qu'à une minime catégorie d'hommes ; que les masses profondes de la société contemporaine y sont négligées ; que la réussite est réservée aux heureux privilégiés qui sont nés dans une famille élevée. Ce dernier point se fait surtout voir dans une maxime où l'on prémunit l'élève contre les trop grandes familiarités avec des esclaves, parce que cela conduit à l'enlever et que si on l'enlève, le maître se fâchera, et l'esclave, fût-il le plus mauvais qu'on puisse imaginer, aura tout de suite toutes les qualités, afin de faire punir plus sévèrement celui qui l'aura détourné. Ce sont là des traits finement observés ; mais ce sont aussi des traits qui dépeignent les sentiments de l'auteur.

Je peux donc conclure en toute sûreté que, malgré les progrès réalisés dans la civilisation, la morale du papyrus de Boulaq n'a pas un but différent de celui qui s'est fait voir à nous dans le papyrus Prisse ; si les idées se sont élargies, l'utilitarisme s'est, lui aussi, élargi ; il est devenu presque scientifique, mais au fond c'est le même. Si l'on voit dans quelques-unes des maximes des deux papyrus, et surtout dans celles du second un peu d'altruisme, c'est que cet altruisme est nécessaire pour être parfaitement heureux, qu'il est difficile de n'avoir pas de voisins, quand on est membre d'une société, et que pour rester tranquille il faut savoir quelquefois se faire violence.

Cependant je dois faire observer que quelques-unes des maximes de Khonsou-hôtep dénotent un penseur qui voyait plus loin que le particularisme égoïste de son prédécesseur Petah-hôtep. En effet ces maximes sont générales et peuvent s'appliquer à tous les temps en toute vérité, parce qu'elles sont le résultat de l'intime connaissance de l'homme. En voici des exemples : « A ton entrée dans un village, les acclamations commencent ; à ta sortie, il faut user de force pour te sauver[1]. » L'on ne peut mieux exprimer l'instabilité de la popularité, et ce qui était vrai en Égypte dès le xive siècle avant notre ère est toujours vrai. L'instabilité de la fortune a donné lieu à plusieurs maximes : « Ne te décourage pas en face de toi-même ; il suffit d'une heure de malheur pour que les faveurs dont on a joui soient mises sens dessus dessous. » — « Prends garde ; que ton existence soit misérable ou élevée, il n'y a point de bien durable ; en marchant droit tu foules la route. » Ce sont bien là des vérités toujours vraies ; il ne faut désespérer de rien, car la roue de la fortune tourne sans cesse ; il est bien difficile de savoir se tenir en équilibre sur un support aussi versatile : il suffit d'un tour de roue pour ramener en haut celui qui était en bas, et pour mettre en bas celui qui était en haut. Aussi, il ne faut attacher d'importance qu'à une seule chose ; marcher droit devant soi, car rien n'est certain. Cette instabilité des choses s'observe même chez l'homme, et ce détail n'avait point échappé à l'œil observateur du scribe égyptien. « Le cours du fleuve, dit-il, s'est écarté les années passées ; une

---

1. Le mot à mot donne : tu es sauvé par la main, ce qui est identique aux expressions dont je me sers ici.

autre direction se fait dans l'année ; les grands océans se dessèchent, les rivages deviennent des abîmes : il n'y a point d'homme d'un seul dessein. C'est ce que répond le tombeau (ou la mort). » On voit ainsi que les antithèses sont inventées depuis longtemps et que les contrastes n'ont pas servi qu'à Pascal. D'autres maximes portent encore le même caractère d'universelle vérité, comme : « Celui qui hait le retard, arrive sans avoir été appelé. » — « Sans se presser arrive le coureur. »

Il est donc facile d'observer un véritable progrès sur le papyrus Prisse : on sent que la pensée humaine a marché, qu'elle s'est développée et qu'en se développant elle en demeure plus profonde, que par conséquent elle approche de plus près ce caractère d'universalité qui est la pierre de touche et la marque de la vraie morale.

IV

Cet utilitarisme que j'ai constaté au fond des préceptes moraux que je viens d'analyser empêche-t-il toute conception haute et belle ? Je réponds de suite et avec certitude que non, et je vais le démontrer.

Tout d'abord les papyrus moraux ne contiennent aucun précepte qui ne soit frappé au coin de la vérité : si quelques-uns, en très petit nombre, semblent être contraires à la vérité et à la moralité moderne, c'est qu'ils ont été mal traduits ou que le texte est fautif. J'en citerai un exemple tiré du papyrus Prisse. Il est dit dans la vingt-neuvième maxime du second ouvrage contenu dans ce papyrus : « Si tu es ennuyé sans remède, si tu es tourmenté par quelqu'un qui est dans son droit, éloigne son visage, il n'y pense plus dès qu'il a cessé de te parler[1]. » S'il fallait entendre cette

---

1. VIREY : *Études sur le papyrus Prisse*, p. 81. — *Papyrus Prisse*, pl. XIII, l. 4-5.

maxime comme elle sonne, elle reviendrait à prêcher l'oubli de ce que nous nommons actuellement le devoir. En effet, s'il suffit de ne plus penser à une réclamation qui chagrine, c'est bientôt fait. Or rien dans le contenu du papyrus ne donne à penser que l'on pût satisfaire à des réclamations justes par de bonnes paroles, comme le fera plus tard Don Juan en face de M. Dimanche, pour n'y plus penser ensuite dès que le réclamant a disparu. Ce serait non plus de la morale, mais le contraire de la morale. Il vaut mieux croire ou que le texte a été mal traduit, ou qu'il y a des mots d'omis, et que le texte est fautif : la chose est plus que vraisemblable aujourd'hui, après la découverte de M. Griffith signalée plus haut [1], ce qui explique les difficultés qu'a toujours présentées la traduction de ce papyrus. D'ailleurs c'est là un cas isolé, et, je le répète, l'on ne trouverait dans les deux papyrus auxquels je fais allusion aucune maxime qui ne soit foncièrement vraie, ou regardée comme telle aujourd'hui : la plupart sont devenues d'un usage si général qu'on serait tenté de les prendre comme des vérités de M. de la Palisse, si l'on ne réfléchissait que ces premiers essais de morale ont dû demander des qualités d'esprit plus qu'ordinaires à l'époque où ils furent publiés, et nous devons être reconnaissants à ces scribes égyptiens qui ont ainsi mis leur talent au service du progrès humain.

Ainsi donc, les traités de morale égyptienne jouissent de la première des qualités qui est d'être vraiment moraux et d'avoir saisi tout d'abord le côté universel de la morale par son côté particulier. Ils n'en sont sans doute pas responsables et l'on ne peut guère leur en faire honneur ; du moins ils avaient de bons yeux et voyaient clair. Leur perspicacité fut moins grande que leur intelligence, je le confesse ; mais cette perspicacité les a conduits à des résultats merveilleux.

1. Je rappelle ici que M. Griffith a trouvé parmi les papyrus du British Museum des fragments du *papyrus Prisse* et que ces fragments sont loin d'être conformes au texte du papyrus que Prisse a publié.

Nous allons nous en convaincre en examinant quelques-uns des problèmes moraux qu'ont résolus les auteurs égyptiens, et je ferai cet examen sans m'attacher à suivre un ordre par trop méthodique. Je ne m'attacherai qu'aux idées qui s'appliquent avant tout aux grands devoirs de l'homme, comme la bonne éducation à donner à ses enfants, l'hospitalité, la conduite qu'on doit avoir envers sa femme, la religion, etc. ; et je ferai tout d'abord observer que l'idée d'une justice immuable semble n'avoir pas été inconnue à l'auteur du second ouvrage contenu dans le papyrus Prisse. Voici ce qu'il dit en effet : « Si tu es en qualité de directeur pour décider de la condition d'un grand nombre d'hommes, cherche la manière la plus parfaite, afin que ta conduite soit sans reproche. Grande est la justice, assise [1] et pondérée : elle n'a point été troublée depuis l'époque d'Osiris..... Les limites de la justice sont bien posées : c'est un enseignement que chaque homme tient de son père [2]. » Voilà certes des paroles bien précises, qui se comprennent aisément, dont le sens est bien défini, et rien n'indique en cet endroit du papyrus une inattention ou une omission du scribe. Il me semble bien difficile de n'en pas conclure à la connaissance encore vague, mais réelle, de l'immuabilité des lois morales depuis qu'elles existent, ce que l'auteur égyptien exprimait en disant que la justice est grande, assise et pondérée, qu'elle n'a point été troublée depuis l'époque d'Osiris dont la légende nous apprend qu'il fut le grand civilisateur par excellence.

Si je passe maintenant à l'examen détaillé de quelques-unes des maximes données, je trouve d'abord la gourmandise, ou plutôt ce que les Latins appelaient *gulositas*. Le premier ouvrage contenu dans le papyrus Prisse s'exprime ainsi : « Si tu es assis à manger avec plusieurs, déteste les mets que tu aimes ; c'est un petit moment à te contraindre,

---

1. Mot à mot : posée.
2. *Papyrus Prisse*, pl VI. l. 3-5 et 7. — Cf. VIREY, *op. cit.* p. 39-40).

et c'est chose dégradante que la voracité, car il y a de la bestialité en elle[1]. » Le second ouvrage a aussi une maxime sur le même sujet ; il dit : « Si tu es parmi les personnes assises à manger chez un plus grand personnage que toi, prends ce qu'il te donne, en t'inclinant profondément ; ne le fixe pas ; ne le regarde pas fréquemment ; c'est un personnage blâmable, celui qui sort de cette règle[2]. » On peut voir facilement qu'il y a progrès dans l'élévation de la conduite ; que le premier auteur a voulu surtout stigmatiser l'avidité, la *goinfrerie*, et que le second se contente de dire que l'invité ne doit pas dévorer des yeux ce qu'il a devant lui, mais seulement le regarder et ne pas le fixer. L'auteur du papyrus moral de Boulaq a aussi un précepte sur le même sujet ; mais au lieu de s'attarder sur la grossièreté de l'avidité, ou même sur la tenue que l'on doit avoir afin de ne pas montrer trop ce qu'on aimerait à dévorer, il dit simplement : « Ne sois point avide pour remplir ton ventre, car l'on ne sait point pourquoi tu cours ainsi : lorsqu'est venue ton existence, je t'ai donné un autre bien ; » c'est-à-dire, lorsque tu es venu à l'existence, je t'ai montré d'autre bien à faire que remplir ton ventre. Les expressions employées par l'auteur de ce papyrus montrent combien les mœurs ont progressé, car il raille celui qui se hâte de remplir sa bouche et son ventre, et la réflexion qui termine le précepte indique pourquoi cet auteur n'insiste pas sur ce vice grossier, et aussi qu'il a de plus nobles sujets pour entretenir son élève.

Les devoirs que nous nommons maintenant de charité sont aussi traités dans le second ouvrage du papyrus Prisse et dans le papyrus moral de Boulaq. Le premier dit à propos des serviteurs : « Traite bien tes gens, autant qu'il t'appartient ; cela appartient à ceux que Dieu a favorisés. Si quelqu'un manque à bien traiter les gens on dit : C'est d'une

---

1. *Papyrus Prisse*, pl. I, l. 3-5. Virey, ibid. p. 16-18.
2. *Ibid.*, pl. vi, l. 11, pl. vii, l. 11. — Cf. Virey, loc. cit. p. 41-42.

personne à qui l'on fait l'aumône[1]. Comme on ne sait pas les évènements qu'on peut voir demain, c'est une personne sage, une personne dont on peut rendre témoignage, que celle chez qui on est bien traité. Quand arrive le cas de montrer du zèle, les gens eux-mêmes disent : Allons, allons ! si les bons traitements n'ont pas quitté la place ; s'ils l'ont quittée, les gens sont défaillants[2]. » Le côté utilitaire se fait toujours remarquer dans les maximes de Petah-hôtep ; il en est autrement chez Khonsou-hôtep : « Ne mange pas le pain pendant qu'un autre reste debout, sans étendre pour lui ta main vers le pain. On sait qu'éternellement l'homme qui n'est pas devient[3]. Que l'un est riche, l'autre mendiant, et les pains sont s... pour qui agit fraternellement[4]. Tel est riche pendant une saison, ou deux saisons, qui devient palfrenier (?) la saison suivante. » Cette seconde maxime est d'un ordre plus élevé dans l'expression que la première, quoique dans le fond elles se ressemblent ; mais le but utilitaire se montre beaucoup moins dans la seconde que dans la première : il y a progrès. Toutes les deux d'ailleurs ont un côté moral relativement élevé pour notre époque, et très élevé si l'on se reporte aux temps éloignés où elles furent écrites.

Les préceptes relatifs à l'éducation sont aussi chez les deux mêmes auteurs d'une haute portée morale. Petah-hôtep dit à ce sujet : « Si tu es un homme sage, forme un fils qui soit agréable à Dieu. S'il ajuste son régime à ta manière et s'occupe de tes affaires, comme il convient, fais-lui tout le bien que tu pourras ; c'est ton fils, un attaché à toi qu'a engendré ta personne, ne sépare pas ton cœur de lui ;..... S'il se conduit mal et transgresse ta volonté, s'il rebute toute parole, si sa

1. Ceci est dit ironiquement.
2. *Papyrus Prisse*, pl. xi l. 1-3. — Cf. Virey, *loc. cit.* pl. 69-70.
3. C'est-à-dire que l'homme qui n'est pas pauvre, le devient, ou de même riche.
4. Cette traduction n'est qu'un à peu près, le texte employant un mot sans analogie dans notre langue.

bouche marche en toute parole mauvaise, frappe-le sur sa bouche, en conséquence. Donne l'ordre sans ménagement à ceux qui font mal, à celui dont l'humeur est inquiète; et l'on ne déviera point de la direction, et il ne sera point de rencontre qui fasse interrompre la route[1]. » Cette maxime, dont la première partie a grand air, plairait moins dans sa seconde à nos idées modernes; cependant elle n'a point été changée en Égypte contre un adoucissement de mœurs : on a toujours cru que l'enfant devait être élevé rudement, et le papyrus de Boulaq n'est pas d'un autre avis : « C'est une vie, dit-il, que la discipline dans la maison : la réprimande est salutaire à ton état avenir. » Et les papyrus que j'ai cités plus loin à propos de cette maxime, montrent que le bâton jouait un grand rôle dans l'éducation égyptienne. La chose peut effrayer nos mœurs actuelles; mais elle n'en est pas plus mauvaise, si l'on use modérément de la correction.

Dans une société civilisée, on est habitué à juger du degré de civilisation atteint par l'estime plus ou moins grande en laquelle on tient la femme; de même la morale se distingue plus ou moins élevée par la condition qu'elle fait à la femme. Nos deux papyrus n'ont pas manqué de traiter la question, et ils l'ont fait de la manière qu'on va voir, en plusieurs passages que je citerai tous, afin que le lecteur puisse juger en connaissance de cause. Le papyrus Prisse revient à trois reprises différentes sur les rapports amicaux et bienveillants dont on doit entourer la femme. Il dit tout d'abord en parlant des malheurs qui peuvent arriver à l'homme par suite de son amour pour une femme qui lui est étrangère : « Si tu désires imposer le respect dans l'intérieur où tu entres, par exemple l'intérieur d'un supérieur, d'un frère, ou d'une personne respectable, partout où tu entres, garde-toi d'approcher de la femme, car il n'y a rien de bon à ce qu'on fait là. Il n'y a pas de prudence à y prendre part, et des milliers

---

1. *Papyrus Prisse*, pl. VII l. 10, VIII. l. 1. — Cf. VIREY, loc. cit. pl. 51-53.

d'hommes se perdent pour jouir d'un moment court comme un rêve, tandis qu'on gagne la mort à le connaître. C'est une disposition vilaine, celle d'un homme qui s'y excite; s'il se porte à l'exécuter, l'esprit l'abandonne. Car celui qui manque de répugnance pour cela, il n'y a en lui aucune raison[1]. » Le papyrus de Boulaq traite ce même sujet, comme nous le verrons. Puis le papyrus Prisse passe à la mère de famille, à l'épouse légitime, et dit : « Si tu es sage, garde ta maison, aime ta femme sans mélange. Remplis son ventre, habille son dos; ce sont les soins à donner à son corps. Caresse-la, remplis ses désirs le temps de ton existence; c'est un bien qui fait honneur à son maître. Ne sois pas brutal; les ménagements la conduisent mieux que la force; son..... voilà où elle aspire, où elle vise, ce qu'elle regarde. C'est ce qui la fixe dans la maison; si tu la repousses, c'est un abîme. Ouvre tes bras pour elle à ses bras; traite-la fraternellement, fais-lui l'amour[2]. » L'auteur est revenu sur ce précepte dans une de ses dernières maximes; il dit : « Si tu prends femme, ne te montre pas chiche. Qu'elle soit contente plus qu'aucun de ses concitoyens. Elle sera attachée doublement si la chaîne lui est douce. Ne la repousse pas; accorde ce qui lui plaît; c'est à son contentement qu'elle apprécie ta direction[3]. » Certes, ces conseils sont fort élevés; mais voici qui l'est encore davantage. Le papyrus moral de Boulaq dit d'abord d'une manière générale, à propos des femmes : « Ne marche pas derrière une femme; ne permets pas qu'elle s'empare de ton cœur. » Ce conseil, toujours vrai, est accompagné de cet autre qui vise plus directement la femme adultère, ou peut-être la courtisane, ce qui est à peu près tout un : « Garde-toi de la femme que tu aurais au dehors, quand même cela ne serait pas connu dans sa ville. Ne fais pas

---

1. *Papyrus Prisse*, pl. ix, l. 7-13. — Cf. Virey, *op. cit.* p. 63-64.
2. *Ibid.*, pl. x, l. 8-12. — Cf. Virey, *op. cit.* p. 67-68. Cette traduction est loin d'être certaine.
3. *Ibid.*, pl. xv, l. 6-8. — Cf. Virey, *op. cit.* p. 90-91.

inclination vers elle, après ses pareilles; ne la connais pas, n'en remplis pas ton cœur : c'est une eau profonde, et l'on ne connaît point ses détours. Si une femme, dont le mari est éloigné, t'envoie des écrits, si elle te parle chaque jour sans témoins et se tenant à jeter le filet, c'est un crime digne de mort par la suite, si on l'apprend, quand même elle n'aurait pas accompli son dessein en réalité. Les hommes accomplissent tous les crimes pour ce seul plaisir. » Il est difficile de nier que cette seconde doctrine soit plus élevée que celle du papyrus Prisse qui a toujours l'intérêt particulier comme sanction de ses plus beaux préceptes. Ici l'auteur annonce aussi le châtiment; mais les considérations qui précèdent sont bien plus élevées, et il semble toucher à la morale absolue quand il précautionne l'homme contre le danger de la femme extérieure, même quand personne ne le saurait dans la ville.

Si de la femme étrangère je passe à la maîtresse de maison, je trouve encore trois autres maximes relatives à la femme ou au mariage, et ces trois maximes se font remarquer par la pureté de leur doctrine. Je n'insisterai pas sur la première, qui est aussi la première qui nous ait été conservée par le papyrus, et qui recommande de se marier jeune, afin d'avoir des enfants pendant qu'on est jeune; d'ailleurs, cette maxime est plutôt d'ordre physique que d'ordre purement moral, ce qui montre que les anciens habitants de l'Égypte, en gens avisés qu'ils étaient, attachaient assez d'importance aux prescriptions de la nature pour les faire entrer dans leurs maximes de morale. Il vaut mieux s'arrêter plus longtemps devant les maximes que je vais citer et leur réserver toute notre admiration. Voici comment le mari parle à l'enfant de sa mère : « Je t'ai donné ta mère qui t'a porté comme elle t'a porté; elle s'est donné, à cause de toi, un lourd fardeau, sans se reposer sur moi. Quand tu es né après les mois de ta gestation, elle s'est vraiment soumise au joug; car ses mamelles ont été dans ta bouche pendant trois ans. Comme tu venais à merveille, la répugnance de tes ordures ne lui a point répugné au cœur et ne lui a point fait dire : Que fais-je ? Lorsque tu fus mis à l'école, à cause de ton instruction, elle fut assidue chaque jour près de ton maître avec des pains et de la bière de sa maison. Maintenant que tu es devenu pubère, que tu as pris femme et que tu possèdes une maison, aie l'œil sur ton enfant, élève-le comme ta mère a fait pour toi. Ne fais pas qu'elle te repousse, de peur que, si elle lève les deux mains vers Dieu, il n'écoute ses prières. » Il serait difficile de peindre en termes plus parfaits et plus doux, avec un certain air de mélancolie, le souvenir de ce que fut la naissance de l'enfant si désiré, le dévouement et l'amour de cette mère qui en prit si grand soin et qui a droit d'exiger que son fils, devenu père à son tour, prenne de même soin du fils que lui a donné sa femme. Aussi est-il bien vrai qu'en Égypte la tendresse des mères était très grande pour les fruits de leur amour. Cette maxime nous fait entrer fort avant dans la connaissance des mœurs égyptiennes, et l'on comprend que le peuple égyptien ayant des femmes remplies d'amour pour leurs enfants, ayant à cœur leur instruction, ne dédaignant pas de se rendre près du maître d'école avec leurs petits présents de pain et de bière fabriqués par elles-mêmes dans leurs maisons[1], soit devenu l'un des peuples qui aient le plus fait pour la civilisation humaine. Il est vraiment regrettable que la nature même des monuments égyptiens ne nous fasse pas pénétrer plus avant dans la connaissance de la vie de famille; nous y trouverions sans doute des preuves péremptoires de ce doux sentiment d'amour maternel. Cependant, le soin que prenaient les Égyptiens de nommer toujours leur mère dans leurs généalogies, le soin qu'ils avaient encore de les associer dans le culte funéraire rendu à leurs ancêtres, comme je l'ai récemment démon-

1. C'est ainsi que j'ai compris les mots du texte, que l'on explique ordinairement en disant que la mère allait porter la nourriture à son fils; mon explication est beaucoup plus égyptienne.

tré¹, mille autres traits font bien voir l'influence de la femme égyptienne dans la famille. Pour avoir des récits complets qui nous montrent en action les sentiments d'amour maternel, il faut descendre jusqu'à l'époque chrétienne. Les œuvres coptes ont en effet pénétré beaucoup plus loin dans la peinture des simples sentiments de l'amour maternel. Dans la vie de Pakhôme, nous voyons que la mère de Théodore, qui fut le disciple favori du célèbre fondateur de la vie cénobitique, avait pour ce fils, qui était le premier fruit de ses amours, une affection ardente. J'en citerai des exemples. Un jour qu'il y avait fête dans sa maison d'Esneh, qu'on avait préparé les vins, fait cuire les viandes, étendu les tapis dans les salles et dans les chambres, pour célébrer, par un repas de réjouissance, le jour de l'Épiphanie, Théodore ayant vu la maison pleine de bonnes choses, se sentit tout à coup porté à les fuir, afin de ne pas perdre la vie éternelle. Son esprit était déjà très exalté et il se retira dans sa chambre pour prier et pleurer pendant que les autres s'apprêtaient à festoyer. Sa mère le chercha et vit qu'il avait pleuré : elle le pressa tendrement de venir prendre part à la table commune; mais elle ne put vaincre l'obstination de son fils ². Et plus tard, lorsque Théodore se fut enfui près de Pakhôme, la pauvre mère désolée prit une lettre de l'évêque d'Esneh, parce qu'on lui avait assuré que sans cela elle ne pourrait pas obtenir de voir son fils, et elle partit pour le couvent des cénobites. Là, elle remit la lettre au portier du monastère. Celui-ci alla porter le message à Pakhôme qui fit aussitôt appeler Théodore, et lui dit que sa mère était là qui le demandait. Théodore ne voulut point consentir à l'aller voir et dit même qu'il était prêt à lui ôter la vie si Dieu le lui demandait, si bien que Pakhôme fut lui-même effrayé des paroles du jeune homme. Cependant,

1. E. AMÉLINEAU, *Un tombeau égyptien*, dans la *Revue de l'histoire des Religions*, tom. XXIII, 167-173.
2. E. AMÉLINEAU, *Monum. pour serv. à l'hist. de l'Ég. chrét.*, II, p. 46 et 387-388.

la pauvre mère était à la porte, pleurant, se désespérant, demandant à voir Théodore. Des clercs qui l'entendirent en eurent pitié; après s'être enquis de la cause qui la faisait pleurer, ils la firent monter sur une terrasse et lui montrèrent son fils qui allait au travail avec les autres frères. La pauvre mère dut se contenter de cette mince satisfaction pour son grand amour [1]. De même la mère de Schenoudi, dans sa grande affection pour son fils, ne le confie à un vieux berger qui faisait paître les brebis du fellah, père de l'enfant, qu'à la condition expresse que, chaque soir, il aura soin de renvoyer ce fils chéri à la maison de ses parents, « car, dit la mère, je ne vois que Dieu et lui ». Aussi elle s'en prend avec force au vieux berger, quand l'enfant manque de rentrer le soir, et lui fait les plus cruels reproches. Elle accompagne elle-même son fils près de son frère, Begoul, afin de le lui confier pour son instruction [2], ne se doutant pas sans doute qu'on verserait dans le cœur de cet enfant qu'elle aimait tant des sentiments qui le feraient renoncer à toute affection humaine.

Ces exemples, je crois, éclairent parfaitement la maxime que j'ai citée. Il ne faut pas croire en effet que le Christianisme eût pu seul changer si radicalement les sentiments de tout un peuple et le doter d'affections inconnues jusqu'alors. Non; si l'Égypte n'eût pas connu les sentiments dont il s'agit, elle ne les aurait pas montrés aussitôt si puissants dans le cœur d'un simple fellahah, comme l'était Darouba, mère de Schenoudi. Aussi, lorsque je trouve ces mêmes sentiments formellement exprimés dans un document de l'âge du papyrus moral de Boulaq, je suis en droit d'affirmer, sans méconnaître la grandeur morale du Christianisme, qu'il n'a pas été l'introducteur en Égypte de ces sentiments si humains, puisque nous les y trouvons exprimés au moins quinze siècles

---

1. E. AMÉLINEAU, *op. cit.*, p. 53-55, et p. 405-406.
2. E. AMÉLINEAU, *op. cit.* tom. I, p. 3, et p. 305-307.

avant son apparition, et d'affirmer aussi que ces mêmes sentiments y avaient toujours été cultivés sans interruption depuis cette époque reculée [1].

Si maintenant nous considérons la femme, non plus comme mère, mais comme compagne de l'homme, nous trouvons à ce sujet une maxime du papyrus de Boulaq qui mérite toute notre attention. « Ne traite pas durement une femme dans sa maison, quand tu la connais parfaitement. Ne lui dis pas : Où est cela ? apporte-le nous ; lorsqu'elle l'a placé parfaitement à sa place, ce que voit ton œil. Lorsque tu te tais, tu connais ses qualités. C'est une joie que ta main soit avec elle. Ils sont nombreux ceux qui ne connaissent pas ce que fait l'homme qui désire mettre le malheur en sa maison et qui ne sait point trouver en réalité sa conduite en toute direction. L'homme ferme de cœur est maître dans sa maison. » Cette maxime qui répond à celle où le *Papyrus Prisse* dit qu'il faut aimer sa femme, la parer, parce que c'est un bien dont on doit être fier, me semble d'une moralité beaucoup plus élevée. Elle laisse en effet de côté tout ce qui peut se rapporter à la faiblesse du sexe féminin pour n'accorder son attention qu'à ce qui peut relever la femme, qui est bien, comme le disent à satiété les textes égyptiens, la maîtresse de maison. On ne parle point ici de ce qui peut flatter la vanité de l'homme et de la femme, mais des droits de la femme, de ses qualités, de son soin à tenir le ménage en ordre. On blâme l'homme qui cherche à mettre la désunion dans sa maison, qui n'a que des accès de mauvaise humeur et qui ne veut pas convenir des qualités de sa femme, quand il les connaît parfaitement. Ce passage de l'ordre purement physique à l'ordre purement moral montre combien la doctrine s'est élevée. D'ailleurs les préceptes du *papyrus Prisse* pourraient parfaitement être de mise aujourd'hui, et l'on ne verrait pas tant

---

1. J'aurais pu reculer cette date et dire xvie ou peut-être xviie siècle, car l'Égypte fut lente à adopter la forme chrétienne et cela parce qu'elle n'en sentait presque point le besoin moral.

de crimes dans la société si les maris s'entendaient d'avantage avec leurs femmes. Cela nous montre le cas que l'on faisait de la femme en Égypte, et si des préceptes moraux nous passons aux faits que l'on peut encore voir aujourd'hui, on se convaincra facilement que la femme légitime, la maîtresse de maison était tenue dans le plus grand honneur. J'ai dit tout à l'heure que la mère était toujours associée au culte funéraire que les enfants rendaient à leurs parents; je n'ai pas dit comment les représentations des tombeaux nous peignent les maris et leurs femmes. La femme est toujours assise un peu en arrière de son mari, un bras autour du cou de son mari, dans l'attitude d'une parfaite égalité et d'un tendre abandon[1]. Dès la vi^e dynastie, il en était de même. Un groupe charmant que j'ai souvent admiré au musée de Boulaq, devenu maintenant le musée de Gizeh, nous représente le mari et la femme assis l'un à côté de l'autre dans la posture de la confiance et de l'abandon[2]: quoique la date en soit discutée, il semble bien remonter aux premières dynasties; en tout cas, il ne descend pas au-dessous de la xie. Cette représentation se retrouve à toutes les dynasties jusqu'à la xixe, ce qui ne veut pas dire qu'en ce moment elle ait été abandonnée. En outre, des inscriptions par centaines nous montrent que les maris aimaient beaucoup leur femme, du moins en paroles; ils l'appelaient du doux nom de sœur[3], lui décernaient les épithètes les plus poétiques et les plus expressives, comme « celle qui remplit le cœur de son seigneur, palme d'amour devant la face de son seigneur, etc. ». Tout concourt donc à faire croire que les liens de la famille étaient très étroits en Égypte et qu'ils reposaient sur les sentiments les

1. E. Amélineau, *Un tombeau égyptien*, loc. cit., p. 145-150.
2. Maspero, *Guide au Musée de Boulaq*, p. 221-222. M. Maspero n'ose se prononcer trop franchement sur l'âge de ce monument, mais le style du morceau fait penser qu'il remonte aux dynasties des pyramides.
3. Quoique ce nom de sœur se prît quelquefois à la lettre, puisque les garçons pouvaient en Égypte épouser leur sœur, cependant le plus souvent ce n'était qu'un terme d'affection.

plus intimes, les plus affectueux et les plus consolants du cœur humain. Je ne nie point qu'il n'y eût des exceptions, que la société égyptienne ne fût en proie à des vices honteux ; je sais qu'à toute règle il y a des exceptions, et je constate qu'ici, comme toujours, l'exception confirme la règle. Je ne suis point de ces esprits grincheux et injustes qui ne veulent voir le bien dans la société humaine qu'à partir d'une certaine époque. Je n'ai aucun intérêt à soutenir la thèse que je soutiens, j'aime uniquement la vérité qui se dégage assez par elle-même des textes que j'ai cités et des efforts des moralistes pour bien instruire leurs enfants.

Ce n'est point là l'idée qu'on se fait de la société en Égypte. Sur l'autorité d'un grand savant, mort depuis plus de dix ans, Chabas, on a l'habitude de faire de la femme égyptienne un portrait tout autre que celui que viennent de tracer les maximes que j'ai citées. Ce savant, sur la foi d'un texte qu'il n'avait pas compris après une première et hâtive lecture, avait cru pouvoir dire que la femme égyptienne avait été fort maltraitée par les moralistes de son pays qui ne voyaient en elle « qu'un amas de toutes sortes d'iniquités, un sac de toute espèce de ruses et de mensonges [1]. » Or, ce texte est emprunté au *papyrus Prisse* et il est loin de signifier ce qu'on lui fait ainsi dire. Je citerai la maxime tout entière dont il a été détaché et l'on verra s'il s'agit de traits satiriques lancés contre les femmes. « Si tu aimes à ce que ta conduite soit bonne et préservée de tout mal, garde-toi de tout accès d'humeur difficile. C'est une maladie funeste qui entraîne à la discorde, et il n'y a plus d'existence pour celui qui s'y est engagé. Car elle met le désordre entre les pères et les mères, comme entre les frères et les sœurs ; elle fait se prendre en horreur la femme et le mari ; elle

---

1. CHABAS, *Mélanges égyptologiques*, 3ᵉ sér. II, p. 135. Chabas cite encore le *papyrus magique* Harris ; sa traduction ne vaut sans doute pas mieux ; en tous les cas, une seule note disparate ne ferait rien contre l'unanimité des témoignages égyptiens.

contient toutes les méchancetés, elle renferme tous les torts. Quand un homme a pris pour base la justice, marche dans ses voies et y fait sa demeure, il n'y a pas de place pour la mauvaise humeur¹. » On voit qu'il ne s'agit aucunement de la femme qui est un réceptacle d'iniquités et le sac de toutes les fraudes ; il s'agit tout simplement des inconvénients d'un mauvais caractère, de ses effets dans le ménage, et l'on ne peut nier que la vue de cet analyste du trentième ou du quarantième siècle avant Jésus-Christ n'ait été perçante. Un mauvais caractère chez l'un des deux époux est toujours une source de discorde.

Je devais rendre ce témoignage à la femme égyptienne ; je dois maintenant rechercher si en Egypte le rang que tenait la maîtresse de maison était privilégié, s'il n'était point partagé par plusieurs, ou s'il n'y avait point sur un échelon plus bas de l'échelle sociale des femmes qui partageaient à un moindre degré la situation de cette maîtresse de maison, en d'autres termes s'il n'y avait point en Égypte licéité de polygamie simultanée. La chose ne fait aucun doute pour les Pharaons : on sait que Ramsès II, à l'âge de dix ou douze ans, eut tout un harem mis à sa disposition par son père Séti Iᵉʳ, afin qu'il s'amollît dans les plaisirs ; que Ramsès III est représenté dans un papyrus satirique sous la forme d'un lion au milieu de ses gazelles, c'est-à-dire de ses femmes, pendant qu'un troupeau d'oies, ses enfants, est dirigé par des chiens et des chats armés de fouets. Le doute n'est donc pas possible pour les Pharaons : la polygamie simultanée leur était permise ; ils avaient des femmes de second ordre, et cela peut-être dès les premières dynasties. Mais la pluralité des femmes était-elle un fait d'usage pour les simples particuliers, pour les grands officiers du Pharaon? Le sentiment général des égyptologues est que la polygamie simultanée semble n'avoir pas été pratiquée en

1. *Papyrus Prisse*, pl. ix, l. 10 — x. l. 5. — Cf. VIREY, *op. Cit.* p. 63-68.

Égypte : du moins on n'a encore cité aucun exemple de polygamie simultanée bien déterminé, quoique les exemples de polygamie successive ne soient pas rares. Cependant en examinant avec soin les monuments de la xiie dynastie qui sont au Louvre, il m'a semblé que des cas de polygamie simultanée s'étaient produits en Égypte vers cette époque. On y trouve en effet un si grand nombre d'enfants du même père qu'il est de toute impossibilité qu'ils soient aussi de la même mère ; aussi les noms des mères sont-ils différents. Le nombre des enfants nés d'une même femme empêche sans doute aussi de croire que le même homme ait pu épouser successivement cinq ou six femmes. On est donc amené à en conclure que la polygamie fut simultanée [1]. D'ailleurs la pluralité des femmes n'a rien de contraire à la morale naturelle ; elle ne demande que les moyens de nourrir et d'entretenir plusieurs femmes ; quand on a ces moyens, rien ne s'oppose, de par la loi naturelle, à ce qu'un homme ait à la fois plusieurs femmes. Cette coutume ne devait même avoir rien d'offensant pour des oreilles égyptiennes à l'époque copte, c'est-à-dire à l'époque chrétienne, car on trouve un passage d'un auteur copte où il est dit qu'un pauvre homme avait deux femmes. Ce passage est important et mérite d'être cité, sinon mot à mot, du moins quant au sens. Un homme pauvre avait deux femmes, et ces deux femmes étaient si misérables qu'elles n'avaient pas de vêtements pour cacher leur nudité. Arriva un jour de grande fête, ou de foire, dans une ville voisine et les deux femmes eurent grande envie d'y aller aussi. Il y avait bien à leur désir un obstacle qui semblait d'abord insurmontable ; mais elles agirent si bien sur le pauvre homme qu'il finit par consentir à les y mener. Il construisit une sorte de boîte en bois, la perça de trous et y enferma ses deux femmes qui respiraient par les trous de la boîte. Il chargea la boîte et ses deux femmes sur

---

1. GAYET, *Stèles de la XIIe dynastie*, stèle C. 166 et C. 172.

sa barque et se mit en route vers la ville où avait lieu cette fête qu'elles désiraient tant voir. Quand ils furent arrivés à la ville, l'homme plaça la boîte sur le rivage et les femmes purent regarder par les trous et voir la foule. L'une d'elles s'ennuya bientôt de voir de loin, elle ouvrit le couvercle, sortit de la boîte et se dirigea avec son mari vers un fumier où elle trouva des haillons dont elle s'affubla tant bien que mal et qui lui permirent de voir la fête de plus près en se mêlant aux gens. Sa compagne restée dans la boîte, l'accueillit à son retour par de grossières injures et lui reprocha sa conduite [1]. Ce morceau est un apologue, écrit afin de mieux faire comprendre une vérité chrétienne; mais qui pourrait prétendre que cet apologue ne reposât pas sur la réalité? Il faut dire cependant que nous n'avons aucun exemple du fait; mais si le personnage qui use de cet apologue pour sa démonstration avait cité un fait impossible en Égypte, sa conclusion eût tourné à sa honte. Donc si, à cette époque, c'est-à-dire au IVe siècle de notre ère, on pouvait user de semblables exemples, il fallait tout au moins que la mémoire des auditeurs eût conservé quelque souvenir d'un fait dont ils auraient entendu parler.

Je ne donne point cet argument comme péremptoire; mais je me suis cru obligé de le signaler à l'attention de mes lecteurs. Somme toute, j'ai déjà expliqué comment la polygamie simultanée n'avait rien de contraire au droit naturel, par conséquent à la morale. Il en était de même du mariage entre frère et sœur, fort commun en Égypte. Dans le compte du prince Satni, à propos du mariage d'une fille de roi, il est dit que son père voulait la marier à l'un de ses grands officiers; mais la jeune fille aimait son frère aîné et voulait l'épouser; elle en parla à sa mère qui le dit au roi dans des termes convenables, ce à quoi le roi ne voulut pas d'abord consentir, et la reine répondit : « Si je n'ai pas d'enfants après ces deux enfants-là, n'est-ce pas la loi de les marier l'un avec l'au-

---

[1]. Ce texte n'est pas encore publié.

tre¹ ? » C'était un vieux reste des coutumes primitives des premières familles humaines, reste qui devait déjà être d'un usage immémorial au temps des premiers Pharaons, et qui demeura en Égypte jusqu'à la conquête romaine, car la célèbre Cléopâtre eut l'un après l'autre ses deux frères pour maris, quoiqu'elle fût la descendante d'une famille d'origine grecque. La légende d'Osiris qui épouse sa sœur Isis vient de cette coutume, et plus tard la légende fabriquée d'après la coutume servit à légitimer la coutume aux yeux de ceux qui auraient été tentés d'y regarder de trop près et de la condamner comme immorale. Tant il est vrai que les progrès moraux ne se réalisent qu'avec le temps et qu'ils ne sont pas tous le fait d'un même peuple.

Restent maintenant les devoirs religieux. J'ai déjà fait observer que le nom de Dieu était très rarement employé dans le *papyrus Prisse*; il l'est cependant dans un ou deux préceptes, et il se trouve dans la conclusion. Je citerai ce dernier passage, car il en dit plus qu'il n'est long : « Le fils qui reçoit la parole de son père deviendra vieux à cause de cela. Ce qu'aime Dieu, c'est qu'on écoute; si l'on n'écoute pas, cela est en horreur à Dieu². » C'est tout ce que l'on peut rencontrer de plus fort dans cet ouvrage : il n'y est aucunement question des rapports de l'homme avec la divinité, de la religion en un mot. Tout autre est la condition du papyrus moral de Boulaq; l'auteur revient fort souvent sur ce même sujet dans son court ouvrage. Les devoirs envers la divinité n'occupent pas en effet moins de sept maximes sur soixante-cinq, c'est-à-dire environ la neuvième partie. Toutes ces maximes ne sont pas d'égale élévation morale; les unes sentent même beaucoup trop l'égoïsme que j'ai fait remarquer dans celles du *papyrus Prisse*. Ainsi quand l'auteur dit : « Fais la fête de

1. Papyrus de Boulaq, n° 5, pl. 29, l. 1. — Cf. MASPERO : *Contes populaires de l'Égypte ancienne* 1889, p. 171.
2. *Papyrus Prisse*, pl. XVI, l. 6-7. On a déjà fait remarquer souvent la ressemblance de ces paroles avec le quatrième précepte du Décalogue.

ton Dieu, renouvelle-la-lui en sa saison : son omission irriterait Dieu. Fais ériger les témoignages [1] après que tu lui as présenté ton offrande : c'est de première *fois* d'agir ainsi; » ce ne sera pas se montrer trop sévère envers l'auteur du papyrus moral que de trouver qu'il n'avait pas, en ce précepte, fait beaucoup de progrès sur son prédécesseur et qu'il ne lui est pas supérieur. De même, dans la maxime suivante : « Lorsque tu fais tes offrandes à ton Dieu, garde-toi de ce qu'il a en abomination : n'organise pas son cortège; ne fais pas qu'il soit étendu après son apparition [2]; ne le raccourcis pas pour ceux qui le portent; n'agrandis pas ses prescriptions; garde-toi de ce qui donne surplus à ses liturgies. Que ton œil regarde vers ses plans. Applique-toi à faire adoration en son nom, car c'est lui qui donne aux esprits des millions de formes et qui magnifie celui qui le magnifie. Si le Dieu de cette terre, Schou (le soleil) domine à l'horizon pendant que ses emblèmes sont sur terre, si l'on offre l'encens avec les pains chaque jour, son lever fait verdoyer tout ce qui a été planté : multiplie les pains. » Cette maxime, que j'ai déjà citée plus haut, laisse trop apercevoir l'intérêt que le fidèle a de multiplier les offrandes, quoique la première partie contienne toute une phrase susceptible de la plus haute moralité religieuse. Mais voici où cette moralité apparaît de tout point éclatante et presque sublime. « Ce que déteste le sanctuaire de Dieu, dit le moraliste, ce sont les fêtes bruyantes; si tu l'implores avec un cœur aimant dont toutes les paroles sont mystérieuses, il entend tes paroles, il accepte tes offrandes. » Sauf la mention du temple, c'est l'esprit du sermon sur la montagne : « Et lorsque vous prierez, vous ne serez point comme les hypocrites qui aiment à se tenir debout à prier dans les synagogues et dans les places, afin

---

1. L'auteur veut ici parler des stèles votives que l'on dressait parfois en souvenir de tel ou tel événement.
2. Il s'agit de l'apparition de la statue du Dieu hors du temple, alors que ses prêtres la portaient sur les barques sacrées, type premier de l'*arche* d'alliance des Israélites.

que les hommes les voient. Je vous le dis en vérité, ils ont reçu leur récompense. Mais toi, lorsque tu prieras, entre dans ta chambre, et, après avoir fermé la porte, prie en secret ton Père, et ton Père qui voit dans le secret te le rendra. Quand vous priez, ne faites pas de grands discours, comme les païens qui pensent en effet que leurs nombreuses paroles les feront exaucer[1]. » Je le répète, sans vouloir en quoi que ce soit faire de rapprochement irrespectueux, le même esprit se retrouve dans la parole prononcée sur les montagnes de la Galilée et dans la maxime écrite quatorze siècles auparavant sur les rives du Nil. Dans l'un et dans l'autre précepte la prière est représentée comme le premier des devoirs envers Dieu, mais aussi comme une captation de la volonté divine par celui qui prie. Mais voici une maxime qui est encore en progrès sur celle que je viens de citer : « Donne-toi au Dieu ; garde-toi chaque jour pour le Dieu, et que demain soit comme aujourd'hui. Sacrifie. Le Dieu voit celui qui sacrifie ; il néglige celui qui est négligent. » Sans contredit ces paroles contiennent une moralité supérieure, et si la mention du sacrifice se trouve dans cette maxime, il faut bien observer que le sacrifice n'était pas toujours en Égypte ce qu'il était alors partout, que souvent on se contentait d'offrir de l'eau, des pains, du vin et de l'encens.

Les sacrifices sanglants étaient même l'exception dans la religion égyptienne, quoique, comme toutes les religions des époques primitives, elle n'ait pas ignoré les sacrifices humains, car nous en avons des exemples pour l'antiquité[2], pour la période chrétienne[3] et pour la période

1. Matth., vi, p. 7.
2. Rien n'est plus commun dans les tableaux qui se trouvent dans les temples que de voir un Pharaon amener en présence de son père Amon-Râ, ou un autre dieu, des prisonniers de guerre, et leur fracasser la tête en l'honneur du Dieu.
3. A l'époque chrétienne, ces mêmes sacrifices sont cités au moins deux fois et sont naturellement attribués aux païens. Cf. Amélineau. Monuments pour servir à l'hist. de l'Ég. chrét. i, p. 112-113, et le même : Les Actes des martyrs de l'église copte, p. 80.

arabe[1]. C'étaient là des sacrifices vulgaires et cruels comme on en trouve chez tous les peuples, comme il y en avait à Rome, à Albe pendant leur rivalité, comme le peuple les exigeait à chaque calamité sérieuse : ils formaient le fond du culte dit national ; mais cela n'empêchait point les esprits cultivés ou simplement supérieurs de voir plus loin que le commun du vulgaire aux heures de réflexion. L'auteur du papyrus moral de Boulaq s'est élevé encore plus haut dans l'expression de ses idées. « Comme cela, dit-il, exalte ses esprits, que soient le chant, le prosternement, l'encens dans ses œuvres; que l'adoration soit dans ses affaires : qui fait cela, le Dieu magnifiera son nom. » C'est-à-dire, si je ne me trompe dans l'interprétation de ce précepte, c'est dans les œuvres de chacun que doit paraître le culte rendu à la divinité; si on lui rend ce culte, Dieu récompensera son fidèle. C'est déjà le lointain avant-coureur de la célèbre parole : Dieu veut être adoré en esprit et en vérité[2].

Les attributs de la divinité sont aussi mentionnés dans les préceptes de Khonsou-hôtep, sommairement il est vrai, mais réellement, à savoir sa providence, sa miséricorde et aussi sa justice. « Mon Dieu, dit l'auteur, m'ayant accordé que tu aies des enfants, le cœur de ton père les connaît : or, quiconque a faim est rassasié dans sa maison[3], je suis le mur qui le protège; ne fais point d'action où tu montrerais que tu n'as pas de cœur, car c'est mon Dieu qui donne l'existence. » Voilà qui frise bien fort la charité, puisque le mot a été

---

1. De même, à l'époque des Arabes, 'Amr, le conquérant de l'Égypte est obligé d'interdire de jeter une jeune fille dans les eaux du Nil pour avoir une bonne inondation. Cette coutume est restée encore de nos jours vivante sous une autre forme : on bâtit au Caire une sorte de pyramide en terre qu'on appelle la *fiancée du Nil* et que le fleuve emporte dès que ses eaux sont assez hautes.

2. Év. sel. saint Jean, iv, 23.

3. Il faut entendre dans la maison du père. L'Égyptien jouit de cette particularité qu'il peut à volonté parler de la même personne en employant un pronom d'une autre personne.

prononcé, mais la charité entendue à la mode égyptienne; non pas la charité universelle, idée qui n'entra jamais dans aucun cerveau de l'Égypte pharaonique, mais la charité appliquée à la race égyptienne. Jamais un Égyptien ne put s'imaginer que tous les hommes sont frères, qu'il n'est pas plus permis de faire du mal à un barbare, de commettre une injustice à son égard que de faire du mal à un Égyptien ou de commettre une injustice envers lui. Mais les idées premières qui devaient donner naissance à cette idée admirable de la charité universelle étaient en germe dans l'ancienne Égypte. Nous avons déjà vu que l'idée de justice universelle était énoncée au moins trois mille ans avant Jésus-Christ ; cette même justice a pour défenseur Dieu lui-même dans les maximes du papyrus de Boulaq : « Celui qui a été opprimé par le menteur accuse à son tour; ensuite le Dieu proclame la vérité, et le trépas étant venu enlève le premier accusateur. » Le sens de cette maxime est assez clair par lui-même, et les différentes propositions qui la composent sont si bien dépendantes les unes des autres qu'il est presque impossible de prendre le change. Aussi tous les traducteurs ont-ils, à peu de chose près, compris ce précepte de la même manière. Dieu est donné comme le dernier justicier, celui qui, en dernier ressort, juge de la fausseté d'une accusation, et c'est déjà l'idée sur laquelle reposent les religions modernes.

Cependant il y a des ombres à ce tableau, et pour être impartial il faut mettre en lumière ces ombres elles-mêmes. La première de ces ombres est très profonde, et elle est faite des restes d'un fétichisme très grossier : elle rappelle cette religion nationale des peuples latins dont je parlais tout à l'heure qui, en des calamités immenses, avaient des moyens monstrueux de les arrêter ou de les éviter. L'une des calamités les plus grandes pour les Égyptiens était la ruine de leurs semences; ils avaient aussi un moyen de parer à cette ruine. Le moyen semble facile à trouver : il n'y avait qu'à faire de nouvelles semences, s'il en était temps encore, ou faire une autre culture ; mais ce moyen était trop facile pour le peuple égyptien et les prêtres en avaient inventé un autre, c'était de sacrifier aux *mânes*. « S'il y a ruine des endroits ensemencés dans les champs, que le *mâne* soit invoqué en réalité. » Et l'on voit par des papyrus magiques, comme ceux du musée de Leyden[1], ce que c'était qu'invoquer le mâne : c'était à peu de chose près faire les mêmes cérémonies que le nègre fait encore aujourd'hui devant son fétiche. S'il semblait incroyable à quelque lecteur que le même homme qui a trouvé les pensées élevées que nous avons appréciées plus haut ait pu avoir des idées qui nous semblent aussi basses, je le prierais de considérer qu'en Égypte il faut s'attendre à trouver ce qu'il y a de plus bas à côté de l'excellent, que le pays où nous sommes avait gardé les anciennes idées, les usages primitifs, à côté d'idées et d'usages qui avaient été le fruit d'une civilisation très considérable ; et, si cette raison ne lui suffisait pas pour comprendre le fait, je le prierais de se rappeler Cicéron le grand philosophe, l'homme aux idées raffinées sur la divinité, ses attributs et ses rapports avec l'homme, et de se souvenir que ce même Cicéron était grand augure à Rome, pour ne pas parler de Socrate ou de Platon qui ont allié ensemble les doctrines les plus élevées avec un culte assez grossier. Je sais très bien que Cicéron ne croyait pas à toutes les superstitions que suppose cet office sacerdotal ; mais autour de lui on y croyait, les plus graves sénateurs de Rome faisaient voter de consulter les augures et de prendre les auspices, et cela quelques années avant Jésus-Christ. Comment donc s'étonner dès lors qu'un Égyptien, écrivant quatorze siècles avant Jésus-Christ, ait pu allier ensemble des idées si opposées, d'autant mieux que ses idées sur la divinité étaient très anthropomorphiques et qu'il se représentait certainement la divinité sous la forme d'un Égyptien

---

[1]. Papyrus hiératique du musée de Leyden, n° 367.

voguant sur sa barque dans le Nil céleste et illuminant l'univers, ce que ne faisaient certainement pas les beaux esprits de Rome.

Le *papyrus Prisse* contient aussi une maxime qui nous paraîtra choquante, si nous l'examinons avec nos idées actuelles, mais que nous comprendrons aisément si nous voulons nous reporter au point de civilisation qu'elle nous fait envisager. Elle a trait au travail, et l'auteur s'exprime ainsi : « Distingue le surveillant qui dirige du manœuvre; car le travail manuel est dégradant, et l'inaction honorable[1]. » La doctrine est formelle, et c'est celle de toute l'antiquité : l'honorabilité du travail manuel n'a jamais été reconnue par qui que ce soit, on la reléguait aux esclaves et aux petites gens, à ceux dont on ne s'occupait point et qui ne comptaient pas, à moins que ce ne fût dans un jour d'émeute, pour les politiciens de l'époque. Il a fallu de nombreuses révolutions politiques et sociales pour montrer que le travail, loin d'être une dégradation et un déshonneur, est au contraire un grand honneur pour l'homme, que, selon une parole célèbre, c'est pour lui la liberté, l'indépendance, et que par le travail l'homme est vraiment maître de lui-même, ne dépend que de lui-même et échappe à toutes les tyrannies qui s'abattaient jadis sur lui. Il n'y a pas encore bien longtemps que ces idées sont dans le grand courant des idées humaines, et même si on les admet en théorie aujourd'hui, en pratique on se conduit trop souvent comme si le travail était un déshonneur pour celui qui l'exerce. Il ne faut donc pas trop s'étonner qu'au XXXe siècle avant notre ère un auteur égyptien ait eu des idées si semblables à celles dont notre société actuelle a tant de peine à se défaire.

* * *

La lumière se fera donc maintenant dans l'esprit du lecteur en toute connaissance de cause, surtout quand il saura que

---

1. *Papyrus Prisse*, pl. xv, l. 8-9. — Cf. VIREY, *op. cit.*, p. 91-92.

j'aurais pu multiplier beaucoup les louanges adressées à la morale égyptienne et que je n'aurais pas pu trouver d'autres maximes comme celles que j'ai dû citer en dernier lieu. Je n'ai aucunement voulu faire un traité de la morale égyptienne, ce n'en est ni le lieu, ni l'heure; j'ai simplement voulu montrer, à propos du papyrus qui fait le sujet de ce travail, dans quel ordre d'idées il fallait considérer le développement de la morale égyptienne et donner quelques preuves de sa grande élévation. Si certains rapprochements se sont proposés d'eux-mêmes à mon esprit, je les ai pris comme ils venaient, sans discuter la question si difficile des rapports qui existent entre les diverses doctrines morales dans les religions : je ne me suis senti d'aucune manière la compétence nécessaire pour traiter un problème aussi ardu et qui peut sembler aussi insoluble aux esprits réfléchis, quoique je me sente attiré vers tout ce qui est du domaine de l'antiquité. Surtout je me suis bien gardé de prendre un héraut pour sonner de la trompette et proclamer la grande découverte que l'Egypte avait une morale bien plus élevée que les Israélites et s'approchant de très près de la morale chrétienne. Que viennent faire ici les Israélites et les Chrétiens ? La morale n'est pas, que je sache, exclusivement du domaine d'Israël ni de celui du Christianisme : il y a sur la terre d'autres religions que la religion juive ou la religion chrétienne, et ces autres religions ne se passent pas plus de partie morale que les deux religions qui viennent d'être nommées. La morale est humaine : bien longtemps avant que le Judaïsme existât, et surtout le Christianisme, il y avait de la morale dans les sociétés humaines, car la société humaine n'aurait pas pu exister s'il n'y avait eu de morale en elle. Or, qui peut présentement assigner une date quelconque à l'établissement de la société ? Personne. Tout ce que l'on peut affirmer, c'est qu'elle existait plus de six mille ans avant notre ère, car à cette époque on trouve la société égyptienne parfaitement établie, déjà forte et puissante.

C'est donc méconnaître le caractère de la morale égyptienne que de vouloir du premier coup la trouver parfaite, plus parfaite que certaines autres morales ; le fait est que cette morale a eu le sort de toutes les morales, qu'elle a commencé par de très humbles commencements pour progresser peu à peu et parvenir au point où nous l'avons trouvée dans certaines maximes du papyrus de Boulaq. Ses humbles origines se montrent encore à certaines prescriptions que nous voudrions n'y pas trouver, mais qui s'y trouvent. L'Egypte, en cela comme en beaucoup d'autres choses, a été un facteur puissant du progrès dans l'humanité. De même que notre civilisation actuelle use encore d'un grand nombre d'instruments que nous rencontrons déjà en Egypte cinq mille ans avant Jésus-Christ, de même que les arts qui nous charment le plus aujourd'hui, la peinture, la sculpture, l'architecture, la musique, étaient déjà en grand honneur dans la vallée du Nil à cette époque reculée ; de même, les idées morales sur lesquelles nous vivons, entre autres l'immortalité de l'âme et toutes les conséquences qu'entraîne cette croyance, faisaient déjà le fond de la vie égyptienne : cela prouve, comme le disait le sage hébreu, qu'il n'y a rien de nouveau sous le soleil et que certaines idées sur lesquelles nous faisons tant de fond pourraient bien n'être qu'une invention des hommes, invention religieuse ou morale à côté des inventions matérielles.

L'Egypte a donc exercé une très grande influence sur la civilisation matérielle et morale de la partie du monde que connaissaient les anciens, et cependant on entend encore à chaque instant répéter que nous ne procédons que des Grecs et des Latins, que nous n'avons rien à faire avec l'Orient en général, avec l'Egypte en particulier. Pour un peu, on ajouterait même que la civilisation lui fut portée par la conquête d'Alexandre, et le grand public en est encore à croire que l'Egypte adorait les oignons et les poireaux, comme l'en accusait le satirique latin. C'est une profonde erreur : l'Egypte a été au contraire notre initiatrice dans les mystères de la civilisation matérielle ou morale, et cela sans que nous le sachions, sans que nous voulions en convenir. Si elle n'a pas retiré le fruit qu'elle devait attendre de ses bienfaits devant la postérité reconnaissante, si on attribue encore presque tout à la Grèce qui a ainsi pris le rôle de l'Egypte, c'est d'abord qu'en tout temps la vérité des paroles du poète latin s'est manifestée : *Sic vos non vobis*. Mais il y a pour expliquer ce désir de justice d'autres raisons qui sont plus scientifiques que le *sic vos non vobis*. Il a manqué aux Egyptiens, à toutes les époques de leur histoire, une qualité essentielle : ils n'ont jamais eu l'esprit généralisateur, c'est-à-dire l'esprit scientifique. Ils n'ont jamais su coordonner ensemble leurs idées pour les faire paraître déduites l'une de l'autre. Le peuple qui vraisemblablement a inventé la charrue s'en est vu refuser l'invention, alors qu'il la connaissait vingt à trente siècles avant les Grecs ; le peuple qui a inventé l'alphabet a vu son invention passer à l'actif des Phéniciens qui le lui avaient emprunté ; le peuple qui, dès la IVe dynastie, c'est-à-dire de 4.500 ou 5.000 ans avant Jésus-Christ, faisait des statues qui sont un objet d'admiration pour tous ceux qui les voient, et à juste titre, s'est vu refuser jusqu'à une époque récente le titre d'artiste ; on rangeait ses statues parmi les choses qui ne méritent pas l'attention, alors que les essais les plus informes des Grecs étaient recueillis avec amour et qu'on s'extasiait devant la moindre découverte ; le peuple qui avait des coutumes régulières et avait su porter l'administration à un degré près duquel notre actuelle bureaucratie n'est qu'un jeu d'enfant, s'est vu traiter de barbare, pendant qu'on lui empruntait ses usages et ses règlements. Et de tout ainsi. Et notez bien qu'on a une raison suffisante d'agir comme on le fait. Les Egyptiens étaient un peuple de mystiques et de rêveurs : or les mystiques et les rêveurs peuvent être de grands inventeurs, mais ils ne savent pas profiter eux-mêmes de leurs inventions, pendant que les habiles, auxquels ils les découvrent, en tirent un énorme profit. Les Grecs ont été, dans le cas présent, les habiles qui ont profité des inventions de l'Egypte, qui les ont présentées comme si elles fussent venues de leur propre fonds et qui en ont actuellement toute la gloire, parce qu'ils ont su marcher en avant en profitant de leurs idées acquises pour les réduire en systèmes. Au fond, ce qui a manqué aux Egyptiens, c'est de n'avoir pas eu l'idée philosophique, quand les Grecs l'avaient à un aussi haut degré.

Aussi pour la question qui nous occupe, à savoir la morale, quand les Egyptiens n'ont su qu'aligner ensemble, les unes près des autres, de belles et très hautes maximes, les Grecs sont venus qui ont pris de ces maximes celles qui leur semblaient universelles, ou simplement convenables à leur pays ; ils les ont étudiées, analysées, ils en ont cherché le pourquoi, ils les ont scrutées et passées à l'alambic de leur esprit, et de toutes ces opérations il est sorti une science de la morale, rudimentaire tout d'abord, mais que de puissants esprits devaient porter bientôt au maximum de la perfection. Alors que les Egyptiens ignoraient complètement ce qu'était la science morale et se contentaient d'avoir des maximes et des préceptes de morale, les Grecs ont raisonné sur la cause première de la morale, sur son objet, sur ses conditions, sur la vertu, le devoir, le beau, le vrai et le bien, toutes idées purement métaphysiques ou abstraites. Il semblera bien étonnant en effet aux esprits qui ne raisonnent que peu ou point du tout, que les Egyptiens n'aient jamais connu l'idée de devoir ou de vertu ; mais cela n'est pas extraordinaire après ce que j'ai dit, à savoir que les Egyptiens n'étaient pas un peuple philosophique. Or, les idées de vertu et surtout celle de devoir sont la quintessence de la morale réduite en science. On chercherait vainement dans le langage égyptien une expression quelconque correspondant à celle de vertu et de devoir. Et même chez les Coptes chrétiens, dans les œuvres de ces moines célèbres qui ont laissé après eux une si grande renommée de vertu, ce mot était inconnu. On dira qu'ils avaient la chose, et que cela valait mieux ; je n'en suis pas certain et ce n'est pas ici le lieu de discuter cette question ; mais s'ils avaient eu la chose, ils auraient eu le mot pour l'exprimer. Or ils ne l'avaient pas et se servaient du mot grec ἀρετή. De même, ils accomplissaient certaines règles, ils se soumettaient à des mortifications étranges ; mais l'idée ne leur vint jamais du devoir accompli. Nous sommes donc fondés à croire que lorsqu'ils employaient le mot pour exprimer l'idée de vertu, cette idée, comme le mot, était étrangère à l'Égypte et qu'elle était d'emprunt.

Ce que l'Égypte avait surtout cultivé, c'était le côté pratique de la morale. Elle avait fait des maximes très belles et se rapportant admirablement à ses charges, ses offices, sa hiérarchie constituée, aux cas différents de la vie, aux pressions qu'on pouvait exercer sur les gens, elle avait eu surtout en vue l'éducation nécessaire pour faire traverser la vie sans trop lourde faute, et je ne dis pas faute morale, mais faute civile; puis elle avait porté son imagination sur les choses que personne ne pouvait connaître, parce que personne ne les avait vues, sur le monde supérieur et sur le monde inférieur comme ils disaient : ils avaient réglé les choses divines et infernales de manière à ce qu'il était aussi facile de savoir ce que faisaient les dieux de l'empyrée et les divinités souterraines que ce que l'on faisait sur terre, c'était même chose plus facile, car tous les jours les dieux recommençaient ce qu'ils avaient fait la veille, au ciel et dans les enfers, et tous les hommes devaient suivre le même chemin, une fois morts, être en butte aux mêmes difficultés, subir le même jugement. Du moment que le principe était posé, il n'était pas difficile de tirer toujours une conclusion qui ne pouvait changer. Mais cela suffisait à l'horizon borné de l'Égypte, qui ne voyait pas plus loin que les chaînes de montagnes qui l'enserrent de chaque côté. Elle était satisfaite de ses incroyables légendes ; plus elles étaient horribles, plus elle était contente, et de fait elle s'en est contentée pendant plus de soixante siècles. J'ai déjà montré ailleurs quel était sous ce rapport le caractère égyptien, et j'ai prouvé qu'il ne se sentait jamais plus à l'aise qu'en parlant de faits que personne ne pouvait contrôler [1]. Or qui était jamais revenu de l'autre monde pour raconter ce qui s'y passait ? Personne ne pouvait donc révoquer en doute leur récit.

C'est encore une raison pour laquelle ses légendes ne sont pas devenues classiques à l'instar de celles des Grecs. Les premiers poètes grecs, tout en se livrant aux écarts les plus grands de leur imagination enfantine, racontaient avec un art extraordinaire; ils savaient par d'heureux traits mêler l'utile à l'agréable. Le vieil Homère fait prononcer à ses héros des discours admirables. Les allégories qu'on trouve chez les auteurs grecs sont des sources uniques d'enseignement, et leurs fables elles-mêmes reposent le plus souvent sur la juste perception d'un fait physique. Chez les Égyptiens rien de semblable ; ils n'ont aucun souci de la vérité, et ils exercent sur eux-mêmes une telle autosuggestion qu'ils en viennent à croire à la réalité des faits qu'ils inventent. Ils n'ont jamais eu la pondération d'esprit nécessaire pour faire des œuvres littéraires parfaites, quoiqu'ils se soient essayés en tous les genres : cette qualité, non plus que le tact et le goût littéraires, n'appartenait pas à leur race. Aussi n'ont-ils jamais écrit quoique ce soit qui se rapproche de cette admirable allégorie d'Hercule, hésitant dans sa jeunesse entre la volupté et la vertu, et se décidant enfin pour cette dernière. Ils ont des préceptes de morale aussi beaux ; mais ils n'ont pas su les mettre en œuvre et les placer sous la lumière voulue, afin de leur donner une éternelle beauté. A quoi bon d'ailleurs leur

---

[1]. Cf. AMÉLINEAU, Contes et romans de l'Égypte chrétienne, I, Introduction.

demander ce qu'ils ne sont pas capables de nous donner? Il faut savoir nous contenter de ce qu'ils peuvent nous offrir, et ce qu'ils nous offrent est tout simplement grandiose, admirable, étonnant, quand on songe, il en faut toujours revenir là, à l'époque où ils pouvaient nous offrir une civilisation toute faite.

On a souvent reproché à l'Egypte de n'avoir pas fait de progrès, d'avoir été immobile. Ce que j'ai eu l'occasion de montrer au cours de cette introduction suffit, j'espère, pour montrer que les Égyptiens ne sont pas restés stationnaires dans la morale; que cette morale, après avoir eu des commencements modestes, même bas, si l'on considère les influences qui la dominèrent, s'éleva peu à peu au savoir vivre, à la science de la bonne administration, en comprenant bien l'intérêt de l'administrateur, puis à une série de conseils qui ne peuvent point se ranger dans ces deux catégories, parce qu'ils sont plus généraux et que quelques-uns même sont universels. Le caractère d'utilité pratique n'a pas encore complètement disparu, il ne disparaîtra même jamais; mais il est en train de se voiler, parce que la pensée égyptienne s'est élevée et a mieux compris les grands problèmes de la vie sociale. Il en est de même pour toute la civilisation : l'Egypte a précédé tous les peuples dans les voies de cette civilisation dont nous sommes, et à bon droit, si fiers de nos jours; ses progrès s'y sont marqués là, comme ailleurs, par plus de bien-être apporté à la vie humaine, par une plus entière et meilleure compréhension des questions sociales. On a coutume d'attribuer aux révolutions politiques les changements qui ont eu lieu si souvent en Egypte; qui pourrait affirmer qu'ils n'eurent pas lieu à la suite des mécontentements du peuple qui voulait avoir aux bonheurs de la vie plus de part qu'il n'en avait? Sans doute ces bonheurs n'étaient pas grand chose, si l'on considère notre civilisation actuelle; mais ils étaient ce que l'on regardait alors comme le bonheur. Je pourrais même apporter des exemples que de pareils soulèvements eurent lieu contre les oppresseurs, receveurs d'impôt ou conducteurs de travaux publics ; mais cela m'entrainerait beaucoup trop loin. Ce que je veux faire observer ici, c'est que l'Egypte, pas plus qu'un autre pays, n'échappa à la grande loi du progrès ; si elle était restée stationnaire, elle eût disparu. Ce qui empêcha le peuple égyptien de donner toute sa mesure et de subsister, c'est qu'il fut un peuple fermé. Il ne connut pas la grande loi de la concurrence des peuples ; il s'imagina bien à tort que nul autre peuple n'était digne d'attention, qu'il pouvait se suffire à lui-même, et voilà la grande raison pour laquelle il n'a pas obtenu des générations modernes la justice et la reconnaissance auxquelles il avait droit. Ces populations qu'il traitait de viles, de misérables, lui ont enlevé sa gloire ; mais l'historien vraiment digne de ce nom, qui remonte jusqu'aux origines et aux causes premières, doit lui rendre sa place et cette place est une des plus grandes parmi les bienfaiteurs de l'humanité.

Paris, 2 novembre 1891.

PAPYRUS MORAL DE BOULAQ

TEXTE ET TRADUCTION RAISONNÉE
DU
PAPYRUS MORAL DE BOULAQ

PREMIÈRE MAXIME

Fais-toi femme[1] *pendant que tu es un jeune garçon ; qu'elle te fasse ton fils. Si tu as un fils pendant que tu es jeune, cela sera témoigné action d'homme bon, d'individu que ses hommes nombreux acclameront plus que son enfant.*

1. C'est-à-dire : Prends une femme. Voici le mot à mot de toute cette maxime : Fais-toi femme (pendant que tu es) jeune : qu'elle fasse à toi ton fils. Étant toi (il est né) un enfant à toi, étant toi en jeune homme, est témoigné cela action d'homme bon, individu étant ses gens nombreux acclamant lui plus que son enfant.

M. de Rougé avait traduit la même maxime de la façon suivante : « Tu as pris une épouse étant encore enfant ; elle t'a donné un fils qui est né quand tu devins un jeune homme. On a reconnu que c'était un bel enfant et beaucoup de personnes l'ont acclamé au jour de sa naissance. » M. Brugsch a traduit : « Prends une femme quand tu es jeune, elle t'enfantera un fils qui sera semblable à toi. Tu auras des descendants pendant que tu as encore la force juvénile : il est convenable d'engendrer des enfants, et excellent est l'homme dont la famille est nombreuse. On le louera à cause de ses enfants. »

M. Maspero n'a commencé les fragments de traduction qu'il a donnés que beaucoup plus avant dans le papyrus ; je n'ai donc aucunement à m'occuper, pour le moment présent, de sa traduction, que la réputation de l'auteur impose à l'attention de quiconque étudie ce papyrus, quoi qu'elle date déjà de loin. M. Chabas, le dernier venu, a donné cette traduction : « Marie-toi avec une femme jeune (ou pendant que tu es jeune) ; ton fils le fera pour toi semblablement. A la naissance tu étais un enfant qu'on jugea devoir faire un homme distingué, un individu que ses parents en grand nombre ont acclamé à sa naissance. »

Il sera facile à tout lecteur de voir au premier coup d'œil en quoi ces diverses traductions diffèrent de la traduction nouvelle que je propose. Je ferai observer d'abord que le mouvement général de tout le papyrus n'a pas été saisi par M. de Rougé ; quand un auteur se donne la peine d'aligner des préceptes moraux pour les occasions diverses de la vie, il ne doit pas présenter ces préceptes comme un fait accompli, mais il doit employer la forme impérative, ou tout au moins la forme d'exhortation ou de conseil que lui présentait sa propre langue. C'est pour avoir méconnu cette règle que le plus souvent mes devanciers se sont trouvés au milieu de difficultés inextricables. Il est en outre évide pour quiconque connaît la méthode scrupuleuse d'analy scientifique dont M. de Rougé faisait usage d'ordinaire dans ses publications, qu'il n'a pas employé ici la même méthode et qu'il n'a pas eu sans doute l'intention de donner une traduction justifiée, mais qu'il a seulement voulu présenter à l'Académie des Inscriptions et Belles-Lettres comme un résumé du papyrus : aussi je ne ferai pas observer combien sa traduction s'éloigne des règles de la grammaire et néglige les signes embarrassants. Les déterminatifs des idées de *naissance* ou de *naître* ne sont pas les mêmes que ceux du mot *enfant*, ou mieux de *être qui est né* : les Egyptiens ne se servaient de déterminatifs que dans le désir de préciser autant qu'il leur était possible les divers emplois d'une même racine et les diverses nuances de ces différents emplois. Par conséquent quand nous nous trouvons en présence de déterminatifs multipliés, on ne doit pas les rejeter pour plier le mot à la nuance préconçue que l'on a dans l'esprit ; il ne faut les rejeter que si manifestement la phrase ne présente aucun sens, tandis que l'emploi d'un autre déterminatif présente un sens tout à fait acceptable.

De même M. Brugsch ne me semble pas avoir appliqué les règles certaines de la grammaire égyptienne. Sa traduction : « Il est convenable d'engendrer des enfants, » et « excellent est l'homme dont la famille est nombreuse, » repose sur la violation de l'une des règles les plus certaines de la syntaxe égyptienne, à savoir que l'adjectif se met toujours après le nom auquel il se rapporte, même dans les mots composés où une flexion indique qu'il fait partie d'un mot à l'état construit ; ainsi pour traduire par *excellent est l'homme*, il faudrait que le texte contînt l'expression 〈hiéroglyphes〉, et non 〈hiéroglyphes〉. En outre la locution 〈hiéroglyphes〉 *faire homme* est inconnue en égyptien et les habitants de l'Egypte se servaient d'autres termes pour exprimer une idée analogue.

La différence principale que ma traduction présente avec celle de M. Chabas provient d'une lecture différente :

M. Chabas a lu ⟨glyphs⟩ au lieu que j'ai lu ⟨glyph⟩. Le papyrus, ou plutôt le *fac simile* du papyrus que j'ai à ma disposition ne permet pas de voir le signe que M. Chabas transcrit ⟨glyph⟩ ; M. Chabas est en outre obligé de supposer que le scribe avait omis le signe ⟨glyph⟩, et il y a ajouté les compléments ordinaires de ce signe ; mais il n'y a rien de semblable : le fac simile porte à la fin de la ligne deux signes qui sont tronqués dans leur partie antérieure et qui sont simplement ⟨glyph⟩[1]. En outre quoiqu'on eût l'habitude en Égypte, à partir d'une certaine époque, de faire tirer l'horoscope, cependant je ne crois pas qu'il s'agisse ici de cette coutume que ne permet pas d'ailleurs le contexte. J'attribue en outre à la préposition ⟨glyph⟩ le sens qu'elle a dans les comparaisons et que M. Chabas a pris dans le sens ordinaire de à ; mais ce sens se justifie avec un mouvement physique ou moral indiqué par le verbe vers le complément, ce qui n'a pas lieu en cette occasion. Les autres mots n'offrent pas de difficulté, je les ai pris dans le sens que leur ont attribué mes devanciers: il n'y a que leur subordination entre eux qui est changée, parce que j'ai coupé la phrase de manière à en faire, non des propositions indépendantes, mais des propositions coordonnées entre elles.

Le sens que j'attribue à cette maxime est parfaitement conforme à la réalité. Encore aujourd'hui en Égypte, il est de coutume pour les descendants authentiques des anciens égyptiens, fellahs et coptes, de marier leurs enfants de très bonne heure : tel élève sur les bancs de l'école a déjà femme. Par conséquent il peut avoir des enfants dès qu'il a la force physique nécessaire pour l'acte de la génération. D'habitude

1. Ce mot n'est pas isolé dans le papyrus que je traduis. On le trouve deux fois dans la première planche du papyrus, à la ligne 2 et à la ligne 13 dont il forme le dernier mot. Il est malheureux que l'état du papyrus ne permette pas de se servir de ces deux mots pour exemple.

on ne permet aux enfants ainsi mariés d'avoir ensemble les rapports que légitime leur mariage qu'une fois par semaine. L'enfant est donc arrivé à la première adolescence lorsqu'il a son *fils* et dès lors il peut être nommé homme, parce qu'il a fait action virile, et c'est la cause pour laquelle on l'acclame lui personnellement plus encore qu'on n'acclame son fils, quoique la naissance du premier né dans une nouvelle famille qui se fonde soit saluée par une grande joie. Il se comprend en effet très bien que la venue d'un fils assure une hérédité toujours très chère à un cœur égyptien, comme à tous les cœurs d'homme; quoi de plus naturel alors que d'acclamer celui qui a fait cette œuvre plus encore que celui qui en est le fruit? Je crois donc que la traduction de cette maxime, telle que je la présente, répond à la fois mieux à la grammaire et aux idées égyptiennes.

DEUXIÈME MAXIME

Fais la fête de ton Dieu, renouvelle-la en sa saison : irriterait Dieu sa transgression. Fais ériger les témoignages, après que tu lui as présenté ton offrande : c'est de première fois de faire cela[1].

1. Mot à mot : Fais fête de ton Dieu, renouvelle lui en sa saison (de la fête); irrite Dieu sa violation. Fais ériger témoignage après ton avoir offert à lui : fois première le faire cela.

Mes prédécesseurs ont traduit la première partie de cette maxime à peu de chose près ainsi que je viens de le faire ; la différence entre leurs traductions et la mienne ne commence qu'à la seconde partie de la maxime. M. de Rougé et M. Brugsch ont ajouté à cette maxime une partie de la suivante. Voici la traduction du premier : « Tu as célébré une fête à ton Dieu et tu la renouvelles à son époque. Dieu s'irriterait, si elle était profanée. Il t'assigne comme témoin quand tu présentes tes offrandes. A ses premières actions, il vient chercher ton approbation. » Sans insister sur la forme du précepte ainsi présenté, forme qui se présentera toujours au cours de ce papyrus, je ferai observer que la dernière partie de cette maxime ne répond, dans la traduction de M. de Rougé, à aucune pensée réelle ; car qu'est-ce qu'assigner comme témoin celui qui présente les offrandes à Dieu ? et qu'est-ce qu'un Dieu qui « dans ses premières actions, vient chercher l'approbation » de celui qui fait une offrande? Quelque basse idée que les Égyptiens primitifs se soient faite de la divinité, ils n'ont jamais poussé la bêtise humaine jusqu'à ce point : la divinité et l'Égyptien qui la priait étaient sur le même pied : l'un recevait à condition de donner, l'autre donnait à condition de recevoir ; mais jamais le Dieu ne venait chercher l'approbation de celui qui le priait.

M. Brugsch de son côté traduit comme il suit : « Fête le jour de la fête du Dieu et répète la fête en son temps. Ainsi est la colère des dieux adoucie et le légitime état d'après la gravité originelle du sort de nouveau rétablie. Si tu agis ainsi l'homme viendra pour chercher ton regard. » Je ne crois pas qu'avec la transcription qui précède on puisse expliquer ainsi : cette traduction ne tient aucun compte des pronoms suffixes et je ne puis y voir, sous les grands mots de *légitime état d'après la gravité originelle du sort de nouveau rétablie*, qu'un échantillon de pathos assez bien réussi.

M. Chabas s'est bien donné garde de couper la maxime ainsi que les savants qui précèdent ; il traduit de la sorte:

« Fais la fête de ton Dieu, renouvelle ses anniversaires : irrite le Dieu la violation de cela. Dès que tu lui as rendu une première fois le devoir religieux, le fait d'avoir agi ainsi porte jugement. » M. Chabas a coupé la dernière partie de la maxime d'une autre manière ; je ne peux l'adopter : on jugera. Traduire le mot [hiéroglyphes] par *porter* me semble inexact. Ce mot est un factitif de [hiéroglyphes] qui signifie *se tint debout* : il signifie faire tenir debout, comme dans la phrase suivante : [hiéroglyphes] : il fit ériger deux grands obélisques. Je crois que dans la phrase de la maxime qui fait le sujet de cette discussion le mot [hiéroglyphes] joue le même rôle que le mot [hiéroglyphes] dans l'exemple précédent, et que ce mot ne veut pas dire *jugement*, mais témoignage, comme le mot copte ⲙⲛⲧⲣⲉ qui est le même mot. Par conséquent je suis conduit naturellement à l'idée qu'il s'agit ici d'un témoignage physique de l'offrande, comme le sont les tables d'offrandes qu'on faisait exécuter en l'honneur du Dieu dans les temples ou dans les tombeaux.

Je ne dis pas qu'il s'agisse expressément d'une table d'offrande, mais je crois qu'il s'agit de quelque objet analogue, et au lieu d'avoir une pensée exprimée d'une manière quelque peu abstraite, nous nous trouvons au contraire en présence d'une pensée exprimée, comme le sont presque toutes les pensées égyptiennes, d'une manière concrète qui se rapporte tout à fait à la civilisation primitive de l'Égypte. Que signifie d'ailleurs une phrase ainsi conçue : *le fait d'avoir agi ainsi porte jugement ?* Veut-on dire que le fait d'avoir agi ainsi une première fois préjuge de ce que l'on fera par la suite ? Cela pourrait se comprendre à la rigueur ; mais il faudrait admettre que le texte en cet endroit contient une forte inversion à laquelle les monuments égyptiens de toutes les époques ne nous ont pas habitués.

Je m'en tiens donc à la traduction que je présente et je

l'explique ainsi, à savoir qu'il fallait célébrer les fêtes du Dieu du pays dans lequel on se trouvait et les renouveler en leur temps, sous peine d'irriter le Dieu ; cela pouvait suffire à la rigueur, mais si l'on avait soin de faire ériger des témoignages authentiques de ce que l'on avait fait ou de ce que l'on ferait, c'était agir comme agissaient ceux qui pouvaient se dire les premiers fidèles du Dieu. Peut-être les mots *première fois* comprenaient-ils aussi une idée d'intérêt personnel, et faudrait-il entendre : c'est de première habileté que d'agir ainsi ; car en Égypte, comme je l'ai indiqué plus haut, on ne donnait qu'à condition de recevoir, *do ut des*.

TROISIÈME MAXIME

Si l'on vient pour chercher tes vues, que cela te soit une raison pour que tu tombes sur les livres divins[1].

Je ne citerai ici que la traduction de M. Chabas, qui est exactement semblable à celle qui précède et à laquelle je me tiens : « On est à venir pour chercher tes vues, fasse cela faire toi tomber sur les livres. » Les autres savants qui ont traduit cette maxime l'ont mélangée soit avec la précédente, soit avec la suivante. Telle qu'elle est cette traduction est satis-

[1]. Mot à mot : On vient pour chercher tes vues, fasse cela faire toi tomber sur les livres divins. — Je dois prévenir mon lecteur que le mot que je traduis par *vues* n'est pas certain, à cause de l'incertitude de la transcription laquelle provient du signe transcrit par ☥, transcription qui n'est pas sûre.

faisante, car elle repose sur une vraie compréhension de la vie et des habitudes égyptiennes. Il est en effet fort compréhensible que quelqu'un qui a besoin de conseils aille en chercher à celui qu'il sait capable de lui en donner, parce que ce savant peut lire dans les livres et que ces livres sont le don de la divinité ayant prévu tous les cas qui peuvent se présenter dans la vie, d'où le conseil de consulter ces livres divins. M. Chabas ni les autres savants qui ont traduit le papyrus ne se sont préoccupés du signe hiératique qui suit le mot ⟨hiér.⟩ et que je lis ⟨hiér.⟩ sans m'offusquer de ce que ce signe suit le mot ⟨hiér.⟩ au lieu de le précéder et en voyant dans les signes ⟨hiér.⟩ les déterminatifs de l'expression entière. Ces livres avaient été en effet communiqués aux hommes par Thoth, et cette idée était encore commune sous la domination grecque en Égypte [1]. En outre cette maxime nous reporte à un état intermédiaire de la civilisation, lequel n'est pas la barbarie primitive, mais qui n'est pas non plus le moment où la raison humaine, fière de sa force, commence à prendre un essor dont nul ne peut prévoir la fin ni la hauteur.

QUATRIÈME MAXIME

L'heure étant passée, on cherche à en saisir une autre [2].

[1]. La preuve de ce que je dis ici se trouve non seulement dans certaines gloses du livre des morts, mais les livres *hermétiques* supposent cette origine par le nom des personnages qu'ils mettent en scène.
[2]. Mot à mot : l'heure étant passée, on cherche à en prendre une autre.

Cette maxime si simple, a été comprise d'une manière très différente par M. de Rougé qui, après avoir rattaché la première moitié de la troisième à la seconde, a uni la seconde partie de la troisième à la quatrième pour ne former qu'un seul précepte qu'il traduit ainsi : « Si tu arrives à lui faire des réprimandes, quand l'heure est passée, il recherche ton accueil. » Il est évident que M. de Rougé, outre qu'il n'a pas séparé les phrases, comme je l'ai fait après M. Chabas, a lu autrement que je ne l'ai fait. La seule différence provient du dernier signe que M. de Rougé a lu ⌒ simplement, tandis que M. Chabas a lu ⌣ : le signe est en effet extraordinaire; car, à la forme habituelle en hiératique de la coupe, est joint un autre signe que le scribe avait oublié et qui peut parfaitement se transcrire ⌒. En outre la traduction de M. de Rougé suppose un suffixe qui n'existe pas après le verbe 𓄿𓀁𓏏𓂻 ; de plus le pronom ⊙⊙ est le sujet de ce verbe qui est employé ici à l'état construit et fait introduire son régime sans préposition comme je l'ai démontré ailleurs [1].

M. Brugsch n'a pas traduit cette maxime.

M. Chabas a donné la traduction à laquelle je me suis arrêté, parce que je la crois certaine pour d'autres raisons que celles de cet illustre égyptologue. Cette maxime veut simplement dire que, si l'on manque une bonne occasion, il faut se hâter d'en saisir une autre.

---

1. Cf. *Lettre à M. Maspero sur la vocalisation*, etc., dans le *Recueil de monuments relatifs à l'arch. et à la phil. ég. et assy.*, tome XII.

CINQUIÈME MAXIME

Comme cela exalte ses esprits, que soient le chant, le prosternement, l'encens en ses œuvres, que l'adoration soit dans ses affaires; qui fait cela, le Dieu magnifiera son nom[1].

J'ai coupé la phrase ainsi et je rattache les mots suivants à la maxime qui suit, quoique mes devanciers aient agi autrement. Cette maxime est d'une traduction difficile et je m'écarte notablement des sens déjà proposés. Voici comment M. de Rougé l'a traduite : « Les esprits s'élevant, il devient pieux et prodigue l'encens dans ses offrandes. Celui qui loue Dieu pour les biens qu'il lui a donnés aura son nom élevé au dessus des hommes de plaisir. » Je ne puis accepter cette traduction, pas plus que ne l'avait fait M. Chabas; car elle ne tient pas compte des pronoms, ni de certains déterminatifs, comme dans [hieroglyphs] qui est rendu par *prodigues*, et la fin suppose tout un système de pronoms qui n'existe pas.

M. Brugsch n'a traduit que la dernière partie de cette

---

1. Mot à mot. Étant cela exaltant ses âmes, que soient chant, prosternement, encens dans ses œuvres, que soit prise adoration dans ses affaires qui fait cela, le Dieu à magnifier son nom.

maxime ; voici ce que l'honorable égyptologue y voit : « Les grains d'encens tombent hors de leurs capsules et distribuent leur parfum d'après leurs espèces. » La phrase est coupée arbitrairement et pour expliquer les mots ainsi qu'on l'a fait, il faut supposer d'autres déterminatifs que ceux que nous offre le papyrus. En plus, comment lier la phrase finale à ce qui précède, si l'on doit traduire ainsi ? Aussi M. Brugsch s'est-il bien gardé de le faire : il a isolé les mots précédents de ce qui précède et de ce qui suit, ce qui est d'une méthode assez facile, mais peu rigoureuse.

M. Chabas a traduit : « Etant qui élève ses esprits, il y a louange, prostration, encensement dans ses œuvres, réception d'adoration dans ses affaires : qui agit ainsi Dieu magnifiera son nom au-dessus de l'homme sensuel. » Cette traduction serre le texte de très près, et il n'y a guère que le commencement que je regarde comme inexact, avec la fin que j'ai réunie à la maxime suivante. Je dois cependant faire observer que M. Chabas semble avoir fait du mot ⟨hiéroglyphes⟩ un nom, tandis que j'y vois un verbe en parallélisme avec le verbe du membre de phrase précédent ⟨hiéroglyphes⟩ ; je comparerai l'expression toute entière de ⟨hiéroglyphes⟩ à l'expression copte ϣⲉⲛ ϩⲙⲟⲧ, action de grâces, mot à mot : prendre grâces (pour les donner à quelqu'un qui les mérite).

La principale différence existant entre le commencement de ma traduction et celle de M. Chabas provient du sens attribué au pronom ⟨hiér.⟩. M. Chabas semblerait en faire un pronom de la troisième personne du singulier : or, le pronom ⟨hiér.⟩ est le pronom de la troisième personne du féminin singulier, ou de la troisième personne du pluriel ; mais, le commentaire qu'il a joint à sa traduction montre clairement qu'il n'a pas considéré les signes ⟨hiér.⟩ comme formant un pronom, mais comme étant partie intégrante d'un mot qu'il lit [hiér.] et pour justifier la présence de ces deux lettres impulsives devant la même racine verbale, il cite comme exemple le mot [hiér.] qu'il rapproche du copte ⲥⲁϩⲟⲩ, ⲥⲓϩⲉ et qu'il traduit par arrêter, fasciner, repousser par des moyens magiques [1]. Je ne prendrai pas la peine de faire observer que si le mot [hiér.] doit être rapproché d'un mot copte avec le sens que lui attribue M. Chabas, ce ne peut-être ⲥⲁϩⲟⲩ qui signifie maudire, ni ⲥⲓϩⲉ qui signifie être fou, mais ⲥⲓϩⲉ qui veut dire écarter; mais je ne crois pas que le mot [hiér.] soit un factitif de [hiér.], mais bien plutôt de la racine [hiér.] = ⲧⲉϩ, qui veut dire bouleverser. Ainsi le seul exemple apporté par M. Chabas n'étant pas applicable, la théorie d'un mot [hiér.] tombe, et nous restons en présence du mot ordinaire [hiér.] et du pronom [hiér.]. En outre pour traduire par : étant qui élève ses esprits, il faudrait que le mot [hiér.] eut un troisième personnage humain comme déterminatif, s'il n'avait pas la terminaison [hiér.], à savoir l'homme ordinaire [hiér.]. Or ce déterminatif est absent. Je sais bien qu'il est assez facile d'oublier ce signe, surtout quand deux autres signes de même ordre précèdent ; mais, dans le cas présent, outre que les deux signes précédents ne se font pas en hiératique de la même manière que l'homme ordinaire, je crois avec conviction qu'il ne faut recourir au moyen facile de voir une faute dans un passage que l'on ne peut expliquer qu'en dernière alternative et qu'ici un examen plus serré du texte permet de le comprendre. Je ferai donc des signes [hiér.] le pronom de la troisième personne du féminin singulier, et, comme il est

---

1. CHABAS, *L'Égyptologie*, p. 47.

bien connu qu'en égyptien ancien, comme en copte, le pronom de la troisième personne du féminin singulier s'emploie pour rendre le neutre, je traduirai par cela.

Le suffixe ⳼ qui suit le mot que j'ai traduit par esprits semble assez vague et l'on ne sait au premier abord à quel nom le faire rapporter. Ces emplois de suffixes sont l'une des plus grandes difficultés que peuvent présenter l'intelligence et l'explication d'un texte. Ici, il n'y a aucun mot dans la phrase auquel puisse se rapporter ce suffixe, aussi bien que celui qui suit le mot [hiéroglyphes] et celui qui suit le mot [hiéroglyphes]; mais, s'il n'y a aucun mot exprimé, il y a le sens général qui montre que le mot homme ou individu est sous-entendu dans toute la maxime et que c'est à lui qu'il faut faire rapporter les trois suffixes. Par conséquent le sens de cette maxime se dégage clairement : Comme cela élève les esprits, à savoir ce qui va suivre, il faut que l'homme fasse entendre des chants, qu'il se prosterne, qu'il offre de l'encens dans ses œuvres, qu'il fasse adoration avec tous ses biens : puis vient la conclusion : Dieu magnifiera le nom de celui qui agit de la sorte. J'expliquerai dans la maxime suivante pourquoi j'ai séparé la fin de cette maxime d'après la traduction de M. Chabas et de M. de Rougé, pour la faire entrer dans la maxime suivante.

SIXIÈME MAXIME

Si un homme quelconque est ivre, n'entre pas devant lui, quand même ce serait un honneur pour toi d'être introduit[1].

Cette traduction diffère sensiblement de celles qui ont été proposées avant elle : il faut l'expliquer et la justifier. Je commencerai par citer d'abord les autres traductions. M. de Rougé traduit : « N'entre pas devant une autre personne, même si ton hôte te le demande. » M. de Rougé a considéré le mot ⸺ comme un verbe ; mais la présence du ⸺ devant le pronom suffixe indique que ce mot est un nom, et non un verbe. M. Brugsch a compris ainsi : « Tu ne dois pas entrer dans la maison d'un autre, avant qu'il n'ait agréé la présentation de ta personne. » Je ne puis savoir par quelle induction M. Brugsch est arrivé à pouvoir traduire la dernière partie de cette maxime comme il l'a fait. Nul mot ne veut dire *agréer*, ni *présentation*, ni *personne* ; M. Brugsch a sans doute traduit le dernier mot ⸺ par *présentation de ta personne*, mais le mot ⸺ ainsi déterminé, et d'aucune façon, ne peut signifier *présentation*.

Voici enfin la traduction de M. Chabas : « N'entre pas

---

1. Mot à mot : étant homme qui est ivre, n'entre pas devant un autre, étant il introduit, ton bonheur.

dans la maison d'un autre : il te fait entrer, c'est ton honneur. »

Je ferai une première observation. A l'exception de M. de Rougé, mes prédécesseurs ont cru voir dans le texte le signe ⌑, ou ont cru pouvoir le suppléer. Le papyrus présente en cet endroit, et dans toute la hauteur de la page, une lacune, ou plutôt un effacement des signes. Cependant, en l'endroit en question, il reste encore quelques linéaments du signe, et ces linéaments ne conviennent point au signe ⌑, mais bien au signe ☉ ; le trait qui suit | pouvant se rapporter également à l'un ou à l'autre des deux idéogrammes. D'ailleurs les deux lectures arrivent également au même sens.

La plus grave objection que l'on puisse faire à la manière dont j'ai coupé la phrase repose sur ce que la première partie de la maxime est écrite à l'encre noire, tandis que la fin est écrite à l'encre rouge, à partir du mot ⌇ qui n'est pas très lisible et qui par conséquent ne saurait être certain. Je répondrai à ceci que le fait est réel, le commencement de la maxime est écrit à l'encre noire et toute la majeure partie de la maxime, environ les deux tiers, est écrite à l'encre rouge ; mais que le fait d'une aussi longue maxime écrite toute entière à l'encre rouge prouve que le scribe employait ses rubriques sans discernement. S'il avait voulu indiquer toutes les maximes par quelques mots à l'encre rouge, comme il l'aurait dû sans doute, les rubriques devraient être beaucoup plus multipliées qu'elles ne le sont ; car c'est le seul exemple de l'encre rouge qu'on rencontre dans cette planche, et il est évident qu'il en fallait plusieurs autres, au moins cinq autres, pour ce qui précède et nous ne sommes qu'au milieu de la planche. Le scribe peut aussi bien s'être trompé en prenant trop tard son calame à encre rouge qu'en l'employant trop longtemps. Je ne fais donc pas grand cas de l'objection qui peut m'être faite à cette occasion.

Mais j'ai moi-même une bien plus grosse objection à faire

à ceux qui ont rapporté les premiers mots de cette maxime à la maxime précédente et qui ont traduit 〈𓅱〉 par *au-dessus*. Jamais le mot 〈𓅱〉, qui est le verbe auxiliaire *être*, n'a signifié au-dessus : cette signification n'a été admise en ce passage par les auteurs susdits que pour le besoin de la cause. Je ne saurais donc accepter ce sens, et je reconnais à ce mot le sens ordinaire de être. Or, en ce dernier cas, une chose est évidente tout d'abord, c'est que si ce mot 〈𓅱〉 a le sens d'*être, étant*, ce membre de phrase est inexplicable s'il fait partie de la maxime précédente, car en ce cas il manque un verbe pour finir la phrase et il faut supposer que ce verbe est resté au bout du calame du scribe. On a en effet ceci : Qui agit ainsi, Dieu à magnifier son nom, étant l'homme qui est ivre. Cela ne signifie rien, pour la bonne raison que la phrase n'est pas finie. En outre, M. de Rougé a traduit 〈𓂀𓅱𓏥〉 par homme de plaisir, et M. Chabas par homme sensuel ; mais ce mot qui a donné en copte ⲟⲩϣⲓ, veut dire s'enivrer, et a uniquement ce sens physique et non les sens dérivés d'homme de plaisir et d'homme sensuel. Ces expressions d'*homme de plaisir* et d'*homme sensuel* ne pouvaient guère être admises en Égypte, où l'on était beaucoup plus près de la civilisation primitive que ne le laisseraient supposer des expressions qui ont surtout été introduites par le Christianisme. Il faudrait donc traduire en tout cas, en admettant temporairement ce sens de *au-dessus de* par : Qui fait cela, Dieu magnifiera son nom au-dessus des hommes qui s'enivrent ; cette traduction, qui est la seule raisonnable, suffit pour montrer que cette alliance de pensées est impossible, car si Dieu doit exalter le nom de celui qui accomplit les règles et les observances au-dessus du nom des ivrognes, ce n'est pas là promettre grand chose à l'homme fidèle observateur des rites et de la loi morale. Ce m'est une raison pour croire, outre que l'on ne peut pas traduire 〈𓅱〉 par *au-*

dessus, que ces mots ne font pas partie de la maxime précédente, mais doivent se rattacher à la présente maxime.

Que si on l'y rattache en effet, le sens est tout à fait satisfaisant, et cela sans qu'on soit obligé de violenter le texte ou de supposer l'absence de quelque mot. Il s'agit simplement d'un cas qui devait se présenter assez fréquemment en Égypte, à savoir celui d'un homme à jeûn qui est prié d'entrer dans la maison d'un homme ivre, même quand il est riche et puissant. La raison s'en comprend facilement, car, si l'invité entre, il s'enivrera aussi pour faire plaisir à son hôte, commettra quelque action déshonorante, si l'hôte à le vin joyeux, on se disputera, si le même hôte à l'ivresse difficile. La première partie de la phrase est générale, *étant homme qui est ivre;* la seconde partie renferme le mot qui signifie autre et qui se rapporte au second personnage, à celui qui est ivre. On pourrait encore comprendre : Étant homme qui est ivre, c'est-à-dire si tu es ivre, n'entre pas devant un autre ; mais je crois que l'élève du moraliste ne doit pas être supposé capable de s'enivrer. Cette partie de la maxime donne la raison pour laquelle on ne doit pas se présenter devant quelqu'un ; au contraire dans les autres traductions, on ne sait pas pourquoi, il ne faut pas se présenter. Ainsi quand M. de Rougé traduit : « n'entre pas devant une autre personne, même si ton hôte te le demande », pourquoi ferait-on ici un précepte de ce qui dans le monde entier a toujours été considéré comme une grossière impolitesse et même comme une injure, car dès que l'homme fut arrivé à se mettre en société, il aima l'hospitalité et tint à honneur de faire voir et de faire partager ses biens? De même, quand M. Chabas traduit : « N'entre pas dans la maison d'un autre ; s'il te fait entrer, c'est un honneur pour toi », quand même la seconde partie semble contenir la raison pour laquelle la première met en avant une prohibition, cette raison est plus apparente que réelle, car si l'on presse de près cette raison, on voit bien vite qu'elle n'a rien de réel et qu'elle consiste simplement à se faire prier, à *faire des compliments*, comme l'on dit en Belgique. Mais se faire ainsi prier, c'est agir pour ainsi dire en hypocrite, ce que notre moraliste ne saurait conseiller. Il faut donc chercher une autre raison, et cette raison elle est clairement mentionnée dans les premiers mots de la maxime telle que je l'ai coupée.

Je n'appartiens pas et ne saurais appartenir à l'école qui trouve suffisant de donner une traduction quelconque d'un texte, quitte à faire dire les plus grosses absurdités à un auteur Égyptien : pour moi, il faut tout d'abord se préoccuper de la grammaire, et ensuite du sens ; je dirais même, si je l'osais, que le sens doit passer avant la grammaire, et que, quand la traduction grammaticale présente une réelle absurdité, c'est un signe que la traduction n'a pas su trouver la réelle relation des phrases entre elles. Les Égyptiens n'étaient pas plus absurdes que nous : ils pouvaient être légers, superficiels, trop amateurs de jeux de mots ; mais quand ils écrivaient, c'est qu'ils voulaient dire quelque chose. Parfois il peut se rencontrer des propositions qui nous semblent absurdes aujourd'hui, et qui ne l'étaient pas primitivement ; mais alors nous sommes avertis de quelque manière par la réflexion que cette proposition n'est pas absurde en soi. Règle générale, quand une traduction présente des absurdités manifestes et des non sens, cette traduction ne vaut rien, de quelque grand nom qu'elle soit appuyée ; c'est le traducteur qui est absurde, et non pas l'Égyptien. Ceci ne s'adresse pas aux auteurs sérieux, comme M. de Rougé et M. Chabas, qui ont tant fait pour le progrès de l'Égyptologie ; si je n'admets pas leurs traductions et si je les discute, cela tient uniquement à ce que cette science qu'ils ont aimée et cultivée avec tant de zèle inquiet a progressé, et je suis le premier à reconnaître les éminents services qu'ils ont rendus, aujourd'hui qu'il est assez de mode d'oublier les uns et les autres. Mais à côté de ces grands auteurs, il y a des esprits brouillons, des incapables, sans compter ceux qui les pillent et font usage de leurs pillages. Je ne suis pas de ces derniers.

SEPTIÈME MAXIME

Ne regarde pas une seconde fois de ta maison ce que ton œil a vu; pendant que tu gardes le silence, ne le fais pas dire par un autre au dehors, de peur que cela ne devienne pour toi un crime digne de mort, par suite de ce qu'on ne l'avait point entendu dire[1].

Cette maxime qui ne présente pas grande difficulté a été généralement assez bien comprise, si l'on ne tient pas compte de la dépendance des propositions entre elles et si l'on ne regarde que le sens général. M. de Rougé traduit : « N'ob-

---

1. Mot à mot : Ne regarde pas une fois seconde de ta maison ce qu'a vu ton œil ; étant toi silencieux, ne le fais pas redire par un autre au dehors, de peur que cela ne devienne avec toi un crime grand de mort, ensuite du point n'avoir été entendu cela.

serve pas de la maison les actions d'autrui ; ton œil a vu, tu as gardé le silence, ne le fais pas dire par un autre au dehors, de peur que cela ne devienne pour toi un crime digne de mort de ne pas l'avoir fait savoir toi-même. » L'éminent égyptologue a traduit [hiero] par les actions d'autrui ; cette expression veut dire *deux fois* ou *une deuxième fois*, nous rencontrerons plus loin une expression presque semblable qui signifie *le second* de quelqu'un, c'est-à-dire son prochain. La fin de cette maxime dans la traduction de M. de Rougé est plutôt une paraphrase qu'une traduction du texte ; mais elle donne bien l'idée présentée par la maxime égyptienne.

M. Brugsch n'a pas compris comme M. de Rougé ; il traduit : « Ne fais pas savoir ce qui arrive à ton voisin dans ta maison ; ce que ton œil a vu, sache-le ; ne le communique pas au dehors à un autre, afin que cela ne devienne pas pour toi une faute mortelle, ensuite de ce que tu n'as pas écouté la défense. » Cette traduction présente une nuance différente de l'idée première : ce que le moraliste égyptien aurait défendu à son fils ce serait non pas d'observer de sa maison les actions d'autrui, mais de ne pas redire ce qu'un voisin aurait fait chez lui-même. Cette traduction repose sur le faux sens attribué à [hiero] qui veut dire *voir avec attention, contempler, regarder*, et non pas *faire savoir*. Je pourrais en citer de nombreux exemples ; mais ce mot est trop connu pour nécessiter ces citations. Ce qui a obligé M. Brugsch à traduire comme il l'a fait, c'est le sens *dans* qu'il donne à la préposition [hiero]. Cette préposition veut bien dire *dans* ; mais elle a aussi nombre d'autres sens, entre autres celui que je lui ai attribué après M. de Rougé et M. Chabas. Enfin si l'on traduit [hiero] par *une seconde fois*, le sens de *communiquer* ne convient pas non plus au factitif [hiero], et la dernière partie ne contient pas le mot défense.

M. Chabas enfin donne la traduction suivante : « N'observe pas de ta maison l'acte d'autrui : si ton œil a vu et que tu aies gardé le silence, ne le fais pas raconter par un autre au dehors, de peur que ce ne soit pour toi un crime digne de mort que la chose n'ait pas été entendue » ; cette traduction serait de tout point conforme à celle que j'ai présentée, n'était la présence de [hiéroglyphes] : M. Chabas fait de ce membre de phrase le commencement d'une nouvelle défense, tandis que j'y vois le complément de l'idée de la première partie de la maxime. Le mot [hiéroglyphes] est bien un verbe substantif, mais un verbe substantif dont le sens est presque complétement réservé à ce que nous nommons maintenant pronom conjonctif, et il se rend par : ce que ; du moment que le verbe n'a plus de complément direct puisque *les actions d'autrui* doivent disparaître pour *une seconde fois*, il faut bien donner au verbe un complément. Ce que je vois dans la maxime, c'est la défense de donner un second coup d'œil à ce que l'on a vu par hasard et de ne pas le répéter, ni le faire répéter au dehors. La sanction de la peine de mort mise à cette maxime montre qu'il s'agissait là, non pas d'observer les actions ordinaires d'autrui, mais de ne pas se compromettre par un espionnage régulier de ce que l'on pouvait faire ailleurs ; cet espionnage devait porter sur des sujets relativement graves ou considérés comme tels par les Égyptiens. Cette maxime nous montre donc que la peine de mort n'était pas rare. La bastonnade bien appliquée suffisait à tuer un homme, lorsqu'on ne ménageait pas le nombre des coups.

HUITIÈME MAXIME

Garde-toi de la femme que tu aurais au dehors, quand même cela ne serait pas connu dans sa ville. Ne fais pas inclination vers elle après ses pareilles, ne la connais pas, n'en remplis pas ton cœur: c'est une eau profonde et l'on ne connaît point ses détours. Si une femme dont le mari est éloigné (t'envoie) des écrits, si elle te parle chaque jour sans témoins et se tenant à jeter le filet, c'est un crime digne de mort par la suite, si on l'apprend, quand même elle n'aurait pas accompli son dessein en réalité. Les hommes accomplissent tous les crimes pour ce seul (plaisir)[1].

Je dois prévenir tout d'abord que la traduction de cette maxime n'a pas toute la certitude désirable par suite des lacunes que présente le texte : aussi a-t-elle offert de grandes difficultés à tous ceux qui s'en sont occupés. M. de Rougé a tout d'abord traduit : « Garde-toi de visiter fréquemment une femme, quand même on l'ignorerait dans sa ville............... C'est une eau profonde dont on ne connaît pas les détours : elle t'envoie des lettres chaque jour, elle suscite des témoins ; elle tend ses filets et c'est un crime mortel, si quelque chose vient à être connu, sans qu'elle ait pu l'apprendre en réalité. Les hommes commettent toutes sortes de fautes seulement pour............. » Où l'on peut voir que certains passages ont tellement embarrassé M. de Rougé qu'il ne les a pas traduits. Malgré ces lacunes, il a cependant, à mon avis, parfaitement saisi qu'il s'agissait d'une femme mariée et non pas d'une courtisane quelconque. Vers le milieu de la maxime, quand il traduit *elle suscite des témoins*, il est évident qu'il n'a pas lu, comme j'ai lu après M. Chabas : je dois avouer que le mot ⌐ n'est pas certain, car le papyrus ne donne guère que des linéaments de signes suivis d'un autre signe qui semble devoir être tout d'abord transcrit par ⌐⌐ ; mais ce déterminatif n'est point susceptible de s'appliquer à l'idée de susciter, il ne s'applique qu'aux idées négatives ou aux idées

---

1. Mot à mot : Garde-toi de femme à l'état de (femme) extérieure, étant cela point connu dans sa ville. Ne fais pas inclination vers elle après ses secondes (ses pareilles), ne la connais pas, n'(en) sois pas rempli : eau profonde, on ne connaît point ses détours. Une femme étant son mari éloigné là,...... des écrits, elle te parle chaque jour, n'étant point de témoins à elle, elle se tenant jetant le filet, c'est crime grand de mort, ensuite de avoir été entendu après son point n'avoir créé cela en réalité. Accomplissent les hommes tout crime pour ce seul...... — Je n'ai pas comblé les lacunes, afin que mon lecteur puisse se rendre un compte exact de la maxime.

d'ignorance : cette considération m'a fait adopter la lecture de M. Chabas, lecture qui s'explique d'ailleurs très bien. De même, M. de Rougé semble avoir lu [hiéroglyphes] au lieu de [hiéroglyphes] ; mais le sens que donne le premier verbe n'est pas satisfaisant autant que celui du second. Il faut remarquer ici que, contrairement à la règle la plus constamment suivie par les scribes égyptiens, ce mot n'a pas de déterminatif ; c'est une faute grave, car le mot ne comprend aucun signe qui soit apte par lui-même à déterminer l'idée exprimée et qui servirait à la fois de syllabique et de déterminatif. Cela montre que le papyrus n'est pas exempt de toute faute, pas plus d'ailleurs que les autres spécimens du même genre que nous a légués l'ancienne Égypte, et le temps est passé, je crois, où l'on s'attachait à traduire les mots d'un papyrus sans s'attacher au sens.

M. Brugsch s'est contenté de résumer en quelques mots cette maxime, sans en risquer de traduction, effrayé sans doute par les difficultés qu'elle présentait à cause des lacunes dont le texte est parsemé.

M. Chabas a traduit : « Garde-toi de la femme du dehors, qui n'est point connue dans sa ville, ne la fréquente pas ; elle est semblable à toutes ses pareilles ; n'aie pas de commerce avec elle : c'est une eau profonde et les détours en sont inconnus. Une femme dont le mari est éloigné te remet des écrits, t'appelle chaque jour ; si elle n'a pas de témoins, elle se tient debout, jetant son filet, et cela peut devenir un crime digne de mort, quand le bruit s'en répand, même lorsqu'elle n'a pas accompli son dessein en réalité. L'homme commet toutes sortes de crimes pour cela seul. » Cette traduction, qui présente un grand nombre de variantes avec la mienne, pèche surtout par la base. M. Chabas s'est figuré que le moraliste parlait d'une courtisane en général : c'est du moins ce qui semble résulter de sa traduction et des rapprochements qu'il fait de cette maxime avec les passages similaires des livres hébreux, où il s'agit bien de courtisanes[1]. Il s'agit d'une femme mariée, et la maxime est une ; la seconde partie complète la première, et c'est pourquoi on fait allusion à la peine de mort qui devait être la conclusion de l'adultère, ou des imprudences de conduite qui auraient fait croire à l'adultère, sans que ce crime eût été commis.

Cette confusion de la part de M. Chabas provient d'un grand nombre de causes philologiques qu'il me faut montrer. Tout d'abord l'expression [hiéroglyphes] : M. Chabas semble avoir pris cette expression comme formée de la préposition [hiéroglyphe] et du mot [hiéroglyphes] qu'il prend pour un nom. [hiéroglyphe] est bien une préposition, mais je la prends dans le sens de *à l'état de*; le mot qui suit ne saurait être un nom, car il est suivi du suffixe [hiéroglyphe] qui est la marque des participes passifs. Le mot [hiéroglyphes] qui s'écrit plus ordinairement [hiéroglyphes] veut dire être dehors, comme l'a bien vu M. Chabas : l'expression entière signifie donc *à l'état de celle qui est dehors*. Je vois dans cette expression les mots correspondants à notre mot *maîtresse* dans le sens qu'on lui attribue aujourd'hui, de sorte que le moraliste enseigne qu'il ne faut pas avoir de maîtresse attitrée : *Garde-toi de femme à l'état d'extérieure*, le mot femme étant pris dans le sens, non pas générique, mais dans le sens particulier qu'il avait en Égypte. La traduction *qui est inconnue dans sa ville* me semble un non-sens, car du moment que cette femme existe et qu'elle habite *sa ville*, il faut bien qu'elle y soit connue ; au contraire on comprend très bien pourquoi le moraliste ajoute : quand même cela ne serait pas connu dans sa ville ; cela, c'est son état d'être la maîtresse de celui auquel s'adressent les maximes égyptiennes. Je ne peux non plus admettre comme réelle la transcription donnée par M. Chabas : [hiéroglyphes]

---

1. CHABAS, *l'Égyptologie*, p. 86-87.

[hiéroglyphes]. La locution vétative [hiér.] est complète par elle-même ; les signes suivants ne donnent aucun sens dans la transcription de M. Chabas, il n'y a pas de verbe [hiér.], ni un verbe [hiér.] sans déterminatif qui aurait pour régime [hiér.]. Le premier signe que M. Chabas lit [hiér.] est un signe indistinct que le fac-similiste n'a pas bien saisi ou que le scribe avait empâté autrefois. J'y vois le premier déterminatif du verbe. Le groupe lu par M. Chabas [hiér.] ne me paraît pas susceptible de cette transcription ; il se compose d'un premier signe convexe [hiér.] relié par une ligature à un autre signe [hiér.], à peu près comme il suit : [hiér.] ; j'y vois un second déterminatif du verbe et la préposition [hiér.] qui sert à introduire le régime : dès lors je lis le verbe [hiér.] et je le rapproche du mot ⲡⲓⲕⲉ, ⲡⲓⲕⲓ en copte qui veut dire *incliner*. Je sais bien qu'on a rapproché du même mot un autre mot égyptien [hiér.], écrit par le Δ et non par le [hiér.] ; mais cette différence ne me semble pas importante, car les deux signes ont donné le ⲕ copte. Ce mot me donne tout naturellement le sens de *n'incline pas vers elle*, si bien que ce qui précède est l'énonciation générale de la défense, et que ces mots commencent le détail, lequel sera continué par ce qui suit. Je coupe la phrase suivante [hiér.] en deux membres de phrase vétatifs : *ne la connais pas, n'en deviens pas énamouré*, mot à mot : *rempli*. M. Chabas a au contraire traduit par : *ne la connais pas dans sa chair* et a lu [hiér.]. Le mot [hiér.] veut bien dire chair, mais alors il est déterminé par [hiér.], la goutte de sang ou le morceau de chair ; il n'a pas pour déterminatif le rouleau et l'homme qui tient le bâton ou le bras armé. J'y vois le verbe [hiér.] qui a les mêmes déterminatifs que ceux qui sont ici employés, et si ce mot est écrit d'une manière bizarre, je crois à une méprise du scribe qui a cru d'abord avoir affaire au mot ⟨hiero⟩ et qui a fait le signe ⟨hiero⟩ très petit, comme un ⟨hiero⟩, de manière à écrire les deux derniers signes de ce mot sous le second ⟨hiero⟩. Ce même mot se retrouve dans notre papyrus, mais alors il est écrit ⟨hiero⟩, ce qui n'offre qu'une légère variante, et avec les deux mêmes déterminatifs. C'est pourquoi j'ai mieux aimé lire ⟨hiero⟩ que ⟨hiero⟩. La première lacune n'est pas facile à combler, quoiqu'il ne manque qu'un signe ou deux, car il faut un verbe et son déterminatif, et il n'y a guère place que pour un verbe qui comporte son déterminatif dans son écriture même, je veux dire dans les signes qui servent à l'écrire : M. Chabas a compris *te remet* : je n'y vois pas d'inconvénient et il est évident que le sens doit être quelque chose d'analogue, mais je ne puis en être certain. Ce que M. Chabas n'a pas compris, je crois, c'est la dépendance des propositions, car le texte égyptien semble poser toutes les propositions subordonnées d'abord pour donner ensuite la proposition principale : Une femme dont le mari est éloigné... des écrits, (si) elle te parle chaque jour, étant point de témoins à elle, (si) elle retient jetant ses filets. C'est un crime grand de mort, etc. Le mot qui doit combler la dernière lacune pourrait peut-être se lire ⟨hiero⟩, car il resterait la queue du serpent et le petit paquet d'odeur ; mais ce n'est là qu'une hypothèse, et il faudrait traduire : *pour ce seul péché*.

Cette maxime nous montre que l'adultère était sévèrement puni en Égypte et que si Diodore de Sicile avait raison quand il écrivait : « Les lois concernant les femmes étaient très sévères. Celui qui était convaincu d'avoir violé une femme libre devait avoir les parties génitales coupées ; car on considérait que ce crime comprenait en lui-même trois maux très grands, l'insulte, la corruption des mœurs et la confusion des enfants. Pour l'adultère commis sans violence, l'homme était condamné à recevoir mille coups de verges, et la femme à avoir le nez coupé[1]. » Il faut avouer que les mœurs s'étaient adoucies, ce qui est assez naturel, quoique mille coups de verges devaient être suffisants pour amener la mort, puisqu'au centième on a tous les os rompus, que la chair s'est détachée du corps pour voler en éclats, et que la bastonnade telle qu'elle était encore pratiquée en Égypte, il y a une dizaine d'années, était un horrible supplice.

NEUVIÈME MAXIME

N'entre pas dans la multitude, de peur que ton nom ne soit sali[2].

Cette petite maxime a donné lieu à trois interprétations différentes. Tout d'abord M. Maspero, qui a traduit cette partie du papyrus, a traduit : « Ne va point paraître devant le jury, de peur que ton nom ne soit en mauvaise odeur. » M. de Rougé a adopté cette traduction : « Ne va pas au (tribunal), de peur que ton nom ne soit avili. »

M. Brugsch au contraire a traduit : « Ne va pas dans les grandes foules, afin que ton nom ne devienne pas puant. » C'est à cette traduction que je me suis rallié, et elle ne présente qu'une légère différence avec la mienne.

1. Diodore de Sicile, I, LXXVIII.
2. Mot à mot : Ne marche pas entrant dans la multitude de peur que ton nom ne soit sali, ou, ne devienne puant.

M. Chabas a vu tout autre chose encore et a traduit : « N'entre pas, ne sors pas le premier, de peur que ton nom ne soit sali. » J'avais d'abord pensé au premier coup d'œil qu'il était possible d'adopter cette traduction, quoique la suppression de la négation devant le second membre, et la présence de la lettre [hiéroglyphe] me parussent difficiles à expliquer et que je ne pusse admettre la lecture [hiéroglyphes] de M. Chabas au lieu de [hiéroglyphes] que contient bien réellement le papyrus, et j'étais disposé à lire comme lui [hiéroglyphes] [1]; mais, après mûre considération et après une comparaison attentive des passages où cette expression est contenue, je me suis trouvé en présence d'une impossibilité absolue. Il n'y a pas : [hiéroglyphes], mais [hiéroglyphes] : L'absence du signe complémentaire [hiéroglyphe] est due à l'inadvertance du scribe : c'est un exemple de la fidélité des scribes égyptiens.

Le même signe que je lis [hiéroglyphes] se retrouve ailleurs [2], et l'on voit par la manière dont il est écrit qu'évidemment ici le même signe existait, quoiqu'un peu déformé : ce qui m'avait surtout arrêté d'abord avait été l'absence de l'article; mais cette absence peut parfaitement s'expliquer par un oubli du scribe, sinon se justifier. J'ai donc écarté à la fois la lecture de M. Chabas comme antigrammaticale, et la traduction qu'il avait donnée.

Si je me suis rattaché à l'explication de M. Brugsch, c'est que je vois dans le mot [hiéroglyphes] l'origine du mot copte ⲉⲟ qui signifie aussi *multitude*. Le mot de *jury* emporte avec lui des idées modernes qui n'avaient pas droit de cité en Égypte: il pouvait y avoir en Égypte des assemblées judiciaires, et il

---

1. C'est même cette lecture que j'avais adoptée en expliquant ce passage dans mon cours.
2. Pl. xxi l. 18 et l. 20.

y en avait sans doute¹ ; mais de jury, il n'y en eut jamais. S'il me fallait absolument me rattacher à quelque idée judiciaire, je préférerais le sens de *tribunal* que M. de Rougé n'avait accepté qu'avec réserve, comme le montre la parenthèse dans laquelle il a enfermé ce mot. Je vois dans cette maxime un sens qui peut être expliqué de la façon suivante : Ne te mêle pas aux foules, avec des gens de bas étage, mal élevés et grossiers, où tu n'en retireras d'autre profit que d'en recevoir des injures et d'avoir ton nom sali. — On n'est pas toujours libre d'aller ou de ne pas aller au tribunal, à moins que notre moraliste n'ait voulu dire qu'il ne fallait pas faire de procès ; mais, dans ce cas, il avait à son service des expressions plus claires. De même, on n'est pas libre de faire ou de ne pas faire partie d'un jury et je ne vois pas comment être membre d'un jury pourrait salir le nom, ou le rendre puant comme le poisson pourri. Aussi j'ai préféré le sens multitude à celui de tribunal et surtout de jury, malgré les exemples indiscutables qu'on peut apporter pour soutenir le sens de *tribunal, assemblée judiciaire*.

DIXIÈME MAXIME

*S'il y a enquête, ne multiplie pas les paroles ; en te taisant, tu seras en meilleur état : ne fais pas le discoureur*².

1. Cf. Maspero, *Genre épistolaire*, p. 8, note 1. — Cf. aussi les papyrus du musée de Turin et le papyrus Abbot.
2. Mot à mot : Devenue enquête ne multiplie pas les paroles : te taisant, tu es en bon : ne fais pas l'homme qui fait langue.

Cette maxime a donné lieu à des interprétations assez diverses. M. Maspero a traduit : « Ne multiplie pas tes paroles ; si tu retiens ta langue, tu es bon. Ne parle pas haut. » Les premiers mots de la maxime ne sont pas rendus, et dans la dernière partie les signes [hiéroglyphes] ont été rendus par : ne parle pas haut. M. de Rougé traduit : « S'il se fait une enquête, ne multiplie pas les paroles : le silence vaut mieux pour toi ; n'élève pas la voix. » Cette traduction qui a parfaitement saisi le sens des premiers groupes, a conservé la plus grande partie de la traduction précédente.

M. Brugsch a traduit à peu près comme M. Maspero : « Garde-toi des paroles nombreuses ; tais-toi et tu resteras homme parfait. »

M. Chabas s'est, au contraire, beaucoup éloigné du sens adopté par ceux qui l'avaient précédé ; il traduit : « Si il y a des sourds, ne multiplie pas les paroles ; il est mieux pour toi de garder le silence ; ne dis rien ». M. Chabas a rapproché le mot [hiéroglyphes] de [hiéroglyphes], et y a vu la forme géminée du mot [hiéroglyphes]. Il a été trompé par le fait que le mot [hiéroglyphes] est déterminé par l'homme qui porte la main à la bouche, comme le mot [hiéroglyphes] selon cet auteur ; mais ce mot [hiéroglyphes] est déterminé, non pas par l'homme qui porte la main à la bouche [hiéroglyphe], mais par l'homme ordinaire [hiéroglyphe], déterminatif des agents, car le mot [hiéroglyphes] veut dire *sourd*. Je regarde donc ce rapprochement comme n'ayant aucun fondement, et, par conséquent, la traduction comme fausse. A quoi bon d'ailleurs cette recommandation de ne pas multiplier les paroles en présence des sourds ? C'est au contraire l'occasion d'élever la voix et, sinon de multiplier les paroles, au moins de tenter tous les moyens possibles pour se faire comprendre, parmi lesquels il n'y en a pas de meilleur que de répéter plusieurs fois ce que l'on a déjà dit une première ? On ne comprend pas non plus pourquoi le moraliste ajoute :

il vaut mieux pour toi de garder le silence. Pourquoi le silence est-il préférable à la parole? Comment pourrait-il se faire d'ailleurs que l'on tombe au milieu d'hommes qui sont tous sourds? D'ailleurs, en ce cas, le mot *khoper* qui commence la maxime n'a pas de raison d'être ici, car ce mot veut dire *devenir*, *arriver*, etc., mais non pas *être*, dans le sens qu'on lui attribue dans ce passage; c'est le mot [hieroglyph] qu'il aurait fallu employer. Voilà donc bien des raisons de rejeter l'interprétation proposée par M. Chabas.

Il est bien plus simple de rapprocher le mot [hieroglyph] d'un mot copte qui est la transcription exacte de ce mot, sauf la disparition de la lettre [hieroglyph] initiale. Le copte ϣⲟⲧϣⲧ, en thébain ϭⲟⲧϭⲧ, veut dire: *scrutari, inquirere, investigare*, et comme nom, *investigatio, discertatio*; or ce sens, quand l'action a lieu par la parole, nécessite l'emploi du déterminatif de l'homme qui porte la main à la bouche, [hieroglyph]. Tout se comprend alors, car un bon enquêteur ne doit pas multiplier les paroles, en se taisant à propos il se trouve en meilleure situation qu'en parlant trop; de là, la recommandation finale: ne fais pas le discoureur, l'homme de langue, l'homme qui trouve sa langue. Ce sont là des vérités de tous les temps, aussi vraies il y a cinq ou six mille ans, peut-être davantage, que de nos jours et qui le seront encore dans dix mille autres années: le bavard est l'homme du monde le moins propre à mener une enquête, une investigation par la parole. Dans la recommandation finale que M. Chabas a traduite par: Ne dis rien, c'est-à-dire *ne fais pas paroles*, il n'a pas transcrit tous les signes et il en a transcrit d'autres à faux. Voici quelle est en effet sa transcription: [hieroglyphs]. Cette orthographe est non-seulement inusitée, car le mot [hieroglyph], de M. Chabas s'écrit toujours dans ce papyrus et dans les autres [hieroglyphs], mais le signe que M. Chabas a lu [hieroglyph] doit se lire [hieroglyph]; il est suivi du trait qui annonce la présence des idéogrammes, et sans doute il devait être accompagné du déterminatif des membres humains ℰ, car il y a une lacune en ce passage. En outre le papyrus porte très exactement 🦅👁, ne fais pas le faisant. La présence du même signe deux fois répété a paru sans doute fautive à M. Chabas qui n'a pas transcrit 👁, comme l'avaient également négligé tous ses prédécesseurs. Quoique le premier signe semble avoir été ajouté dans l'intervalle qui séparait le 🦅 du mot 👁, il est malgré tout parfaitement lisible et le scribe, trompé lui même par la présence du même signe répété deux fois de suite et ayant oublié le premier aura reconnu sa méprise et l'aura réparée de son mieux. Ce n'est pas chose nouvelle pour messieurs les scribes égyptiens : j'en ai cité ailleurs de nombreux exemples[1]. C'en est un nouveau qui est bon à noter, parce qu'il a été corrigé. Enfin je ferai observer que l'expression copte ⲣⲉⲙⲛ̄ⲗⲁⲥ, *un homme de langue*, répond à peu près à l'expression *faisant langue* que nous avons ici.

ONZIÈME MAXIME

[1]. Cf. E. AMÉLINEAU, *Lettre à M. Maspero sur la vocalisation et la prononciation de l'ancien égyptien* dans le *Recueil de monuments*, tome XII.

Ce que déteste le sanctuaire de Dieu, ce sont les fêtes bruyantes : si tu l'implores avec un cœur aimant dont toutes les paroles sont mystérieuses, il fait tes affaires, il entend tes paroles, il accepte tes offrandes[1].

Cette maxime nous fait entrer tout d'un coup dans une région plus haute de la moralité ; elle a été généralement assez bien comprise ; sauf par M. Brugsch. M. Maspero a traduit : « Le sanctuaire de Dieu est souillé par une joie bruyante ; l'as-tu adoré humblement, comme un serviteur (?) aimant, toutes tes paroles lui sont murmurées dans le secret. Il fait ta fortune, il entend tes paroles, il accepte tes présents. » Cette traduction était très exacte pour l'époque où elle a été faite, sauf *comme un serviteur aimant* ; mais je pense bien que son auteur ne la soutiendrait pas aujourd'hui : car il a été l'un des premiers à montrer comment les propositions dépendaient les unes des autres. Je ne vois pas comment M. Maspero a pu être amené à l'idée de serviteur (?) aimant, car le texte porte très lisiblement 𓀀𓏤𓄣𓏤 avec un cœur. La présence abusive du déterminatif peut seule expliquer comment M. Maspero a pu songer à l'idée de serviteur, qui est en effet déterminée par l'homme 𓀀. En outre le suffixe de la troisième personne du masculin singulier se trouve changé en celui de la deuxième personne dans le passage : toutes les paroles lui sont murmurées.

M. de Rougé traduit : « Le sanctuaire de Dieu défend la plaisanterie ; implore-le avec un cœur aimant ; toutes ses paroles sont pleines de mystère ; il est l'auteur de tes biens il écoute tes paroles et reçoit tes offrandes. » Cette traduction a bien rendu chaque mot du texte en particulier, mais non pas le sens général : cela provient de ce que tous les

---

1. Mot à mot : Le sanctuaire de Dieu, son abomination, ce sont les fêtes bruyantes ; tu l'as imploré avec un cœur aimant, dans toutes ses paroles mystérieuses, il fait tes affaires, il entend tes paroles, il reçoit tes offrandes.

membres de phrase sont traduits comme s'ils eussent été isolés les uns des autres et qu'il n'y eut eu aucun rapport entre eux.

M. Chabas a au contraire parfaitement rendu non seulement le sens de toute cette maxime, mais encore, sciemment ou insciemment, les nuances qui résultent de la dépendance des propositions, et la traduction que j'ai proposée ne diffère de la sienne que par un tour de phrase qui n'a pas grande importance, mais qui m'a paru rendre mieux la succession des prépositions entre elles. Voici la traduction de M. Chabas : « Le sanctuaire de Dieu, ce qu'il a en horreur ce sont les manifestations bruyantes; prie humblement avec un cœur aimant, dont toutes les paroles sont dites en secret. Il te protégera dans tes affaires, il écoutera tes paroles, il acceptera tes offrandes. » La manière dont M. Chabas a ponctué sa traduction semble au premier abord écarter toute idée de dépendance entre les diverses propositions de cette maxime; mais l'emploi du futur qu'il a fait dans sa dernière phrase montre bien qu'en fait il considérait ces propositions comme intimement unies ; mais je crois qu'il s'est trompé en prenant la première comme principale et la seconde comme une suite de la première: prie-le et il te fera, etc. Je crois au contraire que la seconde est la proposition principale et que la première est la proposition subordonnée : tu l'as prié, il fait; c'est-à-dire si tu le pries, il fera. Le premier verbe est en effet au passé, et le second au présent. Le sens de *manifestations bruyantes* que M. Chabas a reconnu au mot 𓂀𓏥𓅱𓏛 me semble bien préférable celui de plaisanterie que lui avait donné M. de Rougé. L'exemple suivant cité par M. Chabas montre bien qu'il est exact : 𓅱𓅱𓏛𓅱𓏛𓅱𓏛𓅱𓏛 n'adonne pas ton cœur aux plaisirs bruyants. Ici le contexte montre que ce mot est mis en opposition avec le mystère dans lequel on devait implorer Dieu.

M. Brugsch, qui a négligé la première partie de la phrase, a vu tout autre chose dans cette maxime ; il traduit : Ecoute celui qui te prie humblement avec un cœur plein d'amour : toutes ses paroles serviront à ton honneur ; il soignera bien tes affaires, il obéira à ce que tu dis et partagera ta douleur avec toi. » L'omission faite tout d'abord a été cause que le traducteur s'est perdu dans la suite. Ce que le moraliste égyptien a voulu inculquer ici, c'est que les vaines paroles bruyantes ne sont pas de mise dans le temple de la divinité, car, ce que recherche la divinité, c'est avant tout un cœur aimant qui prie en secret, et alors elle exauce les prières ainsi faites et reçoit les offrandes. Il n'y a pas loin de cette pensée morale ainsi exprimée à la parole évangélique : « Et cum oratis, non eritis sicut hypocritæ qui amant in synagogis et in angulis platearum stantes orare, ut videantur ab hominibus. Amen, dico vobis, receperunt mercedem suam. Tu autem, cum oraveris, intra in cubiculum tuum, et, clauso ostio, ora Patrem tuum in abscondito, et Pater tuus, qui videt in abscondito, reddet tibi. Orantes autem nolite multum loqui, sicut ethnici : putant enim quod in multiloquio suo exaudiantur[1]. » Quand on réfléchit attentivement à ces paroles et à la maxime égyptienne, on voit que c'est le même sentiment qui les a dictées en Égypte comme sur la montagne de Galilée.

1 S. Matth., vi, 5-7.

DOUZIÈME MAXIME

Offre de l'eau à ton père et à ta mère qui reposent dans la vallée funéraire; vérifie l'eau, offre des choses divines, autrement dit acceptables. Ne l'oublie pas quand tu es au dehors: si tu le fais, ton fils le fera pour toi semblablement[1].

Cette maxime renferme dans le texte une grosse faute; car s'il fallait conserver aux signes leur place, il faudrait traduire: Offre de l'eau au père de ta mère, et encore le mot père serait introduit dans la phrase sans préposition, ce qui n'est pas compatible avec les lois de la grammaire. Il faut rétablir le signe mis à sa véritable place avant le mot père ainsi que le suffixe de la seconde personne. Tous ceux qui ont traduit ce papyrus n'ont pas hésité à le faire : je le ferai donc après eux. La faute commise par le scribe est un exemple du peu d'attention qu'il apportait à sa copie. Ce ne sera pas le dernier exemple d'une semblable négligence.

Le premier mot de cette maxime offre un orthographe

---

1 Mot à mot : Pose eau à ton père et à ta mère qui reposent dans la vallée. Que soit vérifiée l'eau, que soient offertes... divines, autrement dit, elles acceptables. N'oublie pas à l'extérieur. Faisant cela, fait cela ton fils pour toi semblablement.

particulier 〈hiero〉 ; ou le mot ordinaire est 〈hiero〉. Si donc l'on a ajouté 〈hiero〉, c'est pour une raison particulière. Tous les autres traducteurs entraînés par la force de la phrase, ont traduit ce premier mot par un impératif : je le dis tout de suite, ils ont eu raison, car l'addition de ces deux lettres est la marque de l'impératif. Je dois mettre ce point bien en lumière ; car nous trouverons un grand nombre d'exemples semblables dans la suite de ce papyrus. Le mot 〈hiero〉 est quelquefois le verbe être, et alors on le rend soit par ce verbe, soit par le relatif *qui*, *que*, ou *dont*. Evidemment, il a ce sens dans un certain nombre de passages ; mais, dans d'autres passages, si on le traduit par l'impératif, on obtient un sens bien plus satisfaisant. Ce n'est pas le seul exemple d'un pareil emploi ; on a aussi 〈hiero〉, 〈hiero〉, etc. On voit d'ailleurs par le copte qu'il en devait être ainsi primitivement ; les formes de l'impératif ont en grand nombre cet A prothétique qui servait à fixer le sens de commandement, par exemple : ⲁⲡⲓ, ⲁⲛⲁⲩ, ⲁⲙⲟⲓⲛⲓ et ⲁⲙⲟⲩ, ⲁⲙⲟⲛⲓ, ⲁⲟⲩⲱⲛ, ⲁⲛⲓ, ⲁⲝⲓ formes impératives des verbes ⲥⲓⲡⲉ, ⲓⲡⲓ, ⲛⲁⲩ, ⲙⲟⲛⲓ, ⲟⲩⲱⲛ, ⲉⲛ, ⲝⲱ ; quant à la forme ⲁⲙⲟⲩ et ⲁⲙⲱⲓⲛⲓ, on n'a pas encore retrouvé la forme simple de ce verbe. Ces exemples me donnent donc légitime pouvoir de traduire par l'impératif, quand je rencontrerai une forme en 〈hiero〉 initial, lorsque je verrai que la traduction du verbe par l'impératif me donne un sens autrement satisfaisant que la traduction par le relatif *ce que*.

M. Maspero a traduit cette maxime de la façon suivante : « Verse une libation d'eau à ton père et à ta mère qui reposent dans la vallée funéraire ; il est convenable pour toi d'agir ainsi et l'on dit que les dieux l'acceptent (avec joie) : ne néglige pas de le faire pour tes parents, afin que ton fils le fasse pour toi. » Le commencement de cette traduction concorde avec celle que j'ai donnée ; mais les divergences commencent avec 〈hiero〉, etc.;

malheureusement la lacune ne permet pas de suppléer avec certitude le mot qui manque ; cependant la première partie se coupe bien après le mot *moou, eau*; la seconde commence par le verbe [hiéroglyphe] qui a le même sens que le latin *facere*, dans l'expression *facere sacra*, et qui demande un régime lequel est exprimé par le mot qui se trouve dans la lacune et par le mot [hiéroglyphe] ce qui donne faisant les..... des dieux, ce que la suite explique, *autrement dit: elles acceptables*. Je ne vois dans cette partie du texte aucun suffixe qui légitime la traduction : il est convenable d'agir pour toi ainsi, et je ne peux faire du mot Dieu le sujet du verbe [hiéroglyphe], quand ce verbe est précédé du pronom auquel il se rapporte et qui est [hiéroglyphe], car on est obligé pour donner un sens à la phrase de suppléer le complément qui n'est pas exprimé dans le texte égyptien. J'ai déjà expliqué plus haut comment je comprenais l'expression [hiéroglyphe].

M. de Rougé n'a pas traduit toute la maxime, parce qu'il n'avait pas vu un sens acceptable se dégager de ses études : « Apporte la libation à ton père et à ta mère qui reposent dans le tombeau........... ne manque pas à les visiter ; ce que tu auras fait, ton fils le fera également pour toi. » Cette traduction qui laisse de côté la partie vraiment difficultueuse de la phrase ; a cependant traduit le mot [hiéroglyphe]. M. de Rougé a pris ce mot dans un sens que ce mot n'a pas, à moins qu'il ne l'ait rapproché du verbe [hiéroglyphe] qui veut dire *circuler*, *faire le tour*, ce qui lui aurait permis de traduire par: *ne manque pas à l'état de faisant le tour* (de tes morts), ce qui paraîtrait assez plausible au premier abord, mais ce dont je ne suis pas assez certain pour pouvoir l'admettre.

M. Brugsch s'est trouvé dans la même obligation que M. de Rougé, avec cette différence que rien ne saurait montrer dans sa traduction qu'une partie du texte a été laissée de côté : « Aie un souvenir affectueux pour ton père et ta mère qui reposent dans leur tombeau, afin que ton fils agisse de même envers toi. » La traduction : *aie un souvenir affectueux* est sans doute une glose explicative que M. Brugsch a introduite pour le plus grand ornement de sa traduction ; mais cette glose ne saurait représenter le texte égyptien, même à une distance assez éloignée.

M. Chabas a traduit : « Donne l'eau du sacrifice funéraire à ton père et à ta mère qui reposent dans l'hypogée ; vérifie l'eau des oblations divines ; en d'autres termes, offre ce qui est acceptable. Ne néglige pas de le faire (même) lorsque tu es hors de ta demeure. Ton fils le fera pour toi de la même manière. » Cette traduction, que j'ai adoptée en grande partie, coupe mal la phrase du milieu qui est représentée par *vérifie l'eau des oblations divines* ; je préfère couper comme je l'ai fait, parce que cette coupe est plus grammaticale. M. Chabas me semble en outre avoir négligé le mot ⸺ faisant cela, qui remplit ici le même rôle que dans la maxime précédente le verbe ⸺ suivi de ⸺.

Cette maxime me semble recommander d'exécuter les sacrifices du culte des ancêtres, car j'ai démontré l'existence de ce culte en Égypte [1]. L'eau qui est *vérifiée* est ce qui ailleurs est appelé *l'eau nouvelle*, soit l'eau nouvelle apportée par le Nil, soit l'eau nouvellement puisée au fleuve ; les offrandes doivent être de premier choix, comme celles que l'on offrait aux dieux. Dans les textes des pyramides, il est reconnu qu'on ne doit offrir aux dieux qu'une certaine espèce d'eau appelée *eau courante*, ou *eau de source*, c'est-à-dire de l'eau directement puisée au fleuve, ou à la *saqyeh*, ou dans les canaux dérivés du Nil, et non de l'eau bourbeuse prise dans les mares. C'est ce que signifie le mot *vérifier*.

---

1. Cf. *Un tombeau égyptien* par E. Amélineau dans la *Revue des Religions*, tome XXIII, p. 137-179.

C'est-à-dire, comme le fait observer le texte, que les choses offertes devaient être acceptables. Voilà une confirmation d'un point aujourd'hui tout à fait certain des mœurs égyptiennes. C'est la plus complète vérification que je pusse souhaiter.

TREIZIÈME MAXIME

Ne t'engraisse pas dans la maison où l'on boit la bière; car il est mauvais que les paroles de (ton) rapport en second sortent de ta bouche, sans que tu saches les avoir dites. En tombant, tes membres sont brisés, sans que personne te donne la main; tes compagnons de beuverie se lèvent en disant : A la porte, cet ivrogne. Si l'on vient te chercher pour te blâmer, on te trouve couché sur le sol, comme un petit enfant[1].

Cette maxime a été saisie pour le fond par tous les savants qui l'ont traduite. Voici d'abord la traduction de M. Maspero : « N'entre pas précipitamment dans les maisons de bière, de peur que ne soit reporté au dehors tout ce qui sort de ta bouche, sans que tu aies conscience de ce que tu dis. Lorsque tu sors, tous tes membres sont brisés et tes compagnons de boisson ne t'aident pas : ils parlent pour dénoncer le chemin de l'ivrogne, et quand (la police) est venue pour te faire te disculper toi-même, tu es trouvé étendu sur le sol ; tu es comme un petit enfant. » Cette traduction diffère de celle que je propose en plusieurs points qu'il me faut expliquer. Tout d'abord le mot ⟨hiéroglyphes⟩ a été traduit par M. Maspero par entrer précipitamment, se précipiter dans (en anglais : *rush*) ; il semble que pour justifier ce sens le verbe dût comporter un déterminatif de marche ou de course, comme les jambes ; cependant il n'a pas ce déterminatif, quoiqu'il en ait deux. Je le rapproche, quant à moi, du mot copte ϭⲣⲁϣ, en memphitique ϣⲣⲁⲓ, qui signifie *impinguari, pinguescere*, et j'ai compris que ce mot signifie de ne pas se laisser aller à boire trop de bière, à ne pas *s'empiffrer*, comme on dit vulgairement. La traduction de la phrase suivante, d'après M. Maspero, laisserait à supposer que cette phrase comporte le mot ⟨hiéroglyphes⟩ qui se traduit en effet par de peur que ; mais le mot employé est ⟨hiéroglyphes⟩, et je l'ai compris comme s'il y avait pour déterminatif l'oiseau du mot ⟨hiéroglyphe⟩ au

---

1. Mot à mot : Ne t'engraisse pas dans la maison où l'on boit la bière ; chose mauvaise les paroles de rapport second sorties de ta bouche, point sachant toi dire elles ; étant toi tombant, tes membres sont brisés, point autre te donnant la main ; tes compagnons de beuverie, ensuite se tiennent debout ; hors, ce il boit (cet ivrogne). Étant venu chercher toi pour te blâmer, tu es trouvé couché sur le sol, étant toi comme un garçon petit.

lieu du rouleau de papyrus. Il est fâcheux que le texte ne présente pas le mot ⟨hiér.⟩, car il serait bien plus facile de l'expliquer. Je ne regarde pas comme importante la différence: lorsque tu sors, tes membres, etc., au lieu de: Tombant, tes membres sont brisés, quoique la nuance soit loin d'être la même; mais je ne puis voir comment M. Maspero est arrivé à faire intervenir la police après la dénonciation des compagnons du beuverie: ce n'était pas dans les mœurs de l'Égypte de punir l'ivresse: il y aurait eu trop à faire. De même le mot ⟨hiér.⟩ ne veut pas dire se disculper, mais converser, si on le prend dans un bon sens, ou blâmer, faire des reproches, dire des injures, si on le prend dans un mauvais sens, et il me semble bien que ce doit être ainsi qu'il le faut prendre: je le rapproche ainsi du mot copte ⲛⲟϣⲛⲉϥ qui veut dire *conviciari, irridere, ludificari, vituperare*, en memphitique ⲛⲟϣⲛⲉⲕ qui a le même sens et qui est la transcription exacte du mot hiéroglyphique.

M. Maspero a lui-même changé sa traduction dans le *Guide* au musée de Boulaq; il a traduit: « Ne te grise pas dans les cabarets où l'on boit la bière, de peur qu'on ne répète ensuite des paroles qui soient sorties de ta bouche sans que tu aies conscience de les avoir prononcées. Tu tombes, les membres cassés, et personne ne te tend la main; mais tes compagnons de boisson sont là qui disent: Au large, l'ivrogne! On vient te chercher pour tes affaires et on te trouve vautré à terre comme les petits enfants. » Cette traduction se rapproche de très près de celle que je donne ici; les différences ont déjà été expliquées dans ce qui précède: je n'y reviens donc pas.

M. de Rougé a traduit: « Ne t'emporte pas dans la maison où l'on boit la bière; n'élève pas la voix: la réponse sortie de ta bouche, tu ne sais pas ce que tu as dit. Tu tombes, le corps brisé, personne ne te prend la main, tes compagnons de débauche se tiennent (à distance), car l'homme ivre est repoussé. Si l'on vient te chercher pour un entretien, on te trouve étendu dans la poussière comme un petit enfant. » J'ai déjà expliqué et donné le sens du mot [hiéroglyphes]; c'est dire que je ne peux pas adopter le sens de *s'emporter* que M. de Rougé attribue à ce mot. D'ailleurs, si nous supposons que le scribe égyptien savait ce qu'il voulait dire et n'ignorait pas l'art de donner une suite à ses pensées, comme il semble bien que nous le devions faire, que vient faire ici un emportement coléreux, fût-ce dans la maison de bière ? Les mots [hiéroglyphes] ne sauraient vouloir dire *n'élève pas la voix*; de même le mot [hiéroglyphes] ne veut pas dire réponse, sans compter que M. de Rougé ne paraît pas avoir tenu compte du mot suivant [hiéroglyphes] = deuxième. M. de Rougé a également traduit par : *car l'homme ivre est repoussé*, la phrase que j'ai traduite ainsi: *Hors d'ici, ivrogne*, c'est-à-dire *ce il boit*. Il y a bien en effet le demonstratif [hiéroglyphes] et la phrase contient bien le mot [hiéroglyphe] *disant* ou *à dire*. J'ai dit déjà ce que pensais du mot [hiéroglyphes] que M. de Rougé a traduit *par le parler*.

M. Brugsch a traduit ainsi : « Ne t'adonne pas à la boisson de la bière, car si tu deviens loquace, ton voisin communique ce qui est sorti de ta bouche, sans que tu saches toi-même ce que tu as dit. Tu tombes sur le sol, tu te brises le corps, et personne ne te tend une main secourable : tes compagnons de boisson se tiennent tranquilles et disent : Reste éloigné, car celui qui est là est ivre. Quelqu'un vient te chercher, et cela t'arrive comme une dérision ; on te trouve gisant sur le sol comme un petit enfant. » M Brugsch aurait très bien traduit cette maxime, sans quelques inadvertences qui ont rendu le sens qu'il attribue à cette maxime peu exact en certains points. Tout d'abord, il n'a pas fait attention au déterminatif de la maison qui se trouve à la fin du mot [hiéroglyphes] et qui emporte le sens de *maison* où *l'on boit la bière, beerhouse* comme on dit en anglais ; de là vient que le sens de cette expression chez M. Brugsch a entraîné celui de *s'adonner* qui n'est pas assez fort. Le sens de *voisin* attribué à tort à [hiér.] a emporté la mauvaise traduction de tout le passage. Le reste est assez bien compris quant au sens des mots, mais la dépendance des propositions n'a pas été entendue comme il faut.

M. Chabas n'a pas serré le texte d'aussi près que ce savant si consciencieux avait l'habitude de le faire ; de là vient que toute la première partie de la maxime est à côté de ce sens, mais ne le donne pas : « Ne t'échauffe pas dans la maison où l'on boit la liqueur enivrante ; évite toute parole révélatrice du fait du prochain qui sortira de ta bouche et que tu ne saurais pas avoir dite. Tu tombes (d'ivresse), les membres brisés, personne ne te tend la main, tes compagnons boivent, ils se lèvent et disent : Ote-toi de là, homme qui a bu. On vient te chercher pour te parler de tes affaires, et l'on te trouve gisant à terre comme un petit enfant. » Le sens d'*éviter* reconnu à [hiér.] ne me semble pas justifié par des exemples autres que ce passage où M. Chabas a suppléé ce que le moraliste égyptien n'a pas écrit, et M. Chabas a eu tort de reconnaître au mot [hiér.] le sens de prochain qu'il s'obstine à mettre à chaque instant en avant. Au lieu de faire du mot [hiér.] un verbe qui ne se trouve pas ailleurs dans le sens d'*éviter*, M. Chabas aurait mieux fait d'y voir le verbe [hiér.] déterminé ordinairement par l'oiseau du mal, [hiér.] verbe que le suffixe [hiér.] montre être au passif et de traduire par *Est mauvais*, le sens de ce qui suit apparaissait alors clairement, et point n'eût été besoin de chercher ces verbes nuancés délicatement par les temps, afin de rendre sa traduction acceptable. Le reste a été bien compris et traduit par M. Chabas, sauf *tes compagnons boivent, ils se lèvent et disent* ; il n'est pas nécessaire de voir dans le mot [hiér.]

un verbe qui signifie *se lever* ce qui exprime une action physique réelle ; la langue égyptienne contient nombre d'autres idiotismes semblables à celui-ci : *eux se tiennent disant*. J'ai expliqué plus haut le mot 〈hiéroglyphe〉.

Somme toute, le moraliste défend ici la fréquentation des maisons de bière, à cause des suites funestes qui peuvent en résulter pour la dignité de l'homme. L'ivresse fait sortir de la bouche d'un homme ivre des paroles de *racontars* qu'on ne se rappelle plus quand on est revenu au bon sens et qu'on est tout surpris de se voir attribuer par la suite. Ce n'est encore là qu'un des moindres effets de l'ivresse ; quand on a bu jusqu'à un certain degré, on tombe à terre, on devient un objet de dégoût et d'horreur, même pour les compagnons qui ont participé à la *beuverie*, comme disait Rabelais ; et lorsqu'on vient pour chercher à blâmer l'ivrogne, on le trouve incapable même d'entendre les paroles de blâme, couché à plat ventre sur le sol, comme c'est l'habitude des petits enfants. Une telle traduction se tient d'elle-même, et tout concourt, dans la manière dont elle est exprimée, au but visé et cherché par l'auteur.

QUATORZIÈME MAXIME

Ne sors pas de ta maison ; si l'on t'ignore, n'y fais pas attention : dévore tout lieu que tu aimes : rappelle-toi ce qui a été (et) sache-le[1].

J'ai réuni à cette maxime les premiers mots de la maxime suivante, selon les savants qui ont traduit ce texte. Malgré ce changement, je suis loin d'être content de la traduction que je propose. J'avais pensé un moment à faire deux maximes de ces quelques mots, la première finissant à [hiéroglyphes], la seconde commençant à [hiéroglyphes] ; mais après mûre réflexion, comme cette division n'éclaircissait pas le texte, j'ai pris le parti de rattacher ce que j'avais cru d'abord pouvoir diviser. Mais devant la difficulté qu'ont trouvée les autres savants à comprendre et à expliquer ces quelques mots, comme j'en ai rencontré moi-même une très grande, je crois que ce texte n'est peut-être pas correct. Quand je fais réflexion sur ce fait que le papyrus Prisse est rempli de fautes et qu'il s'en trouve quelques fragments au *British Museum*[2] qui présentent des variantes que je peux qualifier d'extraordinaires, je peux bien, ce me semble, m'attendre à trouver dans certains passages de ce papyrus des maximes où le texte est incorrect.

M. Maspero a traduit cette maxime ainsi : « Ne sors pas de ta maison, si tu ne connais pas un lieu où tu peux te reposer : regarde tous les lieux que tu aimes à te rappeler. »

Pour admettre cette traduction, il faudrait en même temps admettre que le papyrus contient plusieurs fautes très importantes et ne pas tenir compte de certains mots. D'abord le

---

1. Mot-à-mot : Ne sors pas en dehors de ta maison : étant tu es ignoré, ne fais pas attention à cela. Dévore tout lieu que tu aimes : rappelle-toi l'ayant été ; sache-le.
2. Cf. Griffith : *Notes on Egyptian Texts of the Middle Kingdom* ; dans les *Proceedings of the Society of Biblical Archæology*. Vol. XIII, 1890 p. 65.-76.

mot 〈gl〉 pour signifier lieu devrait être régulièrement suivi du trait 〈gl〉; mais je sais trop combien les scribes égyptiens pouvaient passer par dessus cette orthographe courante, pour attacher trop d'importance à cette particularité.

Le mot suivant 〈gl〉 peut bien signifier repos ; mais il ne peut signifier maison de repos que si l'on ajoute le déterminatif ordinaire des demeures. Mais ce mot 〈gl〉 que, comme M. Maspero, j'identifie au copte ⲉⲣϧⲉ, ne veut pas dire seulement *otium, repos, loisir*, il signifie aussi *vaquer à une chose, y faire attention*, et c'est le sens que je donne ici à ce mot 〈gl〉. D'ailleurs une autre raison m'oblige à rejeter le sens de *maison de repos*, c'est que ce mot est suivi d'un sujet et d'un régime 〈gl〉. En outre le mot 〈gl〉 veut bien dire *voir, regarder*, mais alors il doit avoir pour déterminatif l'œil 〈gl〉 ; mais ici ce mot a pour déterminatif la tête de bœuf suspendue et le signe des chairs, et je ne dois changer ces déterminatifs que s'ils rendent le sens complètement impossible. Or, il y a un sens de possible, c'est pourquoi j'ai conservé le sens de *décorer*. Je ne peux pas suivre M. Maspero en faisant dépendre le mot 〈gl〉 de 〈gl〉, et négliger les mots embarrassants de 〈gl〉 que je tâcherai d'expliquer plus loin.

M. de Rougé a traduit ainsi : « Ne sors pas de chez toi. Si tu n'y prends pas garde et si tu ne t'abstiens pas, peut-être dévoreras-tu tous les domaines que tu aimes. » Puis il ajoute au commencement de la maxime suivante : « Tu es averti et tu sais cela. » Le grand défaut de cette traduction, c'est qu'elle suppose que l'on peut traduire l'optatif 〈gl〉 par *peut-être*; mais ce sens est complètement impossible. Toutes les fois, sans exception, que ce mot se trouve placé devant un verbe, comme c'est ici le cas, il indique pour ce verbe le sens de l'optatif. De même le mot 〈hiero〉 ne signifie pas *s'abstenir*, et il serait mal déterminé dans ce sens. M. Brugsch n'a pas traduit cette maxime, sans doute parce qu'il n'a pu trouver un sens satisfaisant.

M. Chabas a traduit : « Ne sors pas de ta maison ; qui ne te connaît pas, ne le provoque pas. Sache bien où tu places tes affections. » Puis au commencement de la maxime suivante, il met : « Rappelle-toi ce qui a été, sache-le. » Je ferai à cette traduction le même reproche que j'ai fait aux précédentes, elle ne tient pas compte des déterminatifs et attribue au mot 〈hiero〉 un sens qu'il n'a pas, celui de *provoquer*. J'ai été un moment bien tenté d'accepter la traduction : *Sache bien où tu places tes affections* ; mais il m'a semblé que l'on pouvait expliquer le texte d'une autre manière. J'avais en effet dans l'expression 〈hiero〉 une expression correspondante au copte ⲟⲩⲱⲙ ⲛϩⲏⲧ, *manger le cœur*, ce qui signifie non pas, comme l'a cru M. Brugsch, *être sourdement irrité*, mais *se repentir, avoir regret*, comme on dit en français *se manger les poings* dans un sens analogue. Ici je crois qu'il faut comprendre le texte dans le sens de refouler toute indignation, de se rappeler tout ce qu'on aime et de *l'avaler* en quelque sorte, afin de ne pas penser à ce qui peut mettre en colère. Je sais que cette traduction est loin d'être satisfaisante : elle a au moins le mérite de donner une suite logique à ce qui précède, ce que ne fait pas la traduction de M. Chabas. Pour le reste de la maxime, il n'y a de difficulté que pour le mot 〈hiero〉. Je ne sais d'aucune manière ce que signifie cette expression : si je l'ai traduite par *ce qui a été*, c'est que M. Chabas avait adopté primitivement ce sens ; mais je dois avouer ici que ce serait le seul exemple de l'emploi de ce mot avec le suffixe 〈hiero〉. Sans contredit le mot 〈hiero〉 veut bien dire être ; mais si l'on avait eu à rendre *ce qui a été* en égyptien, j'imagine qu'on eût employé plutôt une autre expression, dans laquelle serait entré le mot 🜨 avec 🜨 🜨.

Somme toute, je n'ai donné de traduction à cette maxime que pour être complet : j'aurais peut-être dû n'en pas donner. Le texte, je le répète, doit être fautif. Ce ne sera pas le seul exemple de pareille impossibilité ; mais dans les cas nouveaux qui s'en présenteront, il y aura soit une lacune soit une maxime très resserrée, comme ici. Voici le sens qu'on peut voir dans la maxime que je viens d'étudier. Il ne faut pas sortir de sa maison, c'est-à-dire se répandre au dehors ; si l'on en sort et si l'on trouve quelqu'un qui fait semblant d'*ignorer* celui qu'il devrait saluer, il n'y faut pas faire attention, mais plutôt penser à tout ce que l'on aime et s'en servir comme dérivatif. Le moraliste semble dans les derniers mots de sa maxime faire allusion à certains faits que devait connaître celui auquel il s'adressait, mais qui nous restent et nous resteront toujours sans doute complètement inconnus.

QUINZIÈME MAXIME

54 ÉTUDE SUR LA MORALE ÉGYPTIENNE

Place devant toi comme but à atteindre une vieillesse dont on puisse témoigner, afin que tu sois trouvé ayant parfait la maison qui est dans la vallée funéraire, au matin de cacher ton corps. Place cela devant toi dans toutes les

ÉTUDE SUR LA MORALE ÉGYPTIENNE 55

fonctions que tu as à considérer de ton œil. Lorsque tu seras ainsi un grand vieillard, tu te coucheras au milieu d'eux ; il n'y a point de surprise pour celui qui agit bien, il est préparé : ainsi quand viendra pour toi ton messager (de mort) pour te prendre, qu'il trouve quelqu'un qui est prêt. Certes, tu n'auras pas le temps de parler, car, en venant, il se précipite au-devant de toi. Ne dis pas : Je suis un jeune homme : saisis-toi (de moi) ; car tu ne connais pas ta mort. La mort vient, elle s'empare du nourrisson qui est dans les bras de sa mère, comme de celui qui est devenu vieux. Vois : je t'ai dit ces choses excellentes que (tu dois) considérer en ton cœur : fais-les ; tu deviendras un homme bon et tous les maux seront éloignés de toi[1].

Celui qui voudra bien examiner attentivement le texte de cette maxime, y trouvera des singularités orthographiques méritant l'attention, comme ▭▭, ▭▭▭, etc. Le scribe emploie de plus en plus de pareilles singularités. Ce sont ces singularités qui ont causé les différences que l'on observera entre les diverses traductions qui vont passer sous les yeux du lecteur et celle que je propose ici.

M. Maspero a donné la traduction suivante : « Puisses-tu avoir devant toi une maison où aller, car il est convenable pour toi d'être trouvé ayant fait ta maison qui est dans la

---

1. Mot à mot : Que soit donnée à ton avant en voie de marcher une vieillesse témoignable, afin que tu sois trouvé ayant parfait la maison qui dans la vallée; au matin de cacher ton corps. Donne cela à ton avant dans les missions qui à être considérés par ton œil. Semblablement aux vieillards grands, tu te coucheras au milieu d'eux : point ne devient surprise pour celui qui fait bien : lui, il est préparé : semblablement, étant venu vers toi ton messager pour te prendre, qu'il te trouve prêt. Certes, point loisible à toi de parler, car venant il se précipite à ton avant. Ne dis pas comme un jeune homme : Prends, car tu ne sais pas ta mort. La mort étant venue, elle se rend maîtresse de l'enfant qui est dans l'embrassement de sa mère, comme de celui qui a fait vieillesse. Vois ! je t'ai dit ces fois parfaites qui à être considérées dans ton cœur. Fais-les, tu deviendras en bon (homme), sera éloigné tout mal de toi. — J'expliquerai ce qui pourrait paraître hardi dans cette traduction.

vallée funéraire, le matin de cacher ton corps. Que cela soit toujours devant toi, durant les voyages de juger avec ton œil (?), car tu iras, quoique tu sois devenu vieux, te reposer dans les murs (de cette maison dernière) : il n'y a point de surprise pour celui qui agit bien, il est prêt. Donc, quand tu arrives à ton voyage de départ (d'ici), puisse ta place de repos être trouvée prête, oui. Disant : « Ici vient le messager »; quand il est devant toi, ne dis point : « Je ne suis qu'un enfant », quand tu pars, sans connaître ta propre mort. La mort vient : elle est maîtresse du nourrisson qui est dans le giron de sa mère ; aussi bien que de celui qui est un vieillard. Vois ! je t'ai dit ces actions bienfaisantes que tu dois juger en ton cœur (?) ; fais-les et tu deviens bon, et tous les péchés se retirent loin de toi. » Il est facile de voir au premier coup d'œil en quoi cette traduction diffère de celle que j'ai donnée et aussi de juger combien elle suppose de *desiderata* de la part de l'esprit réfléchi. Tout d'abord l'expression signifie *à voie de marcher* et ne peut pas signifier : *une maison où aller* ; si l'on reconnaît aux mots leur sens ordinaire : le mot si curieusement déterminé n'est que le mot copte мoir, qui veut bien dire chemin. M. Maspero a vu dans les groupes suivants : une proposition subordonnée à la première, tandis que j'ai fait de ces deux mots le sujet du mot qui commence la maxime forme passive du simple . Il faut bien en effet que ce verbe ait un sujet, et il ne peut guère en avoir d'autre, puisque les autres parties de la phrase sont toutes les deux introduites par : . Je sais bien que, dans ces sortes de morceaux qui frisent l'archaïsme et qui ne sont au fond que de l'égyptien relativement moderne, le sujet peut quelquefois être introduit par ; mais ce ne fut jamais le cas avec le mot

qui a toujours un sujet simple, si je puis m'exprimer
ainsi, c'est-à-dire ne nécessitant l'emploi d'aucun introductif.
Donc comme le verbe n'a pas de sujet, il lui en faut un, et ce
ne peut être que l'expression 𓅂𓅂𓏏𓂋𓏛. Sauf
M. Chabas, les autres savants qui ont traduit cette maxime
ne semblent pas s'être préoccupés du premier mot que j'ai
transcrit 𓅂𓅂. M. Maspero a lu 𓅂𓅂, comme le
montre sa traduction; M. Chabas au contraire a lu 𓅂𓅂,
comme le texte le contient sans qu'il y ait possibilité
d'admettre une autre lecture ; par conséquent M. Maspero a
corrigé le texte. Ce texte contient en effet une faute évidente,
car le mot 𓅂𓅂 est employé sans déterminatif, ce qui
est très rare dans ce papyrus où les déterminatifs sont
prodigués et le verbe 𓂋 lui même, qui est presque toujours privé de déterminatif, en a deux dans ce papyrus.
Or, il me semble qu'en bonne méthode on doit, avant de
corriger le mot, chercher si ce mot ne se retrouve pas dans le
papyrus, avec ou sans déterminatifs. La suite de cette même
maxime nous donne le même mot 𓅂𓅂 déterminé par
le vieillard et l'homme : ce mot lui-même est l'une de ces
particularités orthographiques dont j'ai parlé plus haut, car
le mot qui veut dire vieillard est 𓅂𓅂𓀀. Il est plus
simple en effet d'expliquer l'erreur du verbe par un simple
oubli du déterminatif que de supposer une erreur qui vicie
le sens du mot, quoiqu'elle ne porte que sur une seule lettre.
J'attribuerai donc au mot 𓅂𓅂 le sens de vieillesse,
comme plus bas il signifie vieillard. Quand au mot qui suit,
c'est le mot si connu de 𓂋𓏏𓂋𓏛 = ⲙⲉⲧⲣⲉ qui signifie
témoigner, être témoin, témoin, j'en fais ici un adjectif qui
qualifie vieillesse, de sorte qu'on a une vieillesse témoignable
sur laquelle on peut porter témoignage, et je me rappelle le
passage où Diodore de Sicile raconte que les anciens Égyptiens

faisaient subir un jugement aux morts avant de leur accorder les honneurs de la sépulture[1]. Nous aurions ainsi dans ce passage une allusion à cette coutume. Quant à la raison que le papyrus donnerait, d'après la traduction de M. Maspero, de la convenance de se préparer un tombeau, j'ai démontré ailleurs que cet usage n'était point général, et que la préparation du tombeau ne pouvait se faire durant la vie de celui qui devait l'occuper, car l'ornementation du tombeau, avec toutes les cérémonies qui y étaient figurées ou dont il y était fait mention, ne pouvait se faire qu'après la mort du personnage en nombre de cas[2]. Par conséquent la raison qu'offre la traduction de M. Maspero de se préparer au tombeau, pour être spécieuse, repose sur une idée erronée le plus souvent.

Il ne sera pas étonnant que le sens attribué par M. Maspéro à ce premier passage, l'ait entraîné à une interprétation qui me semble fausse de toute la suite. Il en a été ainsi notamment de l'expression [hiéroglyphes] que M. Maspero a traduite par : *les voyages de juger avec ton œil*. Le mot [hiéroglyphes] veut dire non pas *voyage*, mais *mission, envoi, fonctions que l'on remplit en mission*. Il est déterminé par un signe que M. Chabas n'a pas lu et qu'il a transcrit par ψ ; mais la comparaison de ce mot avec le mot [hiéroglyphes] qui se trouve plus loin, montre que le signe qui constitue le deuxième déterminatif de ce mot doit être transcrit par [signe], la grande jambe ; d'ailleurs c'est bien la forme de la grande jambe telle que nous la donne ce papyrus : mais le signe est un peu effacé en haut et semble offrir une solution de continuité, et le dessinateur-graveur a encore grossi les différences qu'il pouvait y avoir sur

---

1. Diodore de Sicile I. 92.
2. Voyez l'exemple frappant de ce cas qui se trouve au tombeau de Nofrehôtep. E. Amélineau : *Un tombeau égyptien* dans la *Revue des Religions* tome XXIII p. 189 et 499.

l'original. Donc si l'on traduit : *dans toutes les missions qui susceptibles d'être jugées, considérées avec ton œil*, on a un sens qui convient très bien à ce qui précède, et point n'est besoin de penser à des voyages qui ne cadrent pas avec ce qui suit. Je ferai la même observation à propos de la phrase suivante : « Donc, quand tu arrives à ton voyage de départ (d'ici), puisse ta place de repos être trouvée prête ! » Je ne puis adopter cette traduction, parce que le texte ne parle pas de voyages, ni de lieu de repos dans ce passage. En outre je ferai ici une observation qui semble avoir échappé à mes prédécesseurs ; le texte de la maxime doit être incorrect ici au moins en un endroit, sinon en deux. Je trouve la première faute entre [hiéroglyphes] et [hiéroglyphes]. Entre ces deux mots le fac-similé du papyrus offre un petit vide qui devait, selon moi, contenir une préposition qui ne peut être que la préposition [hiéroglyphe], car il n'y a place que pour un signe. En suppléant cette proposition j'obtiens un sens facile : *ainsi étant venu à toi ton messager (de mort) pour te prendre, qu'il trouve un (homme) prêt*. J'avoue que je préférerais un autre suffixe au verbe [hiéroglyphes] et que je serais bien tenté de corriger le [hiéroglyphes] en [hiéroglyphes] : je crois qu'il y a là une erreur échappée à l'inattention du scribe, comme nous en verrons d'autres ; mais, comme à la rigueur on peut expliquer le passage sans changer le suffixe de la troisième personne en celui de la seconde, j'ai conservé le texte du papyrus, quoique la phrase traduite avec la correction donnât un sens bien préférable ; *ainsi étant venu à toi ton messager (de mort), pour te prendre, tu es trouvé prêt*. J'expliquerai plus loin ce que je comprends par ce messager de mort.

Le sens de la phrase suivante est tout autre, je crois, que celui que M. Maspero a donné ; il traduit en effet : « Disant : Ici vient le messager : quand il est devant toi ne dis point : « Je ne suis qu'un enfant r, quand tu pars, sans connaître ta propre mort. » J'avoue que je ne comprends pas très bien la suite de ces pensées. Nous sommes en effet en présence du messager de mort qu'il faut être prêt à recevoir : avec la traduction de M. Maspero, il n'y a aucune suite dans les phrases. Le mot [hiéroglyphes] est encore ici une cause d'embarras ; je lui ai conservé le sens que je lui ai attribué plus haut, ou plutôt le sens que ce mot a certainement d'après le copte ⲥⲣϥⲉ. « *Certes, point loisible à toi le parler, car renant il se précipite au devant de toi.* » Il s'agit ici de ce même messager, dont il est question plus haut et tout s'enchaîne, tandis que la traduction que je cite ne rend pas le mot [hiéroglyphes]. Je citerai pour justifier le sens que je donne à ce mot, l'exemple fort connu de la stèle de Kouban : [hiéroglyphes] : Il sortit du ventre, se précipitant pour prendre, c'est-à-dire : à peine fut-il sorti du ventre de sa mère qu'il s'élança aux conquêtes. La phrase qui suit offre aussi d'assez grandes divergences. Le texte porte ce qui suit : [hiéroglyphes] ; M. Maspero a traduit : « ne dis point : « Je ne suis qu'un enfant, quand tu pars » ; j'ai traduit au contraire : Ne dis point : Je suis un jeune homme : Prends, c'est-à-dire : ne te targue pas d'une fausse indifférence entre la vie et la mort, comme c'est le propre des jeunes hommes, et ne dis pas à la mort : Prends-moi. » Je ne peux traduire par : *Je ne suis qu'un enfant* les mots [hiéroglyphes]. Pour moi la préposition [hiéroglyphe] doit se prendre ici dans le sens de *en qualité de*, et je considère le mot [hiéroglyphes] comme l'impératif de la forme [hiéroglyphes]. Le reste de la maxime ne présente pas de difficultés et a été compris de la même manière dans les deux traductions.

M. de Rougé a ainsi rendu cette maxime : « Si tu poses ta face vers la voie où tu dois marcher, au moment de la vérification tu t'apercevras que tu auras orné ta demeure qui est dans la vallée funéraire qui demain couvrira ton corps. Que cela reste devant toi dans toutes les œuvres que tu diriges. Si tu agis ainsi, après une longue vieillesse tu reposeras dans leurs tombeaux ; lorsque viendra ton messager de mort, s'il t'enlève, il te trouvera prêt. Oh ! ne te relâche donc pas, car il vient, il se précipite vers toi. Ne dis pas : Je suis un jeune homme ! il te saisit et tu ne connais pas ta mort. La mort arrive et elle moissonne l'enfant sur le sein de sa mère, comme celui qui a atteint la vieillesse. Voici que je t'ai dit les préceptes excellents que ton cœur doit considérer : pratique-les, tu auras la prospérité et tous les maux seront écartés de toi. » Après la discussion que je viens de faire de la traduction précédente, on verra facilement, j'espère, en quoi celle-ci et la mienne diffèrent et pourquoi je ne puis l'accepter. Tout d'abord le mot 𓂋𓏤 qui signifie *la partie antérieure* et non *la face* qui se dit 𓁷 ne peut pas être le régime direct de 𓂝𓏤𓏤𓏤, puisque ce mot est introduit par 𓂋. De même le verbe *diriger* ne saurait rendre que très imparfaitement l'expression 𓈖𓏤𓂝𓏤𓁹𓂋 : *que à considérer, à juger avec ton œil*. La phrase suivante n'est pas compréhensible dans la traduction de M. de Rougé, et cet honorable savant a omis tout un membre de phrase. Le reste de la traduction est expliqué plus haut, et ce que j'ai déjà dit suffira amplement au lecteur.

M. Brugsch a traduit : « Foule la voie que suit l'homme droit : tu trouveras qu'elle prépare bien ta place dans la vallée du tombeau, et ton corps demeurera caché. Penses-y toujours dans les travaux que ta main dirige............... Ne parle pas de la jeunesse dont tu te réjouis, car tu ne sais pas quand viendra la mort. La mort viendra : elle saisit le nourrisson au sein de sa mère comme le vieillard avancé en âge.

Regarde-moi et laisse-moi te dire quel est l'avantage de la vertu qui doit être le sentier de ton cœur. Ainsi tu deviendras un homme digne et tous les maux resteront loin de toi. » Cette traduction n'a pas tenu compte des genres des noms ni de la dépendance des propositions, sans compter qu'une partie du texte n'a pas été rendue. Le grammairien ne peut adopter une traduction qui fait que le pronom suffixe ⤳ masculin tienne la place de 𓃀𓈖𓏏𓏥 qui est du féminin comme l'indique la terminaison féminine ⤳. Le logicien n'adoptera pas non plus les propositions suivantes : « *tu trouves qu'elle prépare bien ta place dans la vallée du tombeau et ton corps demeurera caché* », car, le corps demeurera tout aussi bien caché qu'on ait, ou non, suivi la voie que suivent les hommes droits, pour parler comme M. Brugsch, sans compter que le mot 𓇳𓅿𓏤 qui signifie *la pointe du matin* n'est pas rendu dans la traduction du savant allemand. Les deux dernières phrases ne représentent pas non plus le texte, au moins tel que je l'ai lu après les savants français ; mais je ne suis pas surpris que M. Brugsch qui a déjà lu 𓏏𓈖𓏤 au lieu de 𓏏𓈖𓏤 que porte le manuscrit ait vu autre chose dans la phrase finale.

M. Chabas enfin a traduit ainsi cette maxime : « Place devant toi comme voie à suivre une conduite équitable : tu seras considéré comme t'étant préparé une sépulture convenable dans la vallée funéraire qui demain cachera ton corps. Que cela soit devant toi dans toutes les choses que tu as à décider. De même que les vieillards très âgés, tu te coucheras au milieu d'eux : il n'y a pas de rémission, même pour celui qui se conduit bien : il est disposé de lui. De même à toi viendra ton messager de mort pour t'enlever : oui, il se trouve déjà prêt. Les discours ne te serviront de rien ; car il vient, il se tient prêt devant toi. Ne dis pas : Je suis un jeune enfant, moi que tu enlèves ! Tu ne sais pas comment tu mourras. La mort vient, elle va au devant du nourrisson, de celui qui est au sein de sa mère, comme de celui qui a rempli sa vieillesse. Vois! je t'ai dit ces choses salutaires, que tu délibéreras en ton cœur d'accomplir ; tu y trouveras le bonheur et tout mal sera écarté de toi! » Cette traduction qui serre le texte de beaucoup plus près que les précédentes ne me semble pas pouvoir être adoptée telle qu'elle. J'ai fait remarquer plus haut que le mot [hieroglyphs] employé ici sans déterminatif se retrouve deux fois dans la maxime, et qu'au lieu d'aller chercher le mot [hieroglyphs] = *conduite morale(?), fonction*, il est bien plus simple de prendre le mot dans l'acception qu'il a plus bas. Je ne m'appesantis pas sur l'écriture [hieroglyphs] au lieu de [hieroglyphs] constante dans notre papyrus et qui n'est pas irrégulière, car un signe placé avant et plus bas qu'un autre signe occupant toute la hauteur de la ligne doit généralement se lire après le second, en écriture monumentale aussi bien qu'en écriture hiératique. Le sens de *rémission* donné au verbe [hieroglyphs] s'accorde beaucoup plus mal avec la signification ordinaire de ce mot que la traduction *surprise*; d'ailleurs le dernier déterminatif, l'oiseau du mal, semble indiquer un sens beaucoup plus conforme à celui de *surprise* qu'à celui de *rémission*; en outre les mots *il est disposé de lui* ne sauraient rendre [hieroglyphs]. La liaison des deux prépositions : *Ne parle pas... car tu ne sais pas comment tu mourras*, n'a pas été saisie par M. Chabas malgré la présence du mot [hieroglyphs] qui sert à annoncer les propositions ainsi construites. Dans la dernière phrase qui a été mal coupée par M. Chabas, la traduction *que tu délibéreras dans ton cœur d'accomplir* ne peut rendre l'impératif [hieroglyphs].

Cette maxime, telle que je l'ai expliquée, présente une suite de pensées intimement liées les unes aux autres. Le moraliste dit qu'une vieillesse dont on pourra témoigner plus tard comme d'une vieillesse vertueuse doit être prise à tous les instants comme le but à atteindre, et qu'elle sera considérée à bon droit comme la plus belle des sépultures qu'on eût pu se creuser dans la vallée funéraire, *au matin de cacher son corps.* Il faut avoir cette pensée devant les yeux en toutes les missions que l'on remplit, mission à remplir en pays étranger, dans un nome qui n'est pas celui où l'on est né, aussi bien que dans celui où l'on a vu le jour : arrivera un jour où, comme les vieillards il faudra se coucher au milieu d'eux; mais il n'y a aucune surprise pour celui qui se conduit bien. Ces conseils n'étaient pas oiseux dans la vallée du Nil, où l'injustice et la violence étaient et sont encore en grand honneur. Ainsi, si l'on se conduit bien, on sera toujours prêt, quand la mort arrivera comme quelqu'un qui fond sur un autre sans en avoir été aperçu. C'est pourquoi il ne faut pas badiner avec elle, s'offrir à ses coups et lui dire : Prends; car on ne sait jamais de quel genre de mort l'on mourra. La mort ne distingue pas les personnes : rien ne peut lui opposer de résistance; elle s'empare également de l'enfant à la mamelle comme du vieillard ayant fourni une longue carrière. Ce sont là des conseils excellents qu'il faut méditer et pratiquer, et qui feront de l'homme qui les suivra un homme bon dont tous les maux seront éloignés. Comme il est facile de le voir, toutes les parties de cette maxime se tiennent entre elles : il n'y a pas moyen d'en détacher une seule petite phrase sans nuire au sens général, et quoique l'on ne doive pas s'attendre à rencontrer nos idées de composition dans l'ancienne Égypte, cependant l'esprit humain y était assez logique, inconsciemment ou consciemment, pour ne pas amonceler une suite de phrases sans liens entre elles, ou avec des liens si lâches qu'ils pourraient être coupés sans aucun désavantage.

Je dois, avant de terminer ce que j'ai à dire sur cette maxime, m'expliquer sur ce messager de mort qui vient pour prendre sa victime. Il semble d'après le texte que chaque homme eut le sien propre, car il est dit expressément *ton messager*, et la racine ͜ a exactement le sens de *mittere*, dans l'expression *missi dominici* si connue au moyen âge. Or ces *messagers* le catholicisme les connaît sous le nom d'Anges, s'il faut s'en tenir à la définition de l'auteur de l'Épître aux Hébreux : *Nonne omnes sunt administratorii spiritus in ministerium missi propter eis qui hœreditatem capient salutis*[1]. Il y a donc ressemblance dans les fonctions fondamentales. Or, je ne peux m'empêcher de me rappeler la vision suivante qui se trouve dans la vie de Pakhôme : « Et voici comment les Anges de lumière visitent les frères de bonne conduite, comme on le lui révéla une foule de fois de la part du Seigneur. Si c'est un homme bon qui est couché, trois Anges viennent à lui selon le degré de la conduite de celui qui est couché; s'il est élevé dans ses actions, on lui envoie de même des Anges élevés et glorieux pour le conduire à Dieu; s'il est petit en ses vertus, on lui envoie de même des Anges inférieurs... Au moment où l'homme est sur le point de rendre son âme, l'un des Anges se tient près de sa tête, un autre à ses pieds sous la forme d'hommes qui l'oignent d'huile de leurs propres mains, jusqu'à ce que l'âme sorte de son corps; l'autre déploie un grand vêtement spirituel[2] pour l'en revêtir avec gloire. Est-elle, cette âme, d'un homme saint, tu la trouves belle de forme et blanche comme neige. Et lorsque l'âme est sortie du corps dans le vêtement, l'un des Anges prend les deux extrémités du vêtement par derrière, et l'autre par devant, comme pour un corps que lèvent les hommes de la terre; et l'autre Ange chante en avant dans une langue que personne ne connaît, pas même ceux qui virent cette vision, qui sont notre père Pakhôme et Théodore, car ils ne surent pas ce que les Anges chantaient : ils entendirent seulement l'Ange chantant et disant : *Alleluia*. C'est ainsi qu'ils marchent avec l'âme, dans l'air, vers l'Orient, mar-

1. *Épître aux Hébreux*, ch. I, v. 14.
2. J'ai déjà expliqué qu'on enveloppait dans ce vêtement *spirituel*, le *double* du véritable linceul, le *double* du corps, cette âme visible qui sortait.

chant non à la manière des hommes qui marchent avec leurs pieds, mais glissant dans leur marche comme l'eau qui coule, parce que ce sont des esprits[1]. » Plus loin, il est raconté comment mouraient les pécheurs et il est dit : « Si une âme est mauvaise, par suite de ses actions, au moment où on la visitera, deux Anges sans pitié viennent à elle; lorsque l'homme est proche de la mort et qu'il ne connaît plus personne, l'un des Anges sans pitié se tient à sa tête, et l'autre à ses pieds : ils se mettent alors ainsi à le fouetter jusqu'à ce que sa pauvre âme soit sur le point de sortir du corps. Ils lui mettent ainsi dans la bouche quelque chose de recourbé comme un hameçon, afin de tirer sa malheureuse âme en haut de son corps, et ils la trouvent ténébreuse et tout à fait noire: on l'attache alors derrière un cheval *spirituel*, parce qu'elle même est esprit : on l'emmène ainsi, on la jette dans les tourments au fond de l'Amenti, selon le mérite de ses œuvres[2]. »

Les *anges* dont il est parlé dans ces deux passages et le *messager* de notre maxime me semblent de même nature. Je vois en effet dans cette croyance des Coptes un reste de l'ancienne religion égyptienne, et non un produit nouveau des légendes juives. Dans leurs œuvres les Coptes nous ont conservé un grand nombre de croyances puisées à la source abondante des superstitions de la primitive Égypte, uni à un nombre non moins considérable de croyances superstitieuses et légendaires qui proviennent en droite ligne des livres hébreux. Or les livres hébreux ne nous ont rien conservé qui, de près ou de loin, se rapporte à cette croyance : il en faut bien conclure qu'elle provient de l'ancienne Égypte. C'est pourquoi je fais un rapprochement qui n'est pas hasardé entre les deux témoignages que nous avons ici, entre le MESSAGER du papyrus moral de Boulaq et les *Anges* de la vie de

---

1. E. Amélineau, *Monuments pour servir à l'hist. de l'Ég. chrét. au IVe siècle*, tome XVII des *Annales du Musée Guimet*, p. 121-129.
2. *Ibid.*, p. 127-128.

Pakhôme. Sans contredit, l'idée primitive a été un peu détournée de sa signification première : elle a pris une apparence chrétienne comme beaucoup d'autres idées originaires d'Égypte, qui s'y sont conservées jusqu'à l'époque moderne et qui exercent encore aujourd'hui une réelle influence sur les pensées et les actes des Égyptiens contemporains. Ainsi entendu, on voit que chaque homme avait son *messager* de mort : c'est ce que le papyrus de Boulaq indique en disant : *ainsi quand viendra ton messager de mort pour te prendre, il trouvera quelqu'un qui sera préparé.*

SEIZIÈME MAXIME

Garde-toi de pécher en paroles ; qu'elles ne soient point blessantes : est chose condamnable au sein de l'homme le malicieux bavardage qui ne se repose jamais. Te tenant écarté de l'homme qui a failli, ne le laisse pas devenir ton compagnon[1].

[1]. Mot à mot : Que l'on se garde de la fois de pécher en paroles : que point elle, frappant de la corne. Chose condamnable dans le sein de l'homme le malicieux bavardage, n'étant point de repos du matin. Faisant écartement de l'homme qui a failli, ne fais pas il fait pour toi compagnon.

68   ÉTUDE SUR LA MORALE ÉGYPTIENNE

Cette maxime n'est ni facile à lire, ni facile à traduire. Aussi deux traducteurs seulement en ont tenté l'explication. M. de Rougé a traduit : « Garde-toi des paroles (qui blessent, on ne peut les repousser ?) La malice réside dans le sein de chaque enfant, et elle ne remet pas au lendemain. Eloigne-toi des impies et n'en fais pas tes compagnons. » M. Chabas de son côté donne la traduction suivante : « Garde-toi de toute occasion de blesser par tes paroles : ne te fais pas redouter. Dans le sein de l'homme le bavardage est condamnable : ce ne sera pas une ressource au jour à venir. Tiens-toi éloigné de l'homme de contention : ne t'en fais pas un compagnon. » M. Brugsch ne dit rien de cette maxime et M. Maspero n'a donné que des extraits.

J'ai dit que cette maxime n'était pas facile à lire, je dois ajouter que la difficulté vient de la rubrique. Voici comment M. Chabas transcrit : [hiéroglyphes]. On peut voir que cette transcription diffère assez sensiblement de la mienne. Je lis d'abord [hiéroglyphes] au lieu de [hiéroglyphes]. Le fac-simile porte bien [hiéroglyphe] ; le troisième signe que M. Chabas a lu [hiéroglyphe] me semble être un second [hiéroglyphe] que le fac-similiste a relié au rouleau par une ligature mal comprise ; vient ensuite un [hiéroglyphe] intercalé entre le rouleau et l'oiseau du mal et que M. Chabas a lu [hiéroglyphe]. J'avoue que ma lecture n'est rien moins que certaine ; mais elle est tout aussi certaine que celle de M. Chabas. D'ailleurs si le mot ne peut pas être lu avec certitude, le déterminatif en précise assez bien le sens pour qu'on y voie l'énoncé d'une chose mauvaise et pernicieuse, comme le sens que nous attribuons au mot péché. En outre M. Chabas transcrit plus loin de cette manière [hiéroglyphes] un passage fort difficile du papyrus où, malgré la meilleure volonté du monde, je ne puis voir le signe [hiéroglyphe]. Ce que M. Chabas lit [hiéroglyphe] se compose de trois signes en ligature, dont les deux premiers sont traversés par une barre horizontale, ce qui ne convient qu'au signe [glyph]. Or, d'après ma lecture, ce mot [glyph], pronom pluriel de la troisième personne, se rapporterait au mot [glyph], et la chose s'explique assez bien dès lors en faisant du mot [glyph] un participe actif malgré la présence du [glyph]. Ce mot [glyph] veut dire au propre *frapper de la corne* et par extension *blesser*, ou tout autre mot qui rentre dans ce sens. Je rapproche le mot [glyph] du copte ⲟⲩⲓ, qui veut dire *fallere, se tromper, pécher, chose qui fait pécher*, et par extension *chose condamnable*. J'ai donné au mot [glyph] le sens de *bavardage malicieux*; mais je dois dire que ce sens n'est pas certain : ce qu'il y a de certain, c'est qu'il s'agit d'un acte ou d'une habitude condamnable. Le mot [glyph] indique le commencement d'une phrase subordonnée, étant une forme participiale. J'ai rapproché le mot [glyph] du mot copte ⲗⲟⲓϭⲉ qui veut dire *culpa*, et j'explique la phrase suivante [glyph] ainsi : *ne fais pas son il fait pour toi compagnon*, c'est-à-dire ne le laisse pas devenir ton ami, ce qui cadre mieux avec le commencement de la proposition, car, si l'on se tient écarté de l'homme qui a fait une faute, il est évident qu'on n'en fait pas son ami. Je sais bien que la même idée peut être répétée deux fois, la seconde renforçant la première en vertu du parallélisme ; mais de ces deux propositions la principale se trouve la seconde, et c'est pourquoi j'ai préféré traduire comme je l'ai fait.

Malgré tous mes efforts pour arriver à une intelligence certaine de cette maxime, et bien que l'on puisse la comprendre telle que je l'ai expliquée, je dois prévenir cependant le lecteur que je ne trouve pas ma propre idée très satisfaisante de tout point.

DIX-SEPTIÈME MAXIME

Prends un économe réputé juste, regarde quand il agit, car ton témoignage prend sa balance..... sauve ta main de celui qui est dans tes maisons, les autres choses étant sous sa garde[1].

Je ne peux donner une traduction complète de cette maxime pour la bonne raison qu'il y a plusieurs mots d'omis. Je donnerai d'abord les traductions qui ont été proposées pour ce passage et je ferai voir ensuite qu'il y a réellement une partie omise.

M. de Rougé traduit ainsi : « Un Khenmes éprouvé et véridique t'observe ; tu agis et ton juge prend sa balance : ses plateaux donnent le juste équilibre à ta main sur ce qui concerne ta maison : s'il t'arrive quelque accident, il y veillera. »

Je ne puis m'empêcher de trouver une telle traduction incompréhensible. Qu'est-ce en effet qu'une balance, qui est

1. Mot à mot : Prends pour économe un témoignage de justice ; étant tu vois, il agit, étant ton témoignage prenant sa balance, leur plateau (?)..... sauve ta main de celui qui est dans tes maisons les autres choses étant sa garde.

tenue par un premier personnage, et qui donne le juste équilibre à la main qui n'en tient pas les plateaux? Sans compter qu'avant le verbe ⌒𓂺𓁹 que M. de Rougé traduit par *l'observe*, il y a un mot 𓅱𓂋 dont la traduction ne tient nul compte, et qu'après le verbe 𓁹 il y a ～ et non ～ qu'il faudrait pour traduire par *tu agis*. La dernière phrase ne me semble pas davantage offrir une suite logique quelconque.

M. Brugsch n'a pas traduit toute la première partie de la maxime; sa traduction débute ainsi : « Que ta main protège celui qui demeure dans ta maison; le ménage restera sous sa garde. » On peut ainsi faire dire à un texte tout ce que l'on veut, quand on le sépare de ce qui précède, bien qu'en cette occasion M. Brugsch ait assez bien rencontré.

M. Chabas traduit ainsi : « Aie un seul économe, judicieux, véridique, et observe ce qu'il fait; que la justice l'emporte sur ses balances et leurs totalisations. Que ta main prenne soin de celui qui est en ta demeure et qui a la charge de tes affaires. » On ne peut certes, pas reprocher à cette traduction de n'être pas logique; malheureusement cette logique est fondée sur des impossibilités grammaticales et sur une lecture de deux signes un peu arbitraire et fantaisiste. La grosse difficulté qui s'oppose à cette traduction, c'est que les signes que M. Chabas a lus 𓂦𓀀𓈖 et qu'il a complétés ainsi 𓂦𓀀𓈖⸗, 𓂦𓀀𓏤, ce qui lui donnait un sens assez raisonnable, cadrant assez bien avec le sens général de la maxime telle que l'avait comprise M. Chabas. Mais le malheur, c'est que les deux signes que M. Chabas a transcrits 𓂦𓀀 ne peuvent se lire ainsi, qu'ils sont tous les deux semblables, qu'ils ne sont ni deux 𓂦, ni deux 𓀀[1], attendu qu'ils ressemblent tous deux au signe hiératique se transcrivant

---

1. Cf. *Papyrus de Boulaq*, n° 4, pl. 9, les deux premiers signes de cette ligne.

[, qu'ils donnent le groupe [[, groupe que nous rencontrerons plus loin. C'est la lecture que j'ai adoptée. Il est d'ailleurs fort compréhensible que ce groupe complété par un déterminatif approprié ait pu s'appliquer aux deux plateaux de la balance, car le mot [, signifie ou *colonne*, ou *frère*; il n'est pas difficile de trouver une figure pouvant donner le sens que M. de Rougé a attribué à cette maxime. Mais en admettant pour un moment que le texte contienne bien le mot [hiéroglyphes] qu'a lu en partie M. Chabas et dont il a ensuite supposé et rétabli la dernière partie, ce mot précédé de [hiéroglyphes] ne pourrait jamais se rapporter au mot balance qui précède. En effet, le mot qui signifie *balance* [hiéroglyphes] est précédé de [hiéroglyphes] où l'orthographe n'est pas complète, car [hiéroglyphes] est mis pour [hiéroglyphes]: ce mot est au singulier de la troisième personne du masculin : il signifie *son* ou *sa* selon les genres. Par conséquent, si le mot suivant se rapporte à *balance*, nous devons trouver par devant le possessif *ses* ou *son*, et jamais *leur*, et c'est précisément ce mot *leur* [hiéroglyphes] que nous trouvons: donc si ce mot est *totalisation*, comme le veut M. Chabas, nous devons avoir *ses totalisations* et non pas *leur totalisation*. Ce qui a fait illusion à M. Chabas, c'est qu'il a traduit non pas *sa balance*, mais *ses balances* et alors le possessif suivant remplit les conditions d'emploi pour déterminer un mot qui se rapporte à *balances* ; mais ce mot lui-même, étant précédé de l'adjectif possessif singulier, doit être au singulier, et l'artifice de la traduction proposée par M. Chabas n'a pu tromper que lui-même. Il faut supposer de deux choses l'une: ou que le mot [hiéroglyphes] est mis pour [hiéroglyphes] ou que la maxime est incomplète. C'est cette dernière manière de voir que j'ai adoptée après mûre considération et j'avoue que je ne vois pas ce qu'on pourrait suppléer. En outre

M. Chabas traduit le verbe [hiero] par *l'emporter sur*, mais pour rendre ce sens acceptable, il manque la préposition [hiero]. Enfin entre le mot [hiero] et le mot [hiero], le papyrus offre un petit espace vide qui devait contenir sans doute un signe, lequel a disparu. On voit donc combien la traduction de cette maxime présente de difficultés quand on examine tout ce qu'on doit examiner.

Le sens attribué dans ma traduction au mot [hiero] est au fond celui de M. Chabas; mais j'en fais un verbe et non un substantif. J'y reconnais l'ἐπίτροπος des Grecs[1], le *wakil* des Arabes de nos jours[2], la fonction qui est attribuée à Joseph dans la maison de Putiphar[3]. Je n'ai pas besoin d'expliquer à nouveau le sens des autres mots.

Au fond cette maxime repose sur un fait que l'on peut examiner encore de nos jours en Égypte, à savoir que certains personnages se trouvent dans l'impossibilité de veiller sur tous leurs biens, ou mieux croient qu'il n'est pas de leur dignité de le faire : ils délèguent alors leur autorité à un *intendant*. Ce que l'on recommande ici c'est de prendre pour intendant un homme juste, que l'on observera pendant qu'il agira. Le maître doit se fier aux balances de celui qui juge ou pèse pour lui, et si ces balances sont justes le maître est réputé juste aussi. Il faut tout lui confier, sauf une chose : à savoir la *main du maître*. Je sais que cette explication suppose le remplissage de ce que je considère comme une omission dans la maxime; mais ce remplissage n'est pas impossible à comprendre, il rentre dans la donnée du texte et je ne le présente que comme une conjecture.

1. Lumbroso, *Économie politique de l'Égypte*, p. 200; il était réduit à des fonctions plus humbles.
2. C'est le mot des scalæ.
3. *Genèse*, XXXIX.

DIX-HUITIÈME MAXIME

Ne fais pas que ta main soit dépouillée pour l'homme que tu ne connais pas; il vient à toi pour la ruine. Quand les biens sont mis au lieu de leur... il vient à toi comme un vicaire, il fait emmagasiner tes choses pour lui-même : tes hommes le trouvent sur ton chemin[1].

Cette maxime n'est pas aussi des plus faciles à traduire à cause de l'incertitude qui règne sur la lecture du signe que j'ai transcrit 𓀢 (?); mais sauf ce signe dont le sens apparaît à peu près, quoiqu'on ne puisse pas le transcrire avec certitude, le reste de la maxime se comprend et se suit bien. C'est ce que je vais faire voir en discutant les traductions de mes devanciers.

M. de Rougé a compris de la manière suivante : « Ne laisse pas égarer la main sur un homme ignorant qui te conduirait à ta ruine. Quand on rentre les moissons dans les

---

[1]. Mot à mot : Ne fais pas dépouillement de ta main pour homme inconnu: il vient à toi pour ta perte. Les choses étant mises au lieu de...., elles, il vient à toi en qualité de vicaire, il fait emmagasiner les choses pour toi-même : tes gens le trouvent sur ton chemin.

greniers... : il vient pour te seconder et tient pour toi le compte de tes richesses : tes gens le trouvent toujours sur ton chemin. » Cette traduction, sauf un passage, donne assez bien le sens général de la maxime; mais les détails ne sont pas rendus. Tout d'abord le mot [hiéroglyphes] est traduit par M. de Rougé : *égarer (ta main)*; je préfère le rapprocher du mot copte ϣⲱⲗ, qui signifie *spoliare, auferre, enlever, dépouiller*, de sorte, que je traduis : *ne fais pas dépouiller ta main pour l'homme*, etc. Si l'on veut bien se reporter à la maxime précédente dont celle-ci n'est que la suite, on verra qu'il y est question de *saucer sa main*, de la laisser toujours indépendante de celui qui est dans sa maison : ici c'est la même recommandation de ne pas aliéner cette main pour un inconnu : ou bien encore *ne l'appauvris pas*. Le reste de la traduction ne diffère pas trop de celle de M. de Rougé ; j'ai seulement rendu à quelques nuances près par les mêmes mots ou des mots approchant du sens qu'il reconnaît. Ainsi le mot [hiéroglyphes] ne signifie pas *moissons*, mais *biens, choses*; le mot [hiéroglyphes] ne veut pas dire *tenir compte*, mais *magasin, schouneh*, mettre dans la *schouneh*, dans le magasin. Ce ne sont là que de légères différences.

M. Chabas a rendu cette maxime ainsi qu'il suit : « Que ta main ne soit pas prodigue pour l'inconnu : il vient à toi pour ta ruine; si tu mets tes biens à la portée de ses enfants, le captateur viendra de nouveau vers toi. Thésaurise pour toi-même et tous tes parents s'empresseront autour de toi. » Cette traduction, comme celle de la maxime précédente par le même auteur, repose sur une impossibilité grammaticale. Les premiers mots ne diffèrent que par la traduction du mot [hiéroglyphes] que M. Chabas a traduit par *prodiguer* et auquel je reconnais, d'après le copte, le sens de *dépouiller*. La seconde partie de la maxime présente au contraire une grave erreur. Le mot que j'ai transcrit dubitativement par 𓏥𓂝𓈖, a été au contraire transcrit et complété sans hésitation par M. Chabas 𓏥𓂝𓅭𓀔 qui veut bien dire *enfants*, et il a traduit : *Si tu mets les biens à la portée de ses enfants*. Mais le texte porte le suffixe 𓂝𓏥 après le mot 𓏥𓂝𓅭𓀔 que voit M. Chabas, et il faudrait alors traduire par *leurs enfants*, car le suffixe 𓂝𓏥 est le suffixe de la troisième personne du pluriel, et ne peut se rapporter qu'à un nom possesseur au pluriel. Or, la maxime ne présente qu'un seul mot qui soit au pluriel, c'est le mot 𓅭𓂋𓏤𓏥 ; c'est donc à ce mot que se rapporte le 𓂝𓏥. Par conséquent, il n'est pas malaisé de savoir ce que signifie le mot qui n'est pas lisible : si je traduis mot à mot, je trouve le sens suivant : *étant placées les choses dans le lieu de..... elles*, le sens exige bien un mot comme *magasin, ramasser*, etc. Par conséquent, il n'y a pas grosse erreur de possible, et il n'y a nulle apparence de captateur, ce qui est corroboré par l'expression 𓅭𓂋𓅭𓀔 qui veut dire *en vicaire, en remplaçant*, et non pas *de nouveau* à cause du déterminatif de l'homme. Enfin le sens de la dernière phrase provient aussi d'une fausse lecture : M. Chabas a lu 𓁹𓅭 au lieu de 𓂋. J'avoue qu'on peut s'y méprendre ; mais le signe que je transcris 𓂋 est bien indiqué dans le fac-similé quand on l'examine avec attention, quoique le signe n'ait pas toute la longueur habituelle en ce papyrus. D'ailleurs la grammaire s'oppose à ce que l'on considère le mot 𓁹𓅭 comme un impératif qui régit le verbe 𓅭𓏤𓂋𓏛. Les verbes s'emploient toujours seuls dans ce cas, excepté dans les propositions négatives. De plus ces mots ne sauraient vouloir dire *thésauriser*, car l'idée était inconnue en Égypte où l'on connaissait au contraire parfaitement l'idée de *faire un tas, un monceau*, ce qui devait être au fond l'idée de M. Chabas, que le mot thésauriser ne comporte pas.

Enfin le mot [hieroglyphs] veut dire *les hommes, les gens* et non pas *les parents*, de même que le mot [hieroglyphs] veut dire *trouver* et non *s'empresser*. Cette traduction est un exemple des erreurs où un esprit aussi sage et aussi sagace que celui de M. Chabas peut se laisser entraîner pour faire cadrer complètement une maxime avec un seul mot qui n'a pas été compris.

Ce que le moraliste égyptien veut inculquer ici, c'est qu'il faut se défier des hommes inconnus qui viennent vous flatter, qui s'empressent autour de vous, vous offrent leurs services sans qu'on les leur demande; qui, non contents de les offrir, en viennent d'eux-mêmes à l'action, de ces hommes qu'à toute heure trouvent sur le chemin du maître ceux qui dépendent de lui; car de tels hommes sont la ruine certaine. Ainsi entendue, cette maxime reste toujours vraie.

DIX-NEUVIÈME MAXIME

[hieroglyphs]

Celui qui donne peu, s'il arrive à une grande (position), est comme une brique amenée.....[1].

Cette maxime est fort difficile dans sa concision; la lacune qui la termine en rend l'interprétation encore plus remplie de difficultés. Je n'ai pas le moins du monde la prétention de l'avoir comprise; aussi je me bornerai à citer les traductions qui en ont été données.

1. Mot à mot: Donnant le peu, il est amené en grand, comme la brique amenée.....

M. de Rougé traduit : « Quand l'enfant est devenu grand, il est comme le... qui arrive à la vie. » Je ferai observer que cette traduction ne saurait être une maxime sous cet aspect. M. de Rougé a rattaché le mot qui commence la maxime suivante d'après M. Chabas au sentiment duquel je me suis rattaché. M. de Rougé a en outre évidemment lu le mot [hiéroglyphes] dans la lacune, et en effet ce mot est ordinairement déterminé par les deux signes qui terminent cette maxime ; mais, quoique la proposition générale exprimée par M. de Rougé ait un air de vérité, je ne crois pas que le moraliste égyptien ait voulu dire ce qu'on lui fait ainsi dire.

M. Chabas a donné la traduction suivante: « Qui donne peu ayant reçu beaucoup, c'est comme s'il rétribuait une injure grave. » M. Chabas a transcrit les derniers mots : [hiéroglyphes] ; il a évidemment lu [hiéroglyphes] qui correspond au mot copte ⲧⲟⲧⲉ qui veut dire *abomination* et non pas *injure grave*. En outre il a donné au mot [hiéroglyphes] un déterminatif qu'il n'a jamais, celui du pain ; le sens qu'il attribue à ce mot ainsi déterminé est *rétribuer* ; mais le verbe [hiéroglyphes] quand il a ce sens est déterminé par le rouleau [hiéroglyphes]. Le déterminatif qu'emploie le papyrus n'est pas la forme ordinaire, je l'avoue ; mais cette forme se rapproche autant de celle de la brique que de celle du pain. Toutefois, en supposant que l'on puisse admettre le sens de *rétribuer*, qu'est-ce que veut dire la phrase de M. Chabas: *c'est comme s'il rétribuait une injure grave*? On ne paie pas d'ordinaire les gens qui vous injurient, et si, par hasard, on le faisait, pourquoi se montrer moins généreux à l'égard de celui qui vous a injurié gravement qu'à l'égard de celui qui vous a injurié légèrement ? Et puis, la comparaison instituée par le moraliste égyptien dénote quelque chose d'ordinaire, et non pas une conduite extraordinaire et quelque peu extravagante. Enfin le mot que M. Chabas a lu [hiéroglyphes] ne peut pas se lire ainsi : le papyrus ne présente pas tout d'abord trace de signe que l'on puisse transcrire 𝄞 ; il présente au contraire traces d'un signe coupé en deux par suite de l'ablation de sa partie postérieure et qui m'a tout l'air d'un ⌒, ⌒ ; de plus le dernier signe ne peut être transcrit ͜ , car ce signe est unique, ͜ , sans ligature, tandis que le mot ͜ s'écrit sans exception dans tout le papyrus par deux signes placés l'un à côté de l'autre et sans ligature aussi. Par conséquent rien ne subsiste plus de l'interprétation de M. Chabas.

Si j'osais, je présenterais une explication qui pourrait parfaitement se comprendre et serait dans le rapport nécessité par le commencement de la maxime. Ce serait de voir dans le dernier mot un mot exprimant l'idée de *brique humide, pourrie* ou *s'effritant* ; le poisson est appelé d'ordinaire à déterminer toutes les idées d'impureté et de souillure [1] et ce serait assez bien le cas de l'employer ici. Quant aux jambes, leur emploi s'explique par l'emploi du poisson même : le scribe ayant assez l'habitude d'écrire les jambes sous le poisson dans le mot 𓆟𓂺, les a écrites quand le poisson n'est plus un syllabique 𓆟𓂺, mais un déterminatif, tout comme dans la maxime précédente ayant le mot 𓏲𓅓 à écrire, il a écrit le premier signe qui forme d'habitude le nom de Thèbes avec le complément et le déterminatif qui rentrent dans l'orthographe de la ville 𓏲𓊖 et a écrit : 𓏲𓊖 𓅓 𓆟. Ainsi l'on pourrait expliquer l'ordonnance générale de la maxime, ainsi qu'il suit : Celui qui donne peu après avoir reçu beaucoup est comme une brique remplie d'humidité qui devient bouillie et ne vaut plus rien pour construire. En effet celui qui, en Orient, donne peu quand il a reçu beaucoup est un homme qui perd toute considération,

---

1. Cf. Brugsch, *Grammaire hiéroglyphique*, p. 131.

que l'on néglige bien vite et dont la puissance et la richesse sont tout à fait ruinées. Pour avoir de la considération en Orient, il faut donner beaucoup quand on a reçu peu. Sans contredit, ainsi comprise, cette maxime ne serait pas d'une morale très relevée; mais que l'on veuille se rappeler que nous nous trouvons au commencement de l'introduction dans la société des règles de savoir vivre que l'on a depuis appelées du nom de morale, et qu'en toute chose les commencements sont mesquins.

VINGTIÈME MAXIME

C'est une vie que la discipline dans la maison : la réprimande est salutaire à ton état (avenir[1].)

Cette maxime n'offre pas de lacunes et par conséquent on peut espérer de la traduire. Cependant le dernier mot reste difficile à expliquer.

M. de Rougé l'a traduite comme il suit : « La correction dans la maison (est pénible), elle rectifie ton opinion sur toi-même. » Excepté le mot qui est traduit par *rectifier*, cette traduction peut se soutenir, si l'on observe que le mot qui la commence a été considéré par M. de Rougé comme faisant partie de la maxime précédente.

M. Chabas a donné une traduction se rapprochant de très

1. Mot à mot : Vie discipline dans la maison; réprimande est salutaire à ton tu trouves toi-même.

près de celle que je propose. « La discipline dans la maison, c'est la vie : use de réprimande et tu t'en trouveras bien. » Le sens de cette maxime serait même tout à fait identique au sens que j'ai proposé, si M. Chabas ne semblait pas conseiller à celui qui écoute le précepte d'user de la réprimande sur un autre ; tandis que je crois, au contraire, que c'est celui qui est réprimandé qui s'en trouvera bien. De même ma traduction de la dernière expression : ton état (avenir), mot à mot : *ton tu trouves toi*, me semble plus conforme au dessein de l'auteur que la traduction de M. Chabas : *tu t'en trouveras bien*. Le mot *conscience* si, en morale, il n'était pris avec un sens bien défini, me paraîtrait même être le meilleur; mais quand je pense à l'acception précise où il se prend, je ne peux guère l'employer en parlant de l'Égyptien qui devait complètement ignorer ce sens et la faculté qu'il servait à désigner. Je dois ajouter que je prends le mot discipline dans son sens primitif, et non dans le sens dérivé que ce mot a reçu chez nous.

Au fond ce que veut inculquer l'auteur égyptien, c'est qu'une maison où l'on observe les règles de la bonne science vit réellement, est pleine de vie, et qu'il est salutaire d'user quelquefois, même souvent, de la réprimande pour assurer le bien dans la vie de celui qui est réprimandé. Savoir ce que c'était que cette réprimande, ce n'est pas précisément mon affaire; mais je ne peux m'empêcher de donner ici une idée de ce qu'était la correction ou la réprimande pour un Égyptien. Quoique les tableaux qui nous représentent des scènes de la vie égyptienne ne nous aient point conservé l'éducation en famille, les textes ont été moins parcimonieux de détails sur la vie de l'enfant, non dans sa famille, mais à l'école. Le bâton y jouait un grand rôle. Si l'enfant était placé dans ce que nous nommerions aujourd'hui *l'école militaire*, il était enfermé dans une caserne, équipé, et son équipement lui meurtrissait les membres, sa tête surtout souffrait, « il est frappé comme (on frappe sur) un rouleau de papyrus, il est distendu par la force[1]. » Dans une autre lettre de maître à élève, il est dit encore : « Ne sois pas sourd; celui qui n'écoute pas, il est battu[2]. » D'autres textes concordent avec ceux-ci pour nous apprendre que, loin de mépriser le bâton comme instrument d'éducation, les Égyptiens le considéraient au contraire comme un agent moralisateur très appréciable. Voilà ce qu'on entendait par *réprimande*; et il n'est pas étonnant que de pareilles réprimandes fussent salutaires à celui qui les recevait.

Aujourd'hui encore le fellah Égyptien n'en craint pas d'autres : le bâton lui apprend la morale mieux que les plus beaux discours, parce qu'il est resté l'enfant de la nature et que la nature ne lui a jamais appris seule à discerner le bien de son prochain du sien propre, quand il trouve une bonne occasion de s'approprier ce qui est à autrui, s'il n'est aperçu de personne. Tous les hommes, toutes les sociétés pour mieux dire ont commencé de semblable manière; si quelques peuples ont pu s'élever à la hauteur morale qui fait aujourd'hui leur honneur, cela tient uniquement à certaines circonstances extérieures qui ont mis en jeu les facultés humaines et ont fait sortir l'homme de l'état où il aurait croupi, tout comme le fellah égyptien qui n'a pas été déterminé par elles à se tirer de sa demi barbarie.

1. ⸻. Papyrus Anastasi, iv, pl. 9, l. 7.
2. ⸻. Papyrus Anastasi, iv, pl. 2, l. 7.

VINGT-ET-UNIÈME MAXIME

Que ton œil soit ouvert de peur que tu ne deviennes mendiant ; il n'est point homme, s'il est paresseux, qui ait été chanté…, en homme de sa volonté[1].

Cette maxime est encore difficile à traduire, parce que tout un mot a disparu, si ce n'est plusieurs mots. Cependant la première partie est certaine, comme l'on verra par les comparaisons des traductions qui ont été données. M. de Rougé a traduit : « Que ton œil soit ouvert pour qu'on ne te sollicite pas trop. Celui qui cède souvent ne sera pas vanté comme un homme sage. » La dernière partie de cette traduction ne tient aucun compte du texte. Ce texte renferme en effet un pronom ⌒ qui ruine toute la traduction de M. de Rougé, sans compter que l'expression [hiéroglyphes] n'est rendue que fort imparfaitement. M. Chabas a rendu le texte de la manière suivante. « Aie l'œil ouvert, de crainte de finir par la mendicité ; il n'est pas d'homme s'étant livré fréquemment à l'oisiveté qui ait été récompensé par la fortune ; sois un homme de ses plans. » Cette traduction est très satisfaisante dans l'état du texte ; mais il est possible aussi que l'omission d'un seul mot qui se trouve dans la lacune ait causé une explication inacceptable.

---

1. Mot à mot : Donne ton œil ouvert de peur que toi sortir mendiant : point n'est homme, étant lui nombreux de paresse, chanté…, toi en homme de ses plans.

Je crois que le sens général de la maxime est celui-ci : Il faut avoir l'œil ouvert [1] de peur de devenir mendiant après avoir été riche : le paresseux n'a jamais été célébré à travers les âges comme un homme dont on puisse envier le sort. Ce qu'il faut avant tout, c'est être un homme d'une conduite suivie, ayant un but vers lequel on marche sans se détourner et nous avons vu quel devait être ce but dans l'une des maximes qui précèdent : ce devait être une vieillesse dont on pouvait rendre bon témoignage au lendemain de la mort.

VINGT-DEUXIÈME MAXIME

1. Le mot ⬚ manque de déterminatif; il devrait s'écrire ⬚.
2. Le papyrus contient au-dessus de ce mot deux signes = en interligne; je ne sais où les placer.

N'enlève pas l'esclave d'un autre; c'est chose mauvaise, si le nom de son maître est décrié notoirement, et l'on ne sait point s'il appartient à un grand personnage. Ce maître se tient debout, il retourne réponse[1] du vol de son esclave qui a été enlevé de sa main, qui marchait derrière lui à ses ordres, qui sauvait ce qui est dans sa maison. Tu te repens et dis : Qu'ai-je fait? Tous tes compagnons disent durement : Je vais te faire connaître sur terre quelqu'un qui cherche un mobilier pour sa maison[2].

Quoique cette maxime soit complète, ou à peu près, elle n'en présente pas moins de nombreuses et grandes difficultés. On s'en apercevra facilement par la seule comparaison des traductions qui en ont été données.

M. de Rougé a traduit ainsi cette maxime : « Ne contracte pas liaison avec l'esclave d'un autre; si c'est un homme de basse condition de peur d'une révélation honteuse; si c'est un grand personnage de peur que, l'ayant appris, il ne vienne te demander raison du détournement de son esclave. Il l'avait pris de ses mains, il le suivait pour exécuter ses ordres et prenait soin des biens de sa maison. Alors tu en auras du chagrin en disant : Oh! qu'ai-je fait? et ton compagnon te parlera durement. Sache donc bien que sur cette terre chacun cherche à rester maître de sa maison. » Cette traduction a en général assez bien saisi le sens des mots; mais la dépendance des propositions entre elles n'a pas été comprise. Tout d'abord M. de Rougé a lu 〈hiéroglyphes〉 le mot que j'ai lu 〈hiéroglyphes〉.

---

1. C'est-à-dire : il porte plainte.
2. Mot à mot : N'enlève pas l'esclave d'un autre ; étant son nom puant merveilleusement, chose mauvaise ; étant lui à un grand personnage, point n'est su cela : il se lève, il retourne réponse du vol de son esclave près de sa main,.... à son arrière pour ses ordres, pour sauver ce qui dans sa maison. Tu es repentant, disant : J'ai fait quoi? Tous tes compagnons disent durement : Je suis à faire que tu connaisses sur terre un homme il est cherchant mobilier pour sa maison. — J'ai laissé sans traduction le mot incertain du papyrus; mais on voit avec évidence ce qu'il faut suppléer.

J'admets qu'on ait pu s'y tromper; mais il suffit de comparer le mot [hiero] qui se trouve au commencement de la ligne 9 de la planche XVIII et que nous avons déjà rencontré pour voir que nous n'avons pas affaire au même mot. J'y ai vu au contraire le mot [hiero] que j'ai comparé au copte ⲱⲥⲓ qui veut dire *sustollere*, ce qui équivaut à notre expression *enlever*. D'ailleurs le reste de la maxime justifie assez ce sens pour qu'il ne soit pas besoin d'y insister, et la traduction de M. de Rougé suffisait à le comprendre : la chose est évidente avec celle que je propose. La phrase qui suit n'est pas très facile de compréhension : il est tout d'abord difficile de voir à quel mot se rapporte le suffixe [hiero], si c'est au mot *esclave* ou si c'est au mot *autre* qui veut dire ici maître. On l'a généralement entendu du maître, et je crois qu'on a eu raison. La présence des trois adjectifs consécutifs [hiero] [hiero] n'est pas faite pour élucider le sens. Le mot [hiero] en copte ϩⲟⲛⲥ veut dire *puant, fœtor*; le mot [hiero] signifie *merveilleux, étonnant, merveille, étonnement*; le mot [hiero] signifie *mauvais*. Il n'y a donc dans ces mots rien qui signifie : *si c'est un homme de basse condition, de peur d'une révélation honteuse* : ces mots ne sont qu'une paraphrase d'un texte mal compris. De même le mot [hiero] ne peut signifier *de peur que*, et le mot [hiero] est le passif du verbe [hiero] ayant pour sujet [hiero] ces mots veulent dire *point connu cela*. Je vois en outre un parallélisme entre le membre de phrase [hiero] [hiero] et cet autre [hiero] [hiero]; ce parallélisme procède mot par mot les mots [hiero] correspondent à [hiero]; les mots [hiero] correspondent aux mots [hiero];

par conséquent le mot [hiéroglyphes] doit correspondre à [hiéroglyphes]; par conséquent ce mot doit renfermer le verbe. Je peux donc traduire la phrase entière ainsi : N'enlève pas l'esclave d'un autre; étant son nom puant merveilleusement, c'est chose mauvaise; étant lui d'un personnage grand, cela n'est point su; c'est-à-dire : si l'esclave appartient à un homme de mauvaise réputation, ce sera une mauvaise affaire pour toi, et si au contraire c'est l'esclave d'un grand personnage, cela n'est point *su*, cela n'est point compté, car il se lève, etc. Le reste de la traduction de M. de Rougé rend bien le texte au moins dans un sens général, jusqu'à la phrase : ton compagnon te parlera durement. La phrase qui suit a été considérée par M. de Rougé comme le résumé de la maxime entière, dans lequel le moraliste donne les raisons pour lesquelles il a parlé comme il a fait. J'y vois au contraire ce que disent les compagnons. Je prends le mot [hiéroglyphe] comme l'équivalent du verbe [hiéroglyphe] à la première personne à cause de l'adjonction du déterminatif de cette personne [hiéroglyphe] et la phrase entière comporte une nuance ironique changeant le sens de la phrase en moquerie. Je crois que nous avons dans le texte égyptien une tournure analogue. D'ailleurs la syntaxe exige qu'il en soit ainsi, à moins que l'on suppose un membre de phrase sous entendu. Mais cette ellipse me semble trop forte pour que je puisse l'admettre, car la préposition [hiéroglyphe] sert de liaison à deux membres de phrase dont le premier est le principal et le second subordonné. Le sens de *mobilier* que j'attribue au mot [hiéroglyphes] est assez connu pour que je n'aie pas besoin de l'expliquer.

M. Chabas de son côté a traduit ainsi cette maxime : « Ne fréquente pas familièrement l'esclave d'un autre, que ce soit celui d'un homme déconsidéré, d'un misérable notoire, que ce soit celui d'un grand. On ne sait pas ce qu'il en est. Il se lève, il porte plainte du vol de son esclave habitué à l'obéissance, le poursuivant afin de le faire châtier pour le vol de ce qui était dans sa maison. Tu es tourmenté et tu dis : « Qu'ai-je fait? Tes compagnons disent : C'est un entêté. Cela est pour te faire connaître les moyens par lesquels sur la terre l'homme cherche à bien gouverner sa maison. » Une grande partie des explications que j'ai données à propos de la traduction de M. de Rougé se rapportent également à celle de M. Chabas à qui il n'a manqué, dans la première partie, que de couper la phrase comme il le fallait pour avoir un sens tout à fait certain. Les Égyptiens n'ont jamais employé la figure que nous nommons gradation, et qui existe dans les mots français *d'un homme déconsidéré, d'un misérable notoire*. Quand deux adjectifs se suivent, le second est habituellement employé comme adverbe : c'est le cas pour [hiéroglyphes]. D'ailleurs comment relier entre elles les trois premières phrases de M. Chabas? Le sujet de la troisième est même incertaine, car qui est-ce qui se lève? est-ce le grand personnage ou est-ce le misérable? On n'en sait rien. La locution [hiéroglyphes] à laquelle M. Chabas ajoute, je ne sais pourquoi, le déterminatif de l'homme, [hiéroglyphe] et qui signifie : *pris de sa main*, ne signifiera jamais *habitué à l'obéissance*, que ce soit ou non une expression figurée. Le mot [hiéroglyphes], qui n'est pas certain d'après le manuscrit, a été considéré par M. Chabas comme se rapportant au maître; il se rapporte en réalité à l'esclave et je le considère comme le prototype du verbe copte ⲁⲁ = *faire*. Le mot [hiéroglyphes] que M. Chabas traduit par *faire châtier* est un mot très rare que je traduis par *ordre* comme M. de Rougé à cause du déterminatif. Le mot [hiéroglyphes] ne signifie pas *col*, mais *sauver, délivrer, expier pour le salut*. Le mot que M. Chabas a transcrit [hiéroglyphes], je l'ai transcrit [hiéroglyphes], car le premier signe n'est pas la feuille, puisqu'elle a son trait complémentaire en bas [et que le signe en question l'a en haut [hiero]. Le mot [hiero] est le frère du mot copte ⲉⲣⲧ, ⲉⲣⲧ qui signifie *conterere*; d'où le sens de *repentant* avec l'oiseau du mal pour déterminatif. Le mot [hiero] pourrait bien à la rigueur ne faire qu'un seul mot, quoique la place du second déterminatif s'y oppose; mais il signifierait alors *un homme violent*, et non pas un *entêté*. D'ailleurs qu'est-ce que vient faire ici le sens d'*entêté* avec ce qui précède ou ce qui suit? Il n'y a pas place dans la maxime pour un tel sens, et ce qu'il y a de mieux c'est de faire de [hiero] un mot qui n'a rien à voir avec le mot précédent [hiero]. M. Chabas enfin a lu [hiero] tandis que le papyrus porte bien [hiero] : d'ailleurs cette expression, qui veut dire *sur la terre*, ne signifie jamais *moyens par lesquels sur la terre*. M. Chabas a ici suppléé de lui-même les mots qui venaient au secours de ce qu'il voulait dire, sans s'apercevoir qu'il viciait ainsi le sens de ce que le moraliste égyptien avait voulu exprimer.

En résumé cette maxime s'applique à un cas qui ne devait pas être rare en Égypte. Le moraliste invitait son disciple ou son fils à ne pas enlever l'esclave d'autrui, à cause des suites fâcheuses qui pouvaient en résulter, que le maître fût un homme vil, ou que ce fût un grand personnage; car, aussitôt on portait plainte contre le ravisseur, ou faisant valoir toutes les qualités de l'esclave, comme c'est l'habitude, et on lui en prêtait plus peut-être qu'il n'en avait. C'est alors trop tard de se repentir, et les plaisanteries des compagnons font sentir l'odieux de la conduite que l'on a tenue.

VINGT-TROISIÈME MAXIME

Ont été faits pour toi des lieux de fête, des cactus (?) ont été placés pour toi au devant de ce qui a été pour toi labouré à la houe, ont été plantés pour toi dans l'intérieur des sycomores qui relient tous les domaines qui dépendent de ta maison ; tu remplis ta main de toutes les fleurs que ton œil contemple : on devient faible au milieu de tout cela. Heureux celui qui ne les abandonnerait pas [1].

Cette maxime, que je coupe ici, a été réunie par MM. de Rougé, Brugsch et Chabas à la suivante, quoiqu'elle n'ait

---

1. Mot à mot : Ont été faits pour toi lieux de fête, ont été enveloppant pour toi des cactus (?) en avant de ton labourage à la houe, ont été plantés pour toi dans l'intérieur des sycomores. Ils relient tous les domaines (qui dépendent) de ta maison : tu remplis ta main de fleurs toutes que ton œil contemple : on devient faible parmi ces choses en leur entier. Fois bonne pour qui n'abandonnerait pas elles.

aucune partie de commune. En effet la suivante défend de *s'approcher du bien d'autrui* : il n'y a donc aucune liaison possible entre cette idée et celle des jardins de plaisance que l'on se fait pour jouir du plaisir de vivre. Le texte, en cet endroit, est rempli de mots à formes étranges, d'orthographes fantastiques, de déterminatifs auxquels on est loin de s'attendre : il ne faut donc pas s'étonner si les traductions diffèrent. Le sens de la phrase doit seul nous guider en semblable cas.

M. de Rougé a donné la traduction qui suit : « Tu as cultivé des champs, tu as entouré de haies (?) le devant de tes sillons, tu as planté des sycomores en allées qui relient toutes les limites de ta maison. Tu as rempli ta main de toutes les fleurs que ton œil a remarquées : tu as fortifié les plantes les plus faibles de peur qu'elles ne vinssent à tomber. » Je ne peux m'empêcher de faire observer tout d'abord que ces phrases se suivent sans aucun lien entre elles, qu'elles affirment des faits et que c'est tout : il n'y a nulle trace d'intention morale dans la traduction qui précède. Et c'est après tout ce préambule que le scribe ajoute : *Ne désire pas le bien d'autrui*, comme a traduit M. de Rougé. Il faut avouer que, si tel est le sens de cette maxime, le scribe a oublié le but qu'il poursuivait. Mais je me hâte de dire que cette traduction est complètement impossible dans sa dernière partie, dans celle où apparaît clairement l'enseignement du moraliste. La tournure de toute cette phrase n'a pas été saisie par M. de Rougé : ⟨hiéroglyphes⟩ ne signifie pas *tu as fait*, ou *tu as cultivé*; mais le signe ⟨hiéroglyphe⟩ indique que ce verbe est pris au passif, et le même signe se retrouve dans les trois membres de phrase suivants. Il faut donc traduire par : *ont été faits pour toi*. J'ai fait observer plus haut que le passif se marquait par ⟨hiéroglyphe⟩ ; le fait est vrai, mais il s'agissait alors d'un participe; ici, il s'agit des verbes à l'indicatif et le signe ⟨hiéroglyphe⟩ suffit à lui seul pour marquer le sens passif. Le mot ⟨hiéroglyphes⟩ a été traduit par *champs* dans la traduction de M. de Rougé ; M. Brugsch veut que ce mot désigne un *fonds* de terre, pendant que M. Chabas penche pour le sens *d'enclos arrosé*, comme nous le verrons. Nous sommes en effet en présence d'un mot qui ne se retrouve pas ailleurs : M. de Rougé, qui a traduit par *champs*, et M. Brugsch qui emploie le mot *fonds*, ont sans doute été amenés à ces sens par suite de l'emploi du signe ▽ qui sert à déterminer les mots qui signifient *champs* ou *une quantité quelconque de terrain*. M. Chabas au contraire a vu dans le mot [hiéroglyphes] ▽ une expression se rapprochant plutôt de la racine [hiéroglyphes], qui n'est elle-même qu'un développement de la racine [hiéroglyphes] qui veut dire *ebullire*, en copte ⲧⲉⲕⲉ, ⲧⲉⲉⲃⲓ. Je rapprocherai simplement ce mot de la racine [hiéroglyphes] qui signifie *fête*, et je vois dans le mot [hiéroglyphes] ▽, qui a trois déterminatifs dont je regarde les deux premiers comme abusifs, une expression figurée signifiant le jardin, le *paradis*, le فردوس, mot que les Égyptiens emploient encore aujourd'hui pour désigner tout ce qui peut, de près ou de loin, approcher de l'idée que nous nous formons d'un jardin. Le mot [hiéroglyphes] signifie une certaine fleur ou une certaine plante dont on faisait des clôtures. Le mot *haies* (?) qu'emploie avec doute M. de Rougé ne peut avoir de raison d'être en Égypte où les haies, telles que nous les entendons en France, sont impossibles et par conséquent inconnues. En proposant de traduire par *cactus*, je suis surtout poussé par ce fait que, de nos jours encore, on trouve en Égypte les cactus et les nopals employés pour séparer les propriétés, les domaines dont il est question plus loin. Le mot que M. de Rougé a traduit par *allées* n'est pas certain; le fac-similé est mal fait en cet endroit, ou le scribe a voulu faire un signe qu'il n'a pas très bien réussi. Ce qu'il y a de certain, c'est que ce signe est suivi d'un ∿∿∿ et que le mot tout entier est déterminé par 〈hiero〉. C'est pourquoi j'aurais pu lire 〈hiero〉, ou peut-être 〈hiero〉, et traduire par *rond, cercle* ; mais cette traduction n'eut été que conjecturale, tout en s'appuyant sur ce fait que c'était autour des bassins que l'on plantait d'ordinaire les arbres dans un jardin, comme on le voit dans les tombeaux [1]. J'ai préféré adopter la lecture de M. Brugsch et voir le mot 〈hiero〉 d'autant mieux, que ce signe mal fait a été corrigé au bas de la page [2]. Je n'ai pu comprendre ce que signifiait la phrase de M. de Rougé : *en allées qui relient toutes les limites de ta maison*. La plus grande différence entre la traduction de M. de Rougé et celle que je propose se trouve dans la phrase qui commence par 〈hiero〉. Je n'y puis retrouver les mots qui sont cependant essentiels à la phrase, et par conséquent au sens, et j'ai rejeté la traduction de mon devancier.

M. Brugsch n'a pas été plus heureux que M. de Rougé : « Prépare-toi un fonds, garnis-le de haies d'épines ; que ton jardin soit placé par devant. Plante-toi des arbustes dans son intérieur, qu'ils soient disposés dans toutes les directions près de ta maison, de telle sorte que ta main ait abondance des fleurs de toute espèce que ton œil connaît ; et, si elles se fanent, dans ce cas travaille méthodiquement, afin qu'elles ne périssent pas. » Je ne puis discerner non plus l'intention morale de l'auteur avec cette traduction ; cependant M. Brugsch a parfaitement vu qu'il s'agissait de jardin, quoiqu'il ait attribué le sens de *jardin* à un autre mot que je ne l'ai fait. Le mot 〈hiero〉 avec son étrange forme nasalisée a été traduit par M. Brugsch par *directions* ; mais M. Brugsch a oublié qu'il s'agissait d'un jardin. De même la liaison des phrases par *de sorte que* n'existe pas dans le texte. M. Brugsch fait

---

1. Cf. WILKINSON, *Manners and customs of the ancient Egyptians*, t. I, p. 377-378. VIREY, *Tombeau de Rekhmara*, pl. XXXVIII.
2. *Papyrus de Boulaq*, tome I, pl. 19, au bas de la planche.

ensuite rapporter le mot [hieroglyph] au même mot que le pronom [hieroglyph] : ce sont cependant deux pronoms fort distincts qui ne peuvent s'employer l'un pour l'autre ; en outre, en admettant que le mot [hieroglyph] peut s'employer en parlant des fleurs et qu'il signifie en ce cas *se faner*, ce que je ne crois pas, le mot [hieroglyph] ne peut signifier *travailler* ; mais il veut dire *fois*, de sorte qu'il n'est aucunement question de travailler méthodiquement pour empêcher les fleurs de se faner.

M. Chabas a traduit cette maxime de la sorte : « Tu t'es fait un enclos arrosé, tu l'as entouré de haies en avant de tes terres de labour : tu as planté des sycomores en cercles bien ordonnés dans toute l'étendue de la résidence ; tu remplis tes mains de toutes les fleurs que ton œil aperçoit. On se fatigue (pourtant) de tout cela. Heureux qui ne le délaisse pas ! » Cette traduction qui n'est pas parfaite a cependant le mérite de montrer clairement l'intention moralisatrice. Les observations que j'ai faites sur les traductions de MM. de Rougé et Brugsch me dispensent de revenir sur ce que j'aurais à reprocher à celle de M. Chabas dans la première partie ; mais, quoique M. Chabas ait bien saisi l'intention du moraliste, il n'a pas saisi le sens des mots. Le mot [hieroglyph] est traduit par : *se fatiguer* ; ce mot qui est la forme nasalisée de [hieroglyph] et veut dire *se courber*, puis *devenir infirme*, *devenir misérable* : il est transcrit lettre pour lettre dans le mot copte ⲥⲱⲕ. Le mot *fatiguer* pourrait approcher un peu de ce sens à la rigueur ; mais l'expression française *se fatiguer de quelque chose* a un sens tout à fait différent qui change complètement le sens de la maxime. J'y vois par conséquent le sens suivant : Tout cela n'empêche pas de devenir vieux et infirme, par conséquent de mourir. Et le scribe ajoute comme en poussant un soupir par regret que la chose soit impossible : Heureux celui qui n'abandonnerait rien de tout ce qu'il s'est ainsi préparé pour le bien-être de sa vie. La forme de la maxime est une forme peu employée, je l'avoue ; mais l'intention de l'auteur n'en apparaît pas moins, je le crois. Or c'est ce que ne font pas voir les deux premières traductions, et c'est ce que détruit la traduction de M. Chabas, car comment peut-on regretter ce dont on se fatigue ? Il est vrai que le cœur humain est sujet à des sentiments disparates et contradictoires ; mais ici la contradiction serait trop forte et trop rapprochée. D'ailleurs en Égypte, si l'on doit se fatiguer d'une chose, ce n'est pas des agréments qu'offre la possession d'un jardin. Au contraire, jusque dans la littérature copte, le sentiment que fait naître la jouissance d'un jardin, ou simplement la vue, est celui d'un bien-être intense que nulle expression ne pouvait rendre dignement. Écoutez plutôt le récit du moine qui, dans un désert, arrive tout à coup sur un beau jardin, ou plutôt près d'une source autour de laquelle sont des arbres fruitiers : « Lorsque je me fus un peu éloigné d'eux, (il s'agit de quatre solitaires que le moine avait visités), j'arrivai à une fontaine d'eau : je m'assis pour me reposer un peu. Près de cette fontaine, il y avait des arbres plantés. Je considérai les fruits qu'ils portaient, me disant : Qui donc les a semés en ce lieu ? — Car il y avait des palmiers, des citronniers, des grenadiers, des figuiers, des pommiers, des vignes, des pêchers, des jujubiers, et une multitude d'autres arbres dont les fruits avaient un goût suave comme le miel. Il y avait aussi des myrtes plantés au milieu, avec d'autres arbres répandant un parfum exquis. La fontaine envoyait de l'eau pour arroser tous ces arbres, de sorte que la pensée me vint en mon cœur que c'était le *paradis* de Dieu[1]. » Un autre solitaire fut un jour à même de voir le jardin d'un fils de riche personnage : voici le récit que j'en ai fait dans les *Actes du martyr Ptolémée*[2] : « Ptolémée ordonna même à l'un de ses soldats de prendre le vieux Paphnuté

1. Cf. E. AMÉLINEAU, *Voyage d'un moine égyptien dans le désert*, p. 21 du tirage à part.
2. Cf. E. AMÉLINEAU, *Les Actes des martyrs de l'Église copte*, p. 198-199.

en croupe, et il le conduisit ainsi en un beau jardin, où il avait coutume de se promener souvent. Ptolémée y avait amassé toutes les splendeurs de l'Orient. Les arbres y étaient nombreux, chargés de fleurs et de fruits, des jets d'eau tombant en des bassins remplis de fleurs de lotus et de plantes aquatiques y entretenaient une agréable fraîcheur, des eaux courantes arrosaient le jardin tout entier et, par leurs méandres capricieux, dessinaient à la vue des lignes fuyantes et pleines de charme : les tours où montaient les surveillants étaient magnifiques : par dessus tout un kiosque merveilleux étalait tout le luxe oriental. Il était pavé de marbres de diverses couleurs, meublé de coussins, de chaises, de lits tendus avec des étoffes de soie, fermé par une vaste tenture également de soie comme un vaste parasol. On y pouvait goûter toutes les douceurs de la vie dans le nonchalant repos si cher à l'Égypte, la pensée restant vague et inoccupée, le corps tout imprégné de bien-être. Et quand le vieux Paphnouti, tout sale, tout en guenilles, vit toute cette gloire, une émotion violente le saisit et il se mit à pleurer. Ptolémée lui dit : « Apprends-moi ce qui te cause de la peine au point d'en pleurer? — O mon fils, dit le vieillard, s'il y a ici tant de gloire et d'honneur, combien seront immenses la gloire et l'honneur qui nous sont réservés dans le royaume des cieux! » Voilà l'effet que produisent sur les héros des œuvres coptes l'effet de jardins que nous trouverions très ordinaires, arrangés sans soin et dont les arbres poussent au petit bonheur; mais cet effet était très intense et l'on ne trouvait d'autres termes de comparaison que le jardin, le *paradis* de Dieu où poussaient des pommiers merveilleux [1]. Il est facile dès lors de comprendre la maxime précédente et le soupir de regret qui la termine.

1. Cf. E. Amélineau, *Monuments pour servir à l'hist. de l'Égypte chrét.* tome I, p. 415 et 416; *Voyage d'un moine dans le désert*, p. 21. Cf. *Les Actes des martyrs de l'Église copte*, 198-199.

VINGT-QUATRIÈME MAXIME

Ne remplis pas ton cœur du bien d'autrui; garde t'en: agissant dans ton intérêt, n'approche pas les choses d'un autre, s'il ne les monte pas dans ta maison[1].

Cette maxime, comme je l'ai déjà dit plus haut, a été réunie à la précédente par MM. de Rougé, Brugsch et Chabas : M. de Rougé a même ajouté une partie de la maxime suivante. Il y a entre les diverses traductions d'assez fortes divergences.

M. de Rougé traduit ainsi : « Que ton cœur ne désire pas le bien d'autrui; prends soin de ce que tu fais et garde-toi de faire aucun dommage à un autre, de peur qu'il ne vienne chez toi. » Cette traduction a un aspect honnête qui prévient en sa faveur, car elle se tient bien; mais, quand on l'examine de près, on voit que cet air d'honnêteté n'est qu'un masque. Le mot ⟨hiér.⟩, suivi de trois traits du pluriel, est un mot assez connu qui ne veut pas dire *prendre soin*, mais *se garder de*, et avec le signe du pluriel qui tient ici la place de ⟨hiér.⟩ *choses, garde toi d'elles*. La lettre ⟨hiér.⟩ ajoutée à ⟨hiér.⟩ est une marque du participe. Les mots *faire erreur*, *dommage* sont une paraphrase et non une traduction, et une

---

1. Mot à mot : Ne fais pas remplir ton cœur les biens d'un autre; garde t'en : faisant pour toi ne fais pas approcher des choses d'un autre, point lui faisant elles montant dans ta maison.

paraphrase qui est assez éloignée du sens véritable. J'ai déjà dit ce que je pensais de la traduction *de peur que* appliquée au mot 〖🐦〗.

M. Brugsch a traduit : « Que ton cœur ne désire pas les choses d'un autre : garde cela, ce que tu t'es acquis. Ne touche pas à la propriété d'un autre, quand il n'est pas monté à la maison que tu t'es bâtie. » Ce qui signifie sans doute qu'il est permis de toucher à la propriété d'autrui, si l'on s'est bâti une maison dans laquelle cet autrui est venu. Ce serait là une morale passablement négative du droit de propriété. Les mots ⌇⌇⌇ ne veulent pas dire *ce que tu t'es acquis*, le verbe ⌇ signifiant *faire*. Le reste de la maxime est bien traduit, mais la dépendance des propositions telle que l'a comprise M. Brugsch n'est pas la véritable, ce qui rend toute la traduction mauvaise. Le signe ⸗ mis après ⌇⌇ n'est pas inutile ici, quoique ce signe soit souvent employé inutilement ; il tient la place ⌇⌇ : de sorte qu'il faut traduire : *point ne faisant lui elles montant dans ta maison*, c'est-à-dire s'il ne les monte pas lui-même dans ta maison.

M. Chabas a donné de son côté la traduction suivante : « Ne place pas ta satisfaction dans les choses d'autrui : garde-t'en bien. Travaille pour toi-même : ne compte pas sur le bien d'autrui, il ne montera pas dans ta maison. » Tous les mots de cette traduction ont été bien compris par M. Chabas, et cependant l'ensemble donne une idée fausse. Le commencement est une paraphrase du texte, et une paraphrase à côté. En outre les relations des phrases n'ont pas été observées, et enfin par un procédé qui semble avoir été ordinaire à M. Chabas, car c'est la troisième fois que nous le rencontrons, ce savant a fait rapporter le pronom ⌇ de la troisième personne du singulier à un nom pluriel ⌇⌇ d'après sa propre transcription. Le sens de *compter sur* attribué par

M. Chabas au mot ⟨hiero⟩ n'est pas exact : cette racine a deux sens très distincts qui sont spécifiés par les déterminatifs ; il veut dire ou *ordonner, commander* et alors il est déterminé par l'homme tenant le bâton, devenu ensuite le bras armé, ou il signifie *approcher, s'avancer, être près de*, et alors il est déterminé par les jambes. Ici le sens de *commander* ne peut convenir au contexte et je suis obligé de croire que le scribe s'est trompé de déterminatif. Qu'est-ce en effet qu'une phrase semblable pourrait signifier ; N'ordonne pas les choses d'un autre, s'il ne les fait pas monter dans ta maison ? Il est vrai qu'au premier abord la phrase : n'approche pas les biens d'autrui, si on ne les monte pas dans ta maison, ne semble pas avoir un sens bien compréhensible ; mais, à la réflexion, on s'aperçoit facilement qu'il n'y a là qu'une manière de parler et que la chose est fort compréhensible. En résumé, le moraliste égyptien donne un précepte prohibitif : il ne faut pas s'approcher du bien d'autrui, ni même le désirer, à moins que le maître de ce bien ne l'apporte lui-même dans la maison et n'en fasse cadeau.

VINGT-CINQUIÈME MAXIME

Bâtis-toi une maison, si tu te trouves haïr la résidence en commun. Ne dis pas : C'est une part de maison qui m'est venue en héritage de mon père et de ma mère qui sont dans la tombe; car si tu viens à partager avec ton frère, ta part, ce sont les greniers [1].

Cette maxime présente des fautes évidentes : le scribe a mis après 𓏤𓏏𓉐 et après 𓏤𓏏𓉐 deux 𓈖 qui n'ont aucune raison d'être; car, en admettant pour un moment que le premier 𓈖 puisse se comprendre, celui qui suit le mot 𓏤𓏏𓉐 ne peut pas s'expliquer. Le mot 𓏤𓏏𓉐 est écrit avec un luxe de signes et de déterminatifs vraiment extraordinaire, lorsqu'il eut fallu seulement 𓏤𓏏𓉐. En outre l'assemblage des prépositions ⟵ et 𓀁 indique assez clairement que l'orthographe et le style de ce papyrus sont assez récents. Ces emplois extraordinaires de signes peuvent nous faire présager que la maxime est difficile à traduire et que les traductions sont assez différentes entre elles. Nous l'allons voir en effet.

M. de Rougé a traduit : « Tu as bâti une maison, tu reconnaîtras que tu t'es attiré la haine du voisin (?). Ne dis pas : J'ai une maison, elle provient du père de ta mère qui sont (sic) dans la demeure éternelle, en sorte que tu as partagé leur héritage avec ton frère. J'ai fait de ton Dieu le protecteur de ta maison. » Cette traduction empiète sur la maxime suivante, elle n'en est pas plus claire, ni surtout mieux comprise. J'ai déjà expliqué plus haut comment la particule 𓏤𓏏 annonce l'impératif : je n'y reviendrai pas. Le verbe 𓏤𓏏𓉐 suivi de ⟵ est au participe. L'expression

---

1. Mot à mot : Bâtis pour toi une maison, te trouvant amener haine de résider en commun. Ne dis pas : Est maison en part d'héritage de mon père et de ma mère, les noms d'eux étant dans la maison funéraire; étant descendu toi en partage avec ton frère, sont ta part les greniers.

a été bien comprise par M. de Rougé qui n'a eu que le tort de la faire rapporter à celui qu'on avertit ; mais le mot ⟦hiero⟧, déterminé par la maison, ne peut signifier voisins; car comment l'action de bâtir une maison peut-elle amener la haine du voisin ? Aussi M. de Rougé a-t-il mis à ce mot un point d'interrogation pour marquer que le sens restait douteux. La grande difficulté de cette phrase gît dans le mot ⟦hiero⟧ qui ne se retrouve qu'ici. M. Chabas y voit *une maison habitée en commun :* je crois qu'il a raison et je rapprocherais ce mot du mot copte simple ᴍʀϯ, ᴍʜᴛᴇ, qui veut dire *milieu.* Les deux sens seraient analogues. Le mot ⟦hiero⟧ n'est autre que le mot copte ᴛᴏɪ qui veut dire *part;* de même, l'expression ⟦hiero⟧ avec le préfixe ⟦hiero⟧ ; dans ce dernier cas le déterminatif n'est pas employé, ce qui a fait prendre ce mot à M. de Rougé pour le mot ⟦hiero⟧ que l'on peut trouver aussi écrit ⟦hiero⟧ ; mais ce mot ne donne aucun sens raisonnable, et il n'est pas plus difficile d'admettre que le scribe a omis le déterminatif avant le ⟦hiero⟧ que d'admettre qu'il l'a omis après.

M. Brugsch, qui a rattaché à la maxime précédente le premier mot de celle-ci, a prudemment omis les mots qui suivent. Il commence la maxime à la seconde phrase et traduit : « Ne parle pas ainsi : la propriété vient du père de la mère sur le fonds de celui-ci ou de celle-là ; car la cause de la chute (gît dans le débat) à propos du partage avec ton frère. Contente-toi de la cabane que Dieu t'a donnée, parce qu'elle est à toi. » M. Brugsch a encore ici empiété sur les premiers mots de la maxime suivante. Cela n'empêche pas que sa traduction soit un modèle achevé de galimatias. Je ne la discuterai pas, car ce serait perdre mon temps à faire observer que trop souvent Homère sommeille.

M. Chabas a traduit cette maxime de la manière suivante: « Construis pour toi une maison ; tu réussiras à supprimer les haines d'une résidence en commun. Ne dis pas : Il y a une maison qui vient de mon père et de ma mère dont les noms sont dans la maison funéraire ; (car) tu tombes en partage avec ton frère, et la part à toi ce sont les dépendances. » Comme on le voit, M. Chabas a bien saisi le sens général et sa traduction donne une idée passablement exacte de la maxime égyptienne : il n'y a que des nuances de détail. Cependant je ne crois pas que la phrase [hiéroglyphes] veuille dire : *tu réussiras à supprimer les haines d'une résidence en commun* ; le mot [hiéroglyphes] commence une proposition subordonnée et j'ai exprimé cette relation par *si*. De plus dans la dernière phrase, la première proposition est la subordonnée et la proposition principale commence par [hiéroglyphes] qui est ici non pas le verbe subordonné, mais le verbe substantif. En effet, on ne peut traduire : tu tombes en partage avec ton frère étant ta part les dépendances ; car la logique s'y oppose ; mais c'est parce qu'on est partageant avec son frère, que les greniers deviennent une part. Je serais même assez porté à croire que le pluriel qui se trouve indiqué après [hiéroglyphes] n'est que le suffixe [hiéroglyphe] marquant la relation par une forme participiale et que le scribe a orthographié de la sorte ici.

Rien n'était plus commun en Égypte que l'indivision des propriétés immobilières quand il s'agit de maison. Les œuvres coptes nous montrent que souvent une maison était laissée indivise et occupée par les divers héritiers : les papyrus coptes du musée de Boulaq publiés par M. Revillout en fournissent une preuve péremptoire[1]. C'est, à mon sens, le sujet de la maxime en discussion. Le moraliste égyptien prévient celui auquel il s'adresse de se bâtir une maison, s'il se trouve dégoûté de la vie en commun dans une habitation indivise. Il ne faut pas

---

1. Cf. REVILLOUT, *Actes et contrats des musées égyptiens de Boulaq et du Louvre*, passim.

s'attarder à la pensée qu'on possède une maison où l'on a une part, du fait d'être héritier de son père et de sa mère; car, si l'on en vient à faire un partage qui fera cesser l'indivision, on aura des greniers, ou des dépendances, pendant qu'un frère se verra maître de par le sort de la partie habitable. On voit donc que si cette coutume d'indivision dans la succession des parents, pour ce qui regardait les maisons, subsistait à l'époque copte, elle n'était pas moins existante dans l'ancienne Égypte, tout au moins vers la XXII° ou la XXIII° dynastie.

———

VINGT-SIXIÈME MAXIME

Mon Dieu m'ayant accordé que tu aies des enfants, (le cœur) de ton père les connaît; or, quiconque a faim est rassasié dans sa maison, je suis son mur qui le protège: ne fais point des actions où (tu montrerais) que tu n'as pas de cœur, car c'est mon Dieu qui donne l'existence[1].

[1]. Mot à mot: Ayant donné à moi mon Dieu que soient à toi des enfants,... ton père les connaît; or, ayant faim homme quiconque, il est rassasié dans sa maison (à ton père); je suis ses murs le recouvrant; ne fais point des actions n'étant point ton cœur, étant mon Dieu donnant l'existence (ou les biens).

Cette maxime a été divisée en deux par mes devanciers ; j'avais d'abord fait de même ; mais la réflexion m'a montré que si je la divisais en deux maximes plus courtes, il n'y avait aucune possibilité de donner à la première de ces deux parties une forme quelconque assez générale où l'on put voir un précepte. La première partie est en effet purement affirmative : elle constate une suite de faits qui n'ont aucune apparence de généralité, mais qui se rapportent tous au même personnage. La seconde au contraire commence par une prohibition qui se rapporte évidemment aux derniers mots de la première partie. J'expliquerai comment j'ai été amené à ce sens en démontrant que les traductions qui ont été données d'abord ne se peuvent point soutenir.

M. de Rougé a ainsi traduit les deux maximes que j'ai réunies après avoir rattaché les premiers mots à la fin de la maxime précédente : « Tu as des enfants : le cœur de ton père les connaît ; si l'un d'eux a faim, il le nourrit dans sa maison. » Les derniers mots de cette première maxime n'ont pas été traduits par cet illustre savant. Mais, je le demande, où y a-t-il une intention morale quelconque dans cet énoncé de phrases qui se suivent ? Je ne saurais en voir. M. de Rougé traduit ainsi la deuxième partie : « Ne rends pas indigent celui qui dépend de toi ; c'est ton Dieu qui donne les biens. » Pour revenir à la maxime qui précède, je ferai observer que le mot 𓂀𓅱𓉐 ne veut pas dire *maison*, mais *lieu où l'on conserve*, comme grenier. En outre s'il fallait adopter ce sens, il faudrait supposer dans la langue égyptienne une tournure de phrase dont elle n'est pas susceptible, car il faudrait traduire ainsi cette phrase : 𓂀𓅱𓉐 : *étant ton protecteur de maison, donné ton Dieu*. Jusqu'à présent on n'a pas trouvé une seule phrase construite sur ce modèle, et tout porte à croire qu'on n'en trouvera jamais, la langue étant réfractaire à une semblable syntaxe. En outre je ferai observer que pour traduire par *donné ton Dieu* les mots [hiér.], comme l'ont fait tous les traducteurs de cette phrase, il ne faut ne tenir aucun compte du suffixe [hiér.] qui se trouve accompagnant le mot [hiér.], et qu'il faut prendre le mot [hiér.] pour le pronom de la deuxième personne. Mais, quoique ce papyrus renferme d'assez nombreuses fautes, que j'ai fait remarquer d'ailleurs, nous n'avons pas encore trouvé d'exemple de l'emploi d'un suffixe ajouté au verbe sans raison ; et il faut bien voir un suffixe dans le signe [hiér.] car le nom d'agent de [hiér.] est formé d'une autre manière. Le mot [hiér.], en copte ϯ est susceptible, comme tout verbe actif égyptien, de s'agglutiner les suffixes, par conséquent nulle impossibilité de ce côté ; on trouve en copte ⲧⲏⲓⲧ et ⲧⲁⲁⲧ. Pour le mot [hiér.] je sais très bien qu'on le trouve souvent écrit abusivement pour le suffixe de la seconde personne ; mais il me semble que je devais tout d'abord tenter de traduire avec le suffixe de la première personne, d'autant plus que le verbe avait ce même suffixe. Or le sens obtenu ainsi, sans violenter le texte, me semble bien préférable à celui que l'on obtient en considérant le mot comme une faute et en le réduisant à [hiér.], sans compter que le pronom de la première personne, à l'état absolu, se retrouve plus loin [hiér.]. Avançant plus loin, je ferai observer que [hiér.] veut dire *tous les hommes*, ou *tout homme, tout individu*, et non pas *l'un d'eux*, comme a traduit M. de Rougé[1]. De même je ne crois pas que M. de Rougé ait lu [hiér.], car il a traduit : « Ne rends pas indigent celui qui dépend de toi. » Je ne peux pas même voir comment il a lu. On retrouve à la fin de cette maxime le mot [hiér.] après [hiér.], Dieu ; je ne peux savoir comment c'était le Dieu de tel

---

1 Remarquer l'orthographe [hiér.] pour [hiér.].

homme, plutôt que celui de tel autre qui donnait l'existence : il reste là quelque chose que je ne m'explique pas très bien, à moins qu'il n'y faille voir une assurance de dévotion particulière, ou encore que ce ne soit un reste de fétichisme mal disparu.

M. Brugsch, qui a déjà fait rentrer dans la maxime précédente les premiers mots de celle-ci, a donné la traduction suivante de ce texte : « Les enfants de ton père savent que, lorsque quelqu'un avait faim, il le rassasiait dans sa maison, car son mur n'était pas fermé. Ne sois pas sans cœur, car Dieu est le donateur de ce qui existe. » La dernière partie de cette traduction est bonne; mais je ne saurais en dire autant de la première. M. Brugsch ne tient pas compte de la lacune qui existe entre le mot [hiéroglyphes] et le mot [hiéroglyphes], lacune qui est trop considérable pour n'y voir qu'un ᔕᔕᔕ d'autant plus qu'il reste encore quelque dessin d'un signe allant de haut en bas, ce qui ne peut être le cas pour ᔕᔕᔕ. J'ai adopté le sentiment de M. de Rougé dans ma traduction ; mais ce point n'est pas certain. Entre outre le mot [hiéroglyphes] ne sert pas à relier deux propositions dont la seconde dépend de la première; mais il se place en tête d'une proposition, comme notre mot *or*. Je pense que M. Brugsch a entendu *sa maison*, ainsi que je l'ai fait, et qu'il a compris la maison du père. Quant à la dernière partie de la phrase, la traduction qu'il propose est impossible grammaticalement; le texte ne contient pas en effet *son mur*, mais *ses murs* [hiéroglyphes], et le pronom suffixe qui devrait être celui de la troisième personne du pluriel est celui de la troisième personne du singulier. Il faut donc faire de ce dernier le régime du verbe, et non le sujet, comme l'a fait M. Brugsch. Le mot [hiéroglyphes] ne signifie pas *fermer*, et au passif *être fermé*, mais *couvrir*, *vêtir*, et au passif *être couvert*, *être vêtu* : c'est d'ailleurs le sens du mot copte ⲅⲱⲕⲉ, qui est la transcription exacte du mot hiéroglyphique.

M. Chabas n'a pas expliqué cette maxime avec son bonheur ordinaire; il a traduit : « Ton Dieu t'a donné d'avoir des enfants et ton père les connaît; or, quiconque a faim, il le rassasie dans sa demeure : je suis son asile assuré et son vêtement. — Ne fais pas (ne sois pas) sans ton cœur : c'est ton Dieu qui donne l'existence. » Ainsi qu'il est facile de le voir, M. Chabas a admis l'incorrection du texte, sans tenter de l'expliquer et sa maxime, chose rare chez lui, prend l'apparence d'une série de faits rassemblés les uns à côté des autres, sans la moindre intention morale. Il aurait dû, ce semble, tenter l'autre explication; mais il n'a pas eu le moindre doute sur sa traduction et sa légitimité. Il a bien vu que le mot [hiéroglyphes] était un pronom; mais il a eu le tort de faire du mot [hiéroglyphes] un nom, quand c'est un verbe au participe. Jamais en effet un égyptien écrivant une phrase où se rencontrent deux noms dont le premier est précédé du possessif [hiéroglyphes], n'aurait exprimé cette possession du second en se contentant du suffixe placé après le verbe : il aurait employé le même pronom dans les deux cas et aurait répété le mot [hiéroglyphes].

En résumé le moraliste égyptien partant de ce principe que c'est Dieu qui lui a donné les enfants de son fils, vient à parler des malheureux qu'il nourrit et qu'il protège, puis prie son même fils de se montrer pitoyable envers tous, car c'est Dieu qui donne l'existence. Sans contredit cette morale est assez relevée; nous quittons pour une fois le terre à terre des recommandations utilitaires, pour entrer dans une région plus pure, où la lumière est plus brillante. Cette idée de rapporter à un Dieu le don des enfants fait à son fils, de se faire de ce don une raison de reconnaissance; puis se proposer soi-même en exemple à son fils, parler de ses charités pour le prier de ne pas être sans cœur, parce que tout vient de Dieu ; tout cela semble un produit des religions modernes et de l'élévation qu'elles ont causée dans les sentiments et les mœurs, mais en réalité cela se trouve dans le fonds commun de l'humanité, puisque nous voyons ces mêmes idées exprimées en Égypte peut-être vingt siècles avant notre ère. Je ne m'étonne pas de voir qu'un père se propose en exemple à son fils, lorsque je me rappelle que sous la XIIe dynastie les chefs qui gouvernaient la Moyenne Égypte avaient grand soin de dire dans leurs tombeaux qu'ils avaient été l'œil de l'aveugle, le pied du boiteux, la langue du muet, etc., qu'ils avaient pris soin de la veuve et de l'orphelin, qu'ils n'avaient laissé personne sans secours et qu'ils avaient rendu leur district prospère en tout point[1]. Notre moraliste continuait ainsi la tradition, et nous verrons que son fils le lui reproche à la fin du papyrus.

VINGT-SEPTIÈME MAXIME

Ne reste pas assis quand un autre es debout, s'il est plus âgé que toi, même si tu est plus grand que lui dans ses fonctions[2].

1. DE ROUGÉ, *Stèle d'Antef*, dans sa notice des monuments du musée égyptien du Louvre.
2. Mot à mot : Ne t'assieds pas, étant un autre se tenant debout, étant lui vieux plus que toi, même étant lui tu es magnifié plus que lui dans ses fonctions.

Cette petite maxime qui se donne comme si claire et si compréhensible n'en présente pas moins une grande difficulté, si l'on admet que le texte est correct. Malgré cette difficulté grammaticale qui peut disparaître si l'on admet l'incorrection du texte, les savants qui l'ont traduite ont tous bien traduit, parce que le sens les y contraignait. M. de Rougé traduit en effet : « Jeune homme, ne t'assieds pas, tandis qu'un homme plus âgé que toi reste debout, quand même tu serais plus élevé que lui dans son emploi. » M. de Rougé a, selon moi, parfaitement saisi le sens de cette phrase telle qu'elle est écrite : c'est pourquoi j'ai adopté sa traduction. M. Brugsch a traduit les mêmes mots de cette manière : « Ne reste pas assis, quand reste debout un autre qui est plus âgé que toi ou de plus haute situation. Traite-le selon sa dignité. » Traduire le mot ⟨hiér.⟩ par *traite-le*, me semble un peu hasardé ; d'autant plus que je ne puis voir dans ce mot qu'une faute pour ⟨hiér.⟩ = ⲉⲣⲟϥ, en y reconnaissant le même mot que le ⟨hiér.⟩ = ⲉⲣⲟⲕ qui précède, c'est-à-dire le ⟨hiér.⟩ ordinaire du comparatif, vocalisé ici, avec un suffixe ⟨hiér.⟩ au lieu de ⟨hiér.⟩. De sorte que le mot à mot donne : *même étant lui tu es magnifié plus que lui dans sa fonction* : Les mots ⟨hiér.⟩ ne forment qu'une seule idée qui aurait dû être exprimée par un seul mot ; mais le scribe égyptien a préféré se servir de la formule ordinaire et de là vient qu'il est assez difficile de comprendre sa phrase qui, au premier abord, semble tout à fait incompréhensible, et qui cependant légitime le complément ⟨hiér.⟩. M. Chabas a admis l'incorrection du texte et a traduit : « Ne t'assieds pas tandis qu'un autre reste debout, s'il est plus âgé que toi, ou s'il est ton supérieur par la fonction qu'il

---

1. Observer l'emploi de ⟨hiér.⟩ ⟨hiér.⟩ : le second ⟨hiér.⟩ peut parfaitement provenir de l'inattention du scribe.

exerce. » M. Chabas a traduit comme si le texte contenait les mots suivants [hiéroglyphes]¹. Mais s'il en était ainsi le scribe n'aurait pas exprimé une leçon bien difficile à traduire en acte, car en tout pays on a respecté le supérieur avec toute la bassesse imaginable; mais il est bien plus difficile d'honorer un vieillard quand on est son supérieur, car la jeunesse est naturellement portée à se croire tout permis dès qu'on a en partage un peu plus de l'autorité. Aussi c'est cette considération qui m'a fait admettre et expliquer la traduction de M. de Rougé.

VINGT-HUITIÈME MAXIME

[hiéroglyphes]

On ne prend point de choses bonnes, quand on dit des choses mauvaises ².

Cette maxime fort simple est d'un sens obvie; aussi a-t-elle été comprise par les deux savants qui l'ont traduite. M. de Rougé l'a un peu paraphrasée ainsi : « On ne recueille pas de bons produits en semant de mauvaises paroles. » M. Chabas a traduit comme j'ai traduit moi-même en adoptant sa propre traduction. Il s'agit ici d'une maxime générale exprimée généralement : c'est la même idée qui est exprimée en d'autres termes dans un certain nombre de passages de l'Évangile.

1. M. Chabas a transcrit ce mot , transcrivant un ⌒ qui n'a aucune raison d'être d'après le fac-similé.
2. Mot à mot: Point n'est prenant merveille bonne, étant lui disant merveille mauvaise.

ÉTUDE SUR LA MORALE ÉGYPTIENNE 111

VINGT-NEUVIÈME MAXIME

Marche vers le chemin de la rectitude chaque jour, tu atteindras le lieu où tu vas [1].

Cette maxime, malgré son peu d'étendue, renferme une grande difficulté, à cause du dernier mot qui est à peu près illisible. Quel est ce mot? Il se compose certainement d'un signe qui est ou les jambes Λ, ou l'oreille ; mais ce dernier signe est toujours accompagné de son complément qui ne se trouve pas ici. D'un autre côté le verbe Λ est déterminé par la grande et la petite jambe, et il n'y a pas moyen de voir ni l'une ni l'autre dans le fac-simile, car ce fac-simile contient un premier signe, un second qu'on peut regarder comme l'homme et un troisième qui est certainement l'homme portant la main à la bouche. J'avoue que je ne sais pas ce que vient faire ici l'homme portant la main à la bouche, et je serais assez porté à y voir une erreur du scribe.

M. de Rougé a donné de cette maxime la traduction suivante: « Marche chaque jour dans la voie droite; tu atteindras la demeure. Écoute, qui donc reste tout le jour à parler? » Cette traduction, ainsi que celle de M. Chabas, a rattaché à cette maxime les mots qui commencent la maxime suivante ainsi que je le montrerai, et il a lu , sans doute. Le papyrus ne contient certainement pas ce mot. Il a en outre traduit le mot par atteindre;

---

1. Mot à mot : Qu'il soit marché dans le chemin qui droit, tu atteindras (?) le lieu d'aller (?).

112　ÉTUDE SUR LA MORALE ÉGYPTIENNE

mais il faut alors admettre que le scribe a fait une faute certaine et qu'il eût dû employer pour déterminatif les deux jambes 𓂻, et que la forme [hiéro] est mise pour [hiéro]. C'est possible ; mais je dois faire remarquer que si ce mot peut bien se rapporter au copte ⲧⲁϭⲥⲉ = vestigium, il peut aussi bien se rapporter au mot ⲧⲟϫⲥ = armare. Il est vrai que dans l'exemple cité par Peyron, le sens que ce savant lui attribue peut bien dériver d'une racine signifiant *aller, laisser des pas, des traces.* Je ne peux dire si ce dernier sens peut convenir au passage que je discute, parce que je ne suis pas certain d'avoir bien lu le dernier mot.

M. Chabas a traduit : « Pars toujours dans la voie qui est licite, tu fouleras le chemin du retour. Qui donc demeure quand il est appelé chaque jour ? » L'expression [hiéro], comme transcrit M. Chabas, ne peut pas signifier le chemin de retour, par la bonne raison que le verbe 𓂻 signifie *aller, venir* et non pas *retourner.* C'est pourquoi j'ai traduit tout simplement : *tu atteindras le lieu où tu vas* (?). sans regarder ma traduction autrement que comme une conjecture plus ou moins plausible.

Je ne peux indiquer le sens moral d'une maxime ainsi présentée, je peux seulement dire que ma traduction n'a rien qui choque le bon sens, ni la grammaire.

TRENTIÈME MAXIME

ÉTUDE SUR LA MORALE ÉGYPTIENNE

De quoi parle-t-on chaque jour ? Que les professions parlent de leurs devoirs ; que la conversation de la femme prenne son mari (pour sujet) et que la conversation de tout homme soit sur sa profession [1].

En faisant commencer la maxime au mot 〰️🐦👤, il me semble que j'ai rendu compréhensible ces mots qui ne l'étaient pas le moins du monde, si on les attachait à la maxime précédente. La maxime se présente ainsi sous la double forme d'une demande et d'une réponse. C'est pour n'avoir pas saisi cette dépendance de la réponse avec la demande que MM. de Rougé et Chabas ont eu tant de peine inutile à rattacher tant bien que mal les premiers mots de cette maxime à la précédente, traduisant le premier : « Ecoute, qui donc reste tout le jour à parler ? », et le second : « Qui donc demeure quand il est appelé chaque jour ? »

M. de Rougé a traduit la réponse de cette sorte : « Les dignités amènent les devoirs ; la conversation d'une femme amène son mari ; la conversation d'un homme se porte sur ses occupations. » Je ne vois pas pourquoi on traduirait le mot 🐦👤 de deux manières différentes à la fin et au commencement de la réponse. Le mot *fonction, profession*, me semble répondre parfaitement aux deux endroits. En outre le mot 🐦👤 ne veut pas dire *amener*, mais *prendre, enlever, voler*.

M. Chabas a donné de son côté la traduction suivante : « Chaque profession entraîne ses obligations ; le raisonnement de l'épouse entraîne son mari et l'homme raisonne de sa profession. » Cette traduction donne au mot 🐦👤 deux sens fort différents quoiqu'il n'y ait qu'un seul mot d'employé ; dans cette phrase : chaque profession entraîne

---

1. Mot à mot : « Qui donc reste étant parlé chaque jour ? Les fonctions prennent leurs devoirs ; la conversation de la femme prend son mari, et la conversation de l'individu sur ses fonctions. »

ses obligations ; et dans cette autre : Le raisonnement de la femme entraîne son mari, le mot *entraîne* est employé dans deux sens fort différents, car dans le premier cas il est pris avec son acception figurée, et dans le second dans son acception propre, quoique le sens ne soit pas physique. Il y a là quelque chose qui a pu satisfaire M. Chabas au premier abord, mais qui ne saurait satisfaire le critique agissant au nom de la méthode et de la science. Ensuite traduire le mot [hiéroglyphes] par *raisonnement* me semble un peu osé ; le mot signifie *lancer la parole*, d'où *converser*, d'où peut-être *raisonnement*, mais ce dernier sens est très dubitatif. J'attribue ainsi à la racine redoublée [hiéroglyphes] le sens de la racine simple ; mais ce mot est susceptible d'un autre sens. Il est resté en copte transcrit lettre pour lettre ⲛⲟⲭⲛⲉⲭ, en thébain ⲛⲟϭⲛⲉϭ : ces deux mots veulent dire également *blâmer* ; on aurait donc pour notre maxime un sens satirique tout à fait nouveau, mais non improbable, de sorte que le sens de cette maxime pourrait bien être : « De quoi parle-t-on chaque jour ? Les professions prennent leurs devoirs (comme sujet de conversation), le blâme de la femme prend son mari et le blâme de l'individu est sur sa profession. » J'hésite sur les deux traductions et je les donne toutes les deux sans me décider pour l'une plus que pour l'autre, la traduction par *blâme* rendrait assez bien compte de l'emploi du mot [hiéroglyphes].

Quoi qu'il en soit, il est assez clair que le moraliste a voulu par cette maxime spécifier les sujets de conversation les plus ordinaires, que ce soit en bonne ou mauvaise part. Il ne faudrait pas s'étonner qu'un même mot soit susceptible de deux sens qui nous paraissent aussi différents que ceux de *converser* et de *blâmer*. J'ai été souvent témoin en Égypte qu'il ne fallait qu'un peu d'élévation dans la voix ou de vivacité dans le récit pour faire d'une conversation ordinaire une dispute injurieuse. Chez nous, au contraire, nous attachons plus d'importance au sens des mots qu'à la manière plus ou moins vive dont nous les prononçons : en Égypte on attache au débit autant et plus d'importance qu'au sens des mots, si bien que lorsqu'on entend des Européens tenir une conversation animée, on croit qu'ils se disputent et se disent des injures. Un jour que je cheminais paisiblement sur mon âne, avec un compagnon de voyage qui était natif d'un petit village non loin de Benisouef, je vis deux fellahs qui parlaient avec assez de vivacité. Comme je ne comprenais pas leur parler trop vulgaire, je dis à mon compagnon : « Que disent-ils ? » — « Ils s'injurient, » me répondit-il. — « Comment ? » repris-je, car je voulais avoir une idée des injures qu'on se disait en Égypte. — « Il dit à l'autre : Eh quoi ! ton âne a mangé un peu de mes fèves. Il a pénétré dans mon champ : retire-le. » Le pauvre baudet coupable semblait indifférent aux *injures* que se disaient son maître et le fellah cultivateur du champ où il avait brouté : je pensais à part moi qu'il n'avait pas si grand tort et que la dispute n'était pas bien grave. Mais je me trompais sans doute, et l'âne, quoique défendu par son propriétaire, s'aperçût bientôt que la chose était d'importance. Ainsi, il est fort compréhensible que la racine qui veut dire *lancer*, et *lancer la parole*, quand elle est déterminée par l'homme portant la main à la bouche, puisse signifier *blâmer* à l'état géminé.

TRENTE ET UNIÈME MAXIME

Ne parle pas mal à tout venant : la parole (?) au jour de ton bavardage renverse ta maison[1].

Cette maxime présente une certaine incertitude à cause d'une petite lacune qui se trouve dans le fac-similé, lequel a été lu par M. Chabas ⟨⟩ sans hésitation : cependant le signe qui commence ce mot n'est guère semblable à celui qui plus haut commence le même mot[2] : de sorte que je ne peux guère l'y reconnaître ; cependant je l'ai transcrit ainsi, car le mot qu'il donne doit être apparenté de très près à celui qui est transcrit.

M. de Rougé a traduit cette maxime ainsi : « Ne dis rien de mal chez qui que ce soit : le jour même de la causerie, ta parole est revenue à la maison. » Cette traduction offre plusieurs inexactitudes. La préposition ⟨⟩ ne veut pas dire *chez*, mais bien *vers, à,* etc. De même le mot ⟨⟩ est déterminé assez clairement par la barque mise sens dessus dessous pour ne laisser aucun doute sur le sens de ce mot. La difficulté gît dans le signe ⟨⟩ que l'on a regardé toujours comme une préposition ; mais cette préposition, car c'en est une, ne sert qu'à introduire le régime du verbe quand ce verbe est à l'état complet, ainsi que j'ai tâché de le

---

1. Mot à mot : Ne fais pas parler mal à tout venant : la parole (?) au jour de ton bavardage met sens dessus dessous ta maison.
2. Cf. même planche, ligne 12.

démontrer ailleurs¹, et comme cela est ordinaire au copte où le verbe actif a les trois états, l'état complet où son régime est introduit par ⲛ ou ⲙ; l'état construit où ce régime est introduit sans préposition et où la racine éprouve un changement de vocalisation, enfin l'état où le verbe s'agglutine le suffixe. C'est le premier de ces états qui est employé ici.

M. Chabas a fait des quatre maximes suivantes une seule et même maxime dont les diverses parties sont loin d'offrir un tout bien homogène. Je les séparerai. Cette première partie est ainsi traduite : « Ne tiens pas de mauvais propos à tout venant : que les paroles prononcées au jour de ton bavardage restent ensevelies dans ta demeure. » J'ai déjà établi le sens du mot ⟨hiéroglyphes⟩ : je n'ai pas besoin d'y revenir. Je me contenterai de faire observer que la dernière partie de la maxime n'offre aucun sens dans la traduction de M. Chabas; car il est bien évident que l'on n'est plus le maître des propos débités sans discernement et sans aucune réflexion sur les suites qu'ils peuvent avoir; qu'ils aient, ou non, été prononcés dans sa propre maison, les gens qui les ont recueillis demeurent toujours maîtres de les redire. Par conséquent demander à ce qu'ils soient ensevelis dans la maison, c'est demander une chose impossible; car elle ne dépend pas du bavard. Un peu de réflexion l'aurait pu montrer à l'auteur de cette traduction.

Cette maxime nous offre donc les funestes effets des propos inconsidérés sur lesquels notre moraliste a déjà attiré l'attention de son fils : alors, comme aujourd'hui, ces propos que personne ne veut avoir dits le premier et que l'on colporte comme les dires d'on ne sait qui, peuvent ruiner une carrière.

1. Cf. E. AMÉLINEAU, *Lettre à M. Maspero sur la vocalisation*, etc., *de l'ancien égyptien et du copte*, dans le *Recueil de monuments*, etc., tome XII.

TRENTE-DEUXIÈME MAXIME

Si tu te trouves vaillant au temps de ta prospérité, l'adversité venue, tu la supporteras [1].

M. de Rougé a traduit à peu près comme moi, et je n'ai fait qu'adopter une traduction qui m'a semblé de tout point irréprochable : « Si tu es trouvé bon au temps de la prospérité, tu te trouveras (capable) de supporter la misère, quand elle sera venue. »

M. Chabas a rattaché les premiers mots de cette maxime à la maxime précédente : « tu trouveras cela bon au temps de l'affliction. Le chagrin survenant, tu te trouveras capable de le supporter. » Ainsi, d'après M. Chabas, c'est parce qu'on aura « enseveli dans sa maison », les mauvais propos dits à tout venant, qu' « on trouvera cela bon au temps de l'affliction et qu'on sera capable de la supporter ». Une telle suite de pensées ne peut guère supporter l'examen. Du reste le sens est si clair que M. Chabas a été forcé de traduire exactement une phrase qu'il n'a pas su distribuer.

Le moraliste égyptien avait bien saisi cette vérité que, dans la vie, si l'on ne sait pas résister à la prospérité et à ses entraînements, on se trouvera encore plus faible en face de l'adversité.

---

1. Mot à mot : Trouvant toi en qualité de bon au temps de ta prospérité, l'adversité venue, tu te trouves à supporter.

TRENTE-TROISIÈME MAXIME

Le dissipateur voisine (?); comme les qualités du dissipateur sont un vide pour le frère, tes gens se réjouissent apparemment, ils pleurent dans leur cœur[1].

Le sens de cette maxime est assez incertain par suite de la présence de mots qui sont des ἅπαξ λεγόμενα. Il n'est donc pas étonnant que des divergences assez graves se fassent remarquer entre les diverses traductions.

M. de Rougé, qui n'a traduit que la première partie de la maxime, a rendu le texte ainsi : « Le querelleur repousse : les qualités mêmes d'un querelleur portent dommage à son prochain. » Le mot [hiéroglyphes] ne peut pas dire querelleur. Ce mot est une racine géminée de [hiéroglyphe] qui a son correspondant dans le copte ϰωρ, ϰερ ce qui veut dire *dissiper*. Ce mot peut être aussi rapproché du mot ϰερϰερ qui signifie *faire bombance, luxuriose vivere, comessatio*, etc. On voit donc bien qu'il est provenu de la racine ϰωρ, car le

---

[1] Mot à mot : le dissipateur, il fait voisinage (?) ; étant les fois d'utilité de l'homme dissipateur en *cide* de son frère, tes gens se réjouissent des réjouissances, ils pleurent dans leur cœur.

sens *faire bombance* n'est qu'un dérivé par effet de *dissiper*. Quant au mot ⸺ que M. de Rougé a traduit par *repousser*, ainsi que M. Chabas, il ne signifie pas *repousser*, mais *côté*, d'où le sens de *voisin* qu'a le copte ⲡⲁⲧⲣ c'est-à-dire de *maison à côté*. J'en ai fait un verbe, mais je suis loin d'assurer le sens que je propose. Le reste de la phrase a été assez bien compris par M. de Rougé, si l'on ne tient compte que des mots qu'il a traduits ; mais la phrase commence par ⸺ copte ⲉⲡⲉ, et ne saurait par conséquent être une proposition principale.

M. Chabas a traduit toute la maxime ainsi : « Le licencieux est repoussant. Les choses qui font le bonheur du licencieux sont une démence pour des frères : les parents t'applaudissent gaiement ; mais ils pleurent dans leur cœur. » Le mot *licencieux* ne saurait rendre ⸺ pour les raisons déjà exposées. L'expression ⸺ ne saurait signifier *ce qui fait le bonheur* ; elle signifie mot à mot *les fois de lumière*, c'est-à-dire les choses dont on se glorifie, ou même encore *les fois d'utilité*, les qualités comme l'a très bien vu M. de Rougé. Le reste est bien rendu par M. Chabas qui a cependant transcrit ⸺ pour ⸺ : mais c'est peut-être une faute d'impression. Cet auteur n'a pas compris la dépendance des propositions et il en a fait autant de propositions séparées qui sont bien traduites chacune.

Si j'ai bien compris, le scribe égyptien prémunit son fils contre les dangers de la dissipation : les qualités d'un viveur sont, dit-il, considérées comme un *vide* par le frère : aussi les gens qui ont l'air de se réjouir des folies du dissipateur pleurent-ils du fond de leur cœur. Ce sens rend compte de tous les mots excepté du mot que j'ai traduit par *voisine* et qui est si loin de me satisfaire que je serais tenté de regarder le texte comme fautif.

TRENTE-QUATRIÈME MAXIME

Si tu es bon, tu seras regardé; que tu sois dans un cercle nombreux, ou que tu sois solitaire, tu trouves les gens et on exécute tout ce que tu dis[1].

M. de Rougé n'a traduit qu'une partie de cette maxime : « Tant que tu seras heureux, tu verras des gens nombreux ; quand tu seras seul, tu trouveras ta famille. » Évidemment l'auteur de cette traduction pensait aux deux vers si connus d'Ovide :

> Donec eris felix multos numerabis amicos ;
> Tempora si fuerint nubila, solus eris.

D'après lui, le texte latin ne serait même que la traduction des mots égyptiens, si l'on pouvait supposer qu'Ovide a eu connaissance des livres de l'Égypte : en tout cas, c'est au moins une remarquable coïncidence. Malheureusement les mots du texte ne permettent pas une semblable interprétation : les suffixes qui accompagnent le mot suffisent seuls à le démontrer. Il est vrai que M. de Rougé les néglige ; mais alors pourquoi ne pas les négliger aussi après le mot .

M. Chabas a traduit à peu près de la même manière que moi, et je n'ai fait qu'adopter sa traduction que voici : « Si

---

1. Mot à mot : Toi étant bon, tu es regardé ; étant nombreux, étant solitaire, tu trouves tes gens et sont faites toutes tes paroles.

tu es bon, on aura les yeux sur toi, que tu sois dans un cercle nombreux, que tu sois seul: tu trouveras ton entourage et tes volontés seront exécutées. » Je n'ai fait que changer la ponctuation. Le mot ⸺⸺⸺⸺⸺ est traduit d'ordinaire par *famille, peuplade, tribu*. Je le prends ici dans un sens analogue et très voisin.

TRENTE-CINQUIÈME MAXIME

Si tu es habile dans les écritures, si tu as pénétré dans les écritures, place-les en ton cœur: tout ce que tu dis devient (alors) parfait. Si le scribe est employé dans une profession quelconque, il discourt d'après les écrits. Il n'y a point de

---

1. Ce signe est entouré de points pour montrer que le scribe s'est trompé en effet il faudrait comme déterminatif ⸺.

ÉTUDE SUR LA MORALE ÉGYPTIENNE

fils pour le chef de la double maison blanche ; il n'y a point d'héritier pour le chef du sceau. Les grands apprécient le scribe : sa main, c'est sa profession : on ne la donne point aux enfants : leur misère c'est son bien, leur grandeur c'est sa protection [1].

Cette maxime est fort claire et n'offre pas grande difficulté à la traduction. M. de Rougé l'a traduite ainsi : « Tu es versé dans les lettres, tu pénètres dans (le sens) des écritures ; qu'il reste fixé dans ton cœur, tous tes discours deviendront vertueux. Le lettré est élevé à tous les emplois : c'est lui qui délibère sur les écritures. Le chef du trésor n'a pas de fils, le chef du sceau n'a pas d'héritier. Les grands apprécient l'écrivain, il remplit des fonctions qu'on ne peut pas confier à un enfant....... » M. de Rougé n'a pas traduit les derniers mots de cette maxime et l'on peut douter qu'il en ait saisi le sens vrai. Sans m'arrêter à la nuance grammaticale qui n'a pas été comprise, la traduction « qu'il reste fixé dans ton cœur » ne me semble pas donner une idée juste du texte, car les mots égyptiens ne veulent peut-être signifier que « apprends par cœur ». On trouve une idée analogue dans le papyrus Prisse, vers la fin des préceptes du premier auteur qui n'est pas Kaqemni, quoiqu'on en ait dit [2] : l'auteur s'exprime

---

1. Mot à mot : Étant toi habile dans les écritures, ayant pénétré dans les écritures, donne-les dans ton cœur : tout ce que que tu dis devient parfait. Étant est adonné le scribe à toute profession, il est parlant d'après les écrits. Point n'est fils pour le chef de la double maison blanche ; point n'est héritier pour le chef du sceau. Les grands apprécient le scribe : sa main, c'est sa profession, sans qu'elle soit donnée aux enfants ; leur misère (est) son bien, leur grandeur est sa protection.

2. La phrase sur laquelle MM. Chabas, Lauth, Brugsch, Dümichen, Maspero, Virey, etc., se sont fondés pour attribuer la paternité du livre à Kaqemni, est la suivante : 〈hiéroglyphes〉 : *voici fut fait Kaqemni en chef de ville, comte*, cela après la mort du pharaon Houni, et l'élévation de Snefrou. (Pap. Prisse, pl. II, l. 8-9). Or, je le demande, y a-t-il là un indice quelconque pour arriver à conclure que ledit Kaqemni est l'auteur du livre ? Il est bien plus probable que c'est l'auditeur,

124   ÉTUDE SUR LA MORALE ÉGYPTIENNE

ainsi : « Le chef fit appel de ses enfants, quand il eut achevé les plans (d'après lesquels doivent se conduire) les hommes ; ils s'émerveillèrent d'être venus, quand il leur eut dit : Si tout ce qui est écrit sur ce rouleau est écouté comme je l'ai dit, pour le plus grand bien [1] et l'utilité, on le mettra dans son ventre [2], on le récitera tel qu'il est dans l'écrit : le bien sera dans leur cœur au-dessus de tout ce qui est dans la terre entière, qu'ils soient debout, qu'ils soient assis [3]. » Je crois bien que l'expression de notre papyrus ⟨hiéro⟩ est synonyme, ou à peu de chose près, de la phrase employée par l'auteur du premier ouvrage du papyrus Prisse ⟨hiéro⟩. Quoiqu'il en soit, le mot ⟨hiéro⟩ ne veut pas dire *vertueux* : le sens que nous attribuons maintenant à ce mot n'était pas connu des anciens

celui auquel s'adressaient les conseils qui forment le commencement du papyrus Prisse, et que c'est pour montrer l'efficacité de la doctrine qu'il est dit que celui auquel elle était adressée, le disciple fidèle, Kaqemni, fut élevé aux hautes dignités dont il est question. Sur ces dignités cf. MASPERO, *Études égyptiennes, Papyrus Hood*, vol. II.

1. Mot à mot : *en accroissement sur utilité*.
2. C'est-à-dire : on l'apprendra par cœur, comme nous disons.
3. C'est-à-dire : en quelque position qu'ils soient. Voici le texte de ce passage :

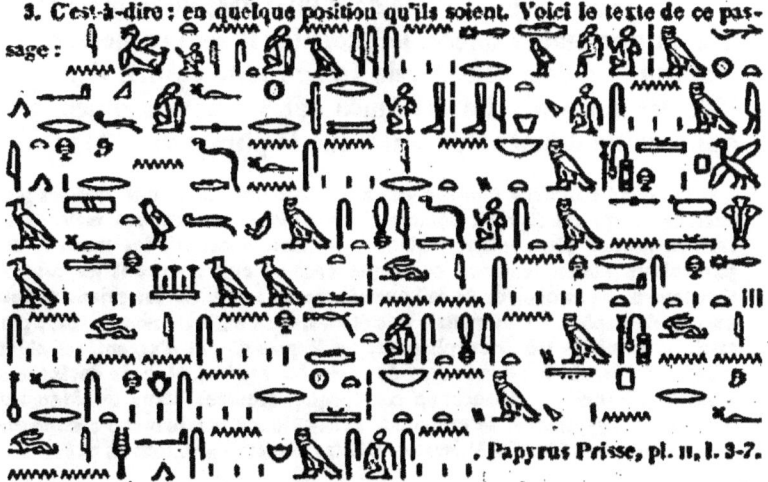

Papyrus Prisse, pl. II, l. 3-7.

égyptiens. Le mot 〈hiero〉 veut dire au propre *travailler à l'outil* représenté par le déterminatif 〈hiero〉; d'où l'on tire le sens de *compléter, parfaire*, parce que c'était ce travail qui se faisait en dernier lieu. Le mot *parfait*, dans le sens physique ou légèrement figuré, est le mot propre pour traduire le mot égyptien. De *vertu*, il n'en était pas plus question en Égypte qu'il ne devait en être question plus tard dans la Grèce et à Rome : l'humanité a fait des progrès depuis ces temps lointains et, tout en conservant les mêmes mots, elle leur a donné un sens nouveau qui les rend en quelque sorte méconnaissables.

La phrase qui suit serait comprise, si l'auteur eût saisi la dépendance des propositions. De même, quand le moraliste égyptien dit que ni le chef de la double maison blanche[1], ni le chef du sceau ne transmettent leurs fonctions par héritage, je ne suis pas très certain que M. de Rougé ait bien vu qu'il s'agissait de cela. Ce qu'il y a de sûr, c'est qu'il n'a pas compris le sens des derniers mots qu'il a traduits ; il a lu sans doute 〈hiero〉, tandis que le texte porte d'une manière indubitable 〈hiero〉 *sa main, c'est sa profession*, ce qui se comprend parfaitement d'ailleurs, car la profession du scribe consiste dans l'habileté de sa main : plus il aura une main exercée, habile, plus il sera recherché. Le mot *confié* qu'emploie M. de Rougé jette l'esprit dans une idée contraire à celle exprimée par le mot égyptien 〈hiero〉 qui signifie donner : de sorte que la phrase veut bien dire

---

[1]. *La double maison blanche* est ainsi nommée parce que dès les plus anciens temps en Égypte, comme de nos jours encore, les maisons de l'administration pharaonique étaient blanchies, tandis que les maisons des particuliers étaient couleur de brique crue ou cuite, suivant les cas, ou simplement de la couleur de la boue séchée au soleil. Ce fut primitivement un lieu de dépôt où l'on mettait des étoffes, du vin, mais non du blé ; plus tard, on y mit le trésor du pharaon, les lingots d'or et d'argent, les objets manufacturés, si bien que le chef de la *double maison blanche* devint une sorte de ministre des finances en ces époques reculées. Dans le *Manuel de hiérarchie égyptienne*, le préposé à la double maison blanche occupe une place très honorable. Cf. MASPERO, *Études Égyptiennes*, tom II, p. 8.

qu'on ne transmet point cette profession à ses enfants par droit d'héritage, comme une maison ou un champ ; mais aussi qu'il faut que l'enfant acquière la science nécessaire pour avoir la position.

M. Chabas a en général bien saisi le sens de cette maxime : « Si tu t'es rendu habile dans les écritures, si tu as pénétré dans les lettres, qu'elles soient présentes dans ton cœur, et il arrivera selon toutes les justes volontés. A quelque profession qu'appartienne le scribe, il raisonne sur les lettres. Il n'est pas de fils pour le préposé du trésor, pas d'héritier pour le chancelier âgé. Le scribe dont la main est habile dans sa profession ne transmet pas cette profession à ses enfants ; leur misère est leur propre fait, leur grandeur est le résultat de leur propre soin. » Malgré tout cette traduction est inadmissible sur plusieurs points. Tout d'abord je ferai la même observation que plus haut : les mots « qu'elles soient présentes dans ton cœur », ne rendent pas le texte, non plus que « il arrivera selon tes justes volontés ». Le mot [hiéroglyphes] signifie *ce que tu dis, tes dires*; et j'ai déjà expliqué le mot suivant qui n'a aucun rapport avec l'idée de justice. J'ai déjà dit plus haut ce que je pensais sur le mot [hiéroglyphes]. M. Chabas a mal coupé la phrase cependant si claire : « il n'est pas de fils pour le chef de la double maison blanche, il n'est pas d'héritier pour le chef du sceau ; » en ajoutant le mot *âgé* à *chancelier*, il a rompu le parallélisme et a été entraîné à une fausse compréhension de la phrase qui suit. En effet pour traduire par « le scribe dont la main est habile dans sa profession, » il faudrait avoir [hiéroglyphes] [hiéroglyphes] ; mais il y a au contraire [hiéroglyphes] etc., sans la préposition [hiéroglyphe]. Il n'est pas difficile de traduire si l'on change les mots de place et si l'on substitue les prépositions qui agréent au sens que l'on veut voir. Dans la dernière phrase, M. Chabas est retombé dans ce que je finirai par croire son péché mignon : il y a là aussi un parallélisme qui commence par le mot [hiéroglyphes] dans les deux cas et qui finit par [hiéroglyphes] correspondant à [hiéroglyphes], le mot [hiéroglyphes] se rapportant évidemment à un nom pluriel et les deux autres à un nom singulier. Or il n'y a qu'un nom pluriel dans la maxime que [hiéroglyphes] et [hiéroglyphes] : il est évident que les écritures ne peuvent être malheureuses ni prospères ; il reste donc que ce sont les enfants. Dès lors pourquoi traduire : « *leur* misère est *leur* propre fait, *leur* grandeur est le résultat de *leur* propre soin ? » C'est égarer le lecteur dans ses propres fautes.

Ce qui a égaré M. Chabas et aussi M. de Rougé, c'est la fausse idée que ces deux auteurs se sont faite du scribe égyptien. On s'est dit le scribe, c'est le *lettré* de l'Égypte ancienne, sachant les sciences de son temps et de son pays, habile à dresser des comptes et à aligner de belles phrases. On a jugé de son sort par les louanges dithyrambiques contenues dans les papyrus et l'on s'est plu à répéter : Le scribe prime toute fonction[1]. On s'est créé ainsi un type idéal de scribe prêt à toutes les charges et s'offrant à tous les honneurs. La vérité est loin de répondre à ce beau portrait. Pour savoir quelle était cette réalité, il n'y a qu'à interroger le présent ; car c'est à la lumière des choses présentes qu'on peut arriver à se faire une idée des choses passées.

Aujourd'hui quand l'enfant est sorti de l'école, on le place, si l'on veut le faire entrer dans la carrière administrative qui répond à la carrière du scribe d'autrefois, sous un maître près duquel il apprend les formules dont il doit se servir plus tard. Ces formules de lettres ou de rapports, ou de demandes

---

1. Papyrus Anastasi, II, pl. VI et VII ; Sallier, I, pl. VI et VII ; — Sallier, II, pl. V et VI ; Anastasi, V, pl. XV-XVII ; — Anastasi, IV, pl. IX et X ; Anastasi, III pl. V et VI, et surtout Sallier, II, pl. III-XI ; Anastasi, VII, pl. I-VII.

diverses, sont aussi variées qu'il peut y avoir de sujets dont on peut encombrer une administration. Le jeune homme apprend ainsi formule par formule : quand on sait la formule d'un objet, on en passe à l'application qui exige le changement de certains mots; si l'on réussit dans cette dernière phase de l'habileté particulière, on passe à une autre formule. Celui qui apprend le plus grand nombre de formules est réputé le plus habile et le plus instruit. Lorsque je me trouvais au Caire, quoique je fusse un bien mince personnage, j'ai eu assez souvent l'occasion de présenter à diverses administrations des demandes de jeunes Coptes pour avoir un emploi : j'ai toujours été frappé de la forme qu'ils donnaient à l'exposé de leur demande : Je sais faire une lettre pour les chemins de fer, une lettre pour réclamer, un rapport, etc., etc. Ils savaient en effet la formule nécessaire pour écrire un relevé de compte, une lettre de réclamation, une lettre de vente, etc., car tout porte le nom de *lettre* dans l'usage qu'ils font de notre langue! Un fait fera comprendre mieux ce que j'ai dit, et ce fait est historique, car il est raconté dans la *vie du patriarche Isaac*. Ce jeune garçon, qui devait plus tard occuper la première situation en Égypte, avait reçu de la nature et avait acquis par son travail l'une des plus belles *mains* qu'un apprenti scribe puisse désirer. Au sortir de l'école, ses parents, profitant de ce qu'ils étaient parents avec un certain Ménéçon, employé de la grande chancellerie d'Alexandrie, le firent entrer au prétoire de Georges, éparque du pays d'Égypte. C'était dans les dernières années de l'administration grecque : l'enfant devait apprendre sous son parent le beau métier de scribe. Un jour l'éparque Georges vint dans ce que nous nommerions aujourd'hui les bureaux de sa chancellerie pour entretenir Ménéçon d'une affaire importante et lui faire rédiger une lettre. Ménéçon était absent : l'éparque n'y trouva que le notaire Isaac qui ne savait pas où était son chef. L'enfant demanda de remplacer son patron. L'éparque le regarda tout surpris, : la lettre était difficile, il ne croyait pas que l'enfant fût capable de la rédiger; car ce n'était pas l'usage qu'un jeune garçon comme Isaac connût les formules à un âge si peu avancé. Cependant il lui dit ce dont il s'agissait. L'enfant se retira dans une chambre, fit la lettre et revint la montrer à l'éparque tout surpris de posséder un scribe aussi habile[1]. Ce qu'on exige en Égypte, c'est non pas d'avoir des connaissances personnelles qui permettent de rédiger une lettre quelconque d'après son tempérament, c'est de savoir les mots qu'il faut employer dans telle ou telle circonstance, mots qui ont été conseillés par le plus long usage. On demande en un mot d'avoir une machine à écrire. Voilà pourquoi notre auteur recommande au scribe *d'apprendre par cœur, de mettre dans son cœur* les écrits. Voilà pourquoi, il ajoute que dans toute position, le scribe *discourt d'après les écrits*, c'est-à-dire sait employer les diverses formules. Voilà pourquoi il ajoute encore que les grands savent *apprécier* le scribe. En effet, on n'a qu'à jeter un coup d'œil sur les scènes illustrées du plus ancien empire : on voit à côté des pauvres fellahs qui travaillent, le scribe juché sur quelque monceau de gerbes ou de grains, écrire le compte, pendant que le maître, appuyé sur son long bâton le surveille. Les vies d'Amten et de Pahournofré, qui avaient parcouru toute l'échelle des honneurs jusqu'au degré où ils se tinrent, sont là pour prouver que le scribe habile pouvait aspirer à monter, que le chef de la double maison blanche, non plus que le chef de la chancellerie, ne laissaient pas leur charge en héritage à leurs enfants[2]. Tout ceci est assez éloigné du type que l'on avait formé, mais la chose est exactement ce que je l'ai dite et elle éclaire notre maxime d'un jour tout nouveau.

1. E. Amélineau, *Vie du patriarche copte Isaac*, p. 5.6.
2. Cf. Maspero, *Études Égyptiennes*, II° vol. 2° fasc.

TRENTE-SIXIÈME MAXIME

N'enorgueillis pas ton cœur au sujet de l'homme dissipateur, de manière à faire qu'il trouve sa bouche¹. Circule vite le rapport sorti de ta bouche, si tu le réitères. Ne te fais pas d'inimitiés : la ruine de l'homme est sur sa langue : prends garde de causer toi-même ta perte².

Le texte de cette maxime est évidemment fautif; c'est ce qui a causé en grande partie l'erreur des savants qui ont traduit ce précepte. M. de Rougé a traduit : « Que ton cœur ne se soulève pas au discours d'un querelleur : en lui laissant trouver (libre cours) à sa bouche, il s'apaisera rapidement. La réponse sortie de ta bouche, répète-la; ne te fais pas de querelles, la ruine de l'homme est sur sa langue. Garde-toi de devenir méchant. » Si l'on prend cette maxime telle que la donne cette traduction, on ne peut nier qu'elle ne soit compo-

---

1. C'est-à-dire de manière à ce qu'il ne trouve pas libre cours à sa bouche, qu'il ne s'emporte pas en parole contre toi.

2. Mot à mot : N'élève pas ton cœur au sujet de l'individu dissipateur, de manière à faire son trouver bouche. Circule rapidement le rapport second sorti de ta bouche, toi le réitérant. Ne fais pas ennemis : ruine de l'homme sur sa langue : garde-toi que tu ne fasse perte.

sée de morceaux disparates sans lien entre eux, ou même se contredisant quelque peu. Tout d'abord les mots : Que ton cœur ne se soulève pas au discours d'un querelleur, ne sauraient rendre les expressions du texte. Les mots [hiéroglyphes] signifient *élever ton cœur*; c'est le mot qui est employé pour indiquer l'ascension du plateau dans une balance. Il est évidemment pris ici au figuré et il correspond à l'expression copte ϫⲓⲥⲉ ⲏⲧ, *s'enorgueillir, élever son cœur*. J'ai démontré plus haut le sens du mot [hiéroglyphes] : M. de Rougé a donc paraphrasé le texte en mettant *le discours d'un querelleur*, et par malheur sa paraphrase nous éloigne du sens véritable, comme c'est souvent le cas. Je me contenterai d'ajouter ici qu'il n'est pas surprenant que le mot signifiant *dissipateur* soit le même qui signifie *faire bombance* : dans les temps reculés où nous reporte le papyrus moral de Boulaq, il n'y avait guère de manières diverses de dissiper ses richesses; il n'y en avait même à proprement parler qu'une seule, c'était de *manger* et de *boire* son bien avec des courtisanes. Le papyrus Anastasi IV nous en est un sûr garant, car on s'aperçoit que les scribes, pour ne parler que d'eux, aimaient à fréquenter les maisons de bière, contre lesquelles notre auteur a déjà prémuni son disciple, s'entourant de filles de joie, s'oignant de parfums, se ceignant de fleurs, buvant jusqu'au moment où ils tombaient et se vautraient comme un crocodile[1]. Le papyrus Prisse, dans sa

---

1. Voici le texte de cet important passage qui a déjà été traduit bien souvent; j'en emprunte la traduction que M. Maspero en a donnée dans son *genre épistolaire*. « On me dit que tu abandonnes les lettres, que tu cours de rue en rue, fleurant la bière. Toutes les fois qu'on abuse de la bière, elle fait sortir un homme de soi-même; c'est elle qui met ton âme en pièces. Tu es comme une rame arrachée de sa place et qui n'obéit plus d'aucun côté; tu es comme une chapelle sans son dieu, comme une maison sans pain, dont le mur est trouvé vacillant et la poutre branlante : les gens se sauvent devant toi, car tu leur lances de la boue et des huées. » — « Sachant que le vin est une abomination, abstiens-toi des outres, ne mets pas les cruches devant ton cœur, ignore les jarres. Instruit à chanter avec accompagnement

première partie donne aussi des conseils pour l'occasion où l'on se trouverait avec un de ces gloutons qui ne songent qu'à emmagasiner le plus possible de nourriture [1]. C'était là la *dissipation* de haut et de bas étage.

M. de Rougé a fait dépendre la phrase qui commence par ⲟ̅ⲁ̅ⲟ de la phrase qui suit. C'est le contraire qui doit avoir lieu : la langue égyptienne n'était pas coutumière de ces fortes inversions qui donnent tant de variété à nos langues modernes. En outre, M. de Rougé a lu un mot comme ⲟ̅ⲟ ou ⲟⲟ, ou un autre mot semblable. Il n'existe pas trace d'un pareil mot dans le papyrus. Ce qui vient après le mot ⲟ̅ⲟ, c'est ⲟ̅. Il n'y a pas de mot dans la langue égyptienne pouvant s'écrire par ces deux signes ⲟ̅, du moins on n'en a pas trouvé jusqu'ici. Il y a donc un signe d'omis, et il faut chercher les mots qui se terminent ainsi. Tout d'abord deux se présentent à l'esprit ⲟ̅ et ⲟ̅ⲁ. Je ne peux penser au mot ⲟ̅ⲁ dont le sens n'irait pas au passage et qui se retrouve plus loin dans la même phrase, car on aurait : *sort rapidement le rapport second sorti de ta bouche*. Au contraire le mot ⲟ̅ⲁ convient très bien au passage, et l'on comprend parfaitement que le scribe ayant déjà écrit le

---

de flûte, à réciter avec accompagnement de chalumeau, à moduler avec accompagnement de kinnor, à chanter avec accompagnement de lyre, tu es assis dans une chambre, entouré de vieilles dames, et tu te mets à dodeliner du cou ; tu es assis en présence de jeunes filles, orné d'essences, ta guirlande de menthe (?) au cou et tu te mets à te battre le ventre, tu te balances comme une oie, tu tombes sur le ventre, tu te salis comme un crocodile. » Maspero : *Genre épistolaire chez les anciens Égyptiens de l'époque pharaonique*, p. 32-33. Cette traduction, que son auteur corrigerait certainement en plusieurs points aujourd'hui, suffit cependant pour montrer l'intention du vieux scribe qui écrivait de la sorte à son élève et le tançait pour avoir quitté le travail. Le texte de ce passage se trouve dans les papyrus Anastasi IV, pl. xi, l. 9 et dans *Sallier* i pl. ix, l. 10. L'auteur veut montrer les effets dégradants de l'ivresse et les montre bien.

1. Dans le premier ouvrage attribué par plusieurs égyptologues à Kaqemni pl. i, l. 3-12. Cf. Virey, *Études sur le papyrus Prisse*, p. 16-21.

groupe [hieroglyphs], ayant à récrire [hieroglyphs], par conséquent à employer coup sur coup trois fois le signe [hieroglyph], en eût oublié un : c'est la faute ordinaire des scribes égyptiens à toutes les époques de leur histoire[1]. Je suis donc autorisé à lire [hieroglyphs] ou [hieroglyphs] et à traduire par *circuler*. Je ne peux considérer le mot [hieroglyphs] comme un impératif à cause de la lettre [hieroglyph] qui marque la subordination. On comprend en effet très bien qu'un propos orgueilleux lâché contre quelqu'un et que l'on répète, [hieroglyph], circule avec rapidité, si celui qui l'a prononcé le réitère. Quant à l'expression [hieroglyphs], voici comment je l'explique : je prends cette expression non comme indiquant le lieu d'origine, mais comme indiquant que le mot a été rapporté par autrui, quand il est passé par une *seconde bouche* : d'ailleurs quand ce serait le disciple qui serait cette seconde bouche, le sens ne changerait pas. Je me trouve encore en opposition avec M. de Rougé sur le mot [hieroglyphs] dans lequel je reconnais le copte ⲁⲕⲟ qui signifie *ruine, perte* et non pas *méchant*.

M. Chabas de son côté a traduit ce précepte comme il suit : « Ne fais pas connaître ta pensée à l'homme de mauvaise langue pour lui donner occasion d'abuser de ta bouche. Elle circule vite la révélation sortie de ta bouche ; en la répétant, tu crées des inimitiés. La chute de l'homme est sur sa langue : prends garde de te procurer la ruine. » Cette traduction serait excellente, si elle ne péchait en deux membres de phrase. Le premier est le [hieroglyphs] que j'ai déjà expliqué plus haut et qui signifie s'enorgueillir ; ensuite je ne vois pas pourquoi M. Chabas, qui a traduit plus haut le

---

1. J'en ai donné des exemples pour ce qui regarde le copte, et j'ai signalé certains cas qui se rencontrent dans les hiéroglyphes, dans ma lettre à M. Maspero sur *la vocalisation et la pron. du copte et de l'anc. Ég.*, etc. *Recueil*, etc., tom. xii.

mot [hieroglyphs] par *licencieux*, change ici sa traduction en celle de *mauvaise langue*. De pareilles variations ne sont guère bonnes à donner une idée de l'exactitude de notre science. M. Chabas a fait dépendre la proposition [hieroglyphs] de [hieroglyphs] ; cette dépendance est en effet possible, en général, mais non dans le cas particulier qui m'occupe, car le mot [hieroglyphs] est précédé de la négation [hieroglyph] indiquée avant le signe [hieroglyph]. Toutefois comme le signe n'est pas complet, la traduction de M. Chabas se peut soutenir avec vraisemblance, quoique je préfère l'autre manière de couper la phrase.

Ce que le moraliste égyptien a voulu inculquer ici à son disciple, c'est de ne pas faire l'arrogant, l'orgueilleux vis-à-vis du dissipateur, de peur de donner occasion à celui-ci de répondre. Les dissipateurs sont d'ordinaire des gens de peu de retenue ; ils ont des familiers, des âmes damnées, dirions-nous, et il ne coûte pas grand chose de faire un crime de plus. Il faut donc se garder de dire de méchantes paroles sur de tels hommes. La langue est souvent une cause de ruine : il faut donc se garder d'abuser de cette petite membrane, et l'on se gardera en même temps de la ruine. Tel est le sens que je vois à cette maxime : l'auteur a déjà donné des maximes analogues ; il revient ici sur un cas particulier.

TRENTE-SEPTIÈME MAXIME

Comme le ventre de l'homme est une salle du grenier public qui est remplie de toute sorte de réponses, choisis pour toi le bien : parle bien et que ce qui est mal soit enfermé dans ton ventre. Réponse violente, c'est lèvement de bâton : parle avec la douceur de l'amant ; certes........ pour l'éternité[1].

Cette maxime n'offre pas grande difficulté : aussi a-t-elle été relativement bien comprise, si l'on excepte la dernière partie. M. de Rougé l'a traduite ainsi : « Le sein de l'homme est comme la salle du grenier public qui est remplie de toutes sortes de réponses. Fais un choix de bonnes paroles, et que le mauvais reste enfermé en ton sein. Celui qui répond durement (repousse), celui qui parle avec douceur est aimé. Oh ! sois toujours avec eux ! » Dans toute la première partie

---

1. Mot à mot : Étant ventre de l'homme salle de grenier, étant elle pleine de réponses toutes, fais pour toi choix du bon, parle bien, étant l'abomination enfermée dans ton ventre. Réponse violente, lèvement de bâton (être levés bâtons). Parle avec la douceur de celui qui aime, certes...... pour l'éternité.

de cette traduction, il n'y a que la dépendance des propositions qui n'ait pas été comprise. Quant à la dernière, M. de Rougé a voulu établir un parallélisme qui n'existe pas, et, pour l'établir, il est obligé de sous-entendre un verbe, qui cependant devrait être l'un des termes du parallélisme, et de ne pas traduire [hieroglyphs] qui signifie *être levés bâtons*. En outre le verbe [hieroglyphs] est à l'impératif, ainsi que je l'ai dit plus haut. Je ne peux savoir, ni deviner, comment M. de Rougé a pu traduire les derniers mots par : « Oh! sois toujours avec eux. »

M. Maspero a traduit cette maxime et les suivantes; voici sa traduction : « La poitrine de l'homme est la grande salle d'un grenier qui est plein de toute sorte de réponses : fais un bon choix (parmi elles), afin que, lorsque tu parles, le pire reste enfermé dans ta poitrine. Quiconque répond avec raideur est regardé comme un bâton : quiconque parle doucement est aimé. Ainsi ce que tu dis est avec toi pour toujours. » J'ai à faire sur cette traduction les mêmes observations que sur la précédente. Cependant la dernière phrase est changée et *sois toujours avec eux* est remplacé par *ce que tu dis est avec toi pour toujours* : je ne vois pas pour quel motif, car le fac-similé est illisible et contient une lacune en cet endroit. En outre la dépendance établie par M. Maspero *afin que, lorsque tu parles*, n'existe pas dans le texte.

M. Chabas enfin traduit la même maxime de la façon suivante : « Le sein de l'homme est la salle du grenier public remplie de toute espèce de propos. Oh! fais choix de ce qui est bon comme parole et ce qui est mauvais, emprisonne-le dans ton sein. Réponse brutale, lèvement de bâton. Oh! parle avec la douceur de l'amitié et tu conserveras une paix durable. » Cette traduction pèche dans les mêmes endroits que les autres, et pour les mêmes raisons. M. Chabas ne tient pas compte du mot qui se trouve après le premier [hieroglyphs] et qui est mal écrit; mais de pareilles omissions vicient le sens d'une phrase, et l'on doit dire les raisons pour lesquelles on n'en tient pas compte. La dernière phrase a été bien coupée par M. Chabas et j'ai admis sa traduction; mais quant aux derniers mots, je ne puis encore voir pourquoi M. Chabas a traduit de la sorte; il suffit d'ailleurs de rapprocher les trois traductions pour voir que chacun des traducteurs y a vu ce qu'il a voulu. C'est pourquoi j'ai préféré ne pas traduire.

Cette maxime donne, sous une image qui devait être familière aux Égyptiens, un précepte qui a son importance. Dans une société où chaque parole un peu dure était accompagnée d'un coup de bâton, comme nous le montrent les tableaux de la vie civile des hypogées, ce n'était pas une recommandation inutile. La phrase : réponse dure, lèvement de bâton, ne doit pas être prise comme une figure, mais comme une phrase exprimant la réalité, réalité qui s'est continuée jusqu'à nos jours sous le nom de courbache. La salle du grenier public en Égypte, ou des greniers particuliers demande une certaine explication. Ce grenier se nommait alors et se nomme encore aujourd'hui *schouneh*. On y déposait, s'il s'agissait du grenier public, tous les biens qui devaient rentrer pour la perception de l'impôt; s'il s'agissait d'un grenier particulier, on y déposait tout ce qui se récoltait ou se manufacturait sur la propriété particulière. On voit donc qu'une semblable salle devait contenir bien des choses différentes, que par conséquent le ventre[1] de l'homme, pour parler comme les Égyptiens, avec toutes les formes diverses qu'il peut donner à ses réponses, est comparable à ces vastes salles qui contenaient blés, lentilles, pois, orge, dourrah, vesce, lupins, etc., pour ne parler que des graines. Ce qu'il faut surtout observer dans cette maxime c'est, outre son tour heureux, le sentiment d'humanité qu'elle exprime.

1. Il ne faut pas s'effaroucher de ce terme, car il faut songer que les Égyptiens ne pouvaient avoir des connaissances zoologiques très étendues. Qu'on veuille bien se rappeler qu'ils disaient aussi : mettre dans son ventre, pour dire apprendre par cœur.

138 ÉTUDE SUR LA MORALE ÉGYPTIENNE

TRENTE-HUITIÈME MAXIME

[hiéroglyphes]

Celui qui a été opprimé par le menteur accuse à son tour ; ensuite le Dieu proclame la vérité, et le trépas étant venu enlève le premier accusateur [1].

J'ai dû paraphraser un peu la dernière partie de ce précepte, afin de faire bien comprendre de quelle manière je l'entends. Les traductions que je vais faire passer sous les yeux du lecteur ne l'ont pas entendu comme moi : on jugera entre les sens qu'elles proposent et celui que je soutiens.

M. de Rougé a traduit : « Demande compte à l'oppresseur frauduleux ; plus tard, Dieu proclame la justice et son châtiment arrive. » Cette traduction, outre qu'elle néglige le dernier mot, est insoutenable. Le verbe [hiér.] ne peut être à l'impératif puisqu'il a un sujet, lequel sujet est au passif comme le montre le suffixe [hiér.]. J'ai déjà rencontré plus haut l'expression [hiér.] qui veut dire : *retourner réponse*, expression juridique signifiant à quelque chose près *intenter un procès*. La traduction *demande compte* est donc à côté. Le mot [hiér.] signifie *celui qui est entravé*,

---

1. Mot à mot : retourne réponse l'embarrassé par menteur : ensuite le Dieu juge vrai et son trépas venu l'enlève.

embarrassé [1] : d'où *opprimé* ; il a ici les jambes en retour ce qui se conçoit très bien. L'expression [hiéroglyphes] signifie ordinairement *avec mensonge, mensongèrement* ; si l'on ajoute le déterminatif de l'agent on a : *par le menteur*. C'est ce sens que j'adopte ici et j'explique pourquoi. Si l'on traduit les premiers mots, comme l'a fait M. de Rougé, *demande compte à l'oppresseur*, il faut une préposition qui n'existe pas dans le texte. Je ferai observer que l'on ne peut pas ici dire que le verbe a un régime introduit sans préposition, car ce régime est en effet introduit sans le secours d'une préposition ; mais c'est le mot [hiéroglyphes] et non le mot [hiéroglyphes]. Je fais en outre observer que dans un papyrus qui emploie si souvent à tort les déterminatifs, il n'est pas étonnant qu'il y en ait un d'omis ou d'échangé. Le reste de la maxime est bien traduit par M. de Rougé, et, malgré ce commencement fautif, le précepte entier donne bien le sens réel.

M. Maspero a traduit ainsi : « Celui qui est injurié, répond-il par un mensonge, plus tard Dieu discerne la vérité et son châtiment arrive. » Le dernier mot n'est pas traduit. Le sens de ces mots est précisément le contraire de celui que le moraliste égyptien devait avoir en vue. En effet, si c'est celui qui a été injurié qui répond faussement et qui reçoit un châtiment, il n'y a pas de justice, car, s'il est puni pour avoir menti, il faut avouer que sa qualité d'homme ayant souffert une injure, qualité qui aurait dû lui rendre Dieu favorable, ne lui a pas servi de grand chose. Au contraire, si cet homme accusé faussement par un menteur et condamné se retourne vers Dieu, Dieu vient proclamer la vérité et le menteur est puni. Voilà certes un sens rationnel, conforme à ce que veut inculquer le moraliste égyptien.

M. Chabas a donné la traduction suivante : « Le traître accuse faussement ; ensuite le Dieu fait connaître la vérité et

---

1. BRUGSCH, *Dictionnaire hiérogl.*, à ce mot.

son trépas vient et l'enlève. » Cette traduction est bonne, sauf les premiers mots dont j'ai déjà expliqué le sens. Si M. Chabas a traduit de la sorte en donnant au mot ⸺ un sens qu'il ne peut avoir puisque ce mot est au passif, c'est qu'il y a été forcé par le sens moral de la maxime.

Ce sens est en effet obvie et je l'ai déjà expliqué. Dans les civilisations primitives, on croyait à l'intervention divine venant punir un crime manifeste : aujourd'hui, comme trop souvent on est obligé de convenir que cette intervention ne se montre pas, on a relégué la punition des grands coupables dans les siècles éternels : *Patiens Deus, quia œternus*. Quoi qu'il en soit de la réalité de cette intervention présente ou future, on ne peut nier que cette idée, bien qu'idée inférieure, a dû empêcher fort souvent des crimes et qu'elle a contribué au progrès de l'humanité vers des mœurs plus douces et plus fraternelles.

TRENTE-NEUVIÈME MAXIME

Lorsque tu fais tes offrandes à ton Dieu, garde-toi de ce qu'il a en abomination ; n'organise pas son cortège ; ne fais qu'il soit étendu après son apparition ; ne le raccourcis pas pour ceux qui le portent ; n'agrandis pas ses prescriptions, garde-toi de ce qui donne surplus à ses liturgies. Que ton œil regarde vers ses plans. Applique-toi à faire adoration en son nom, car c'est lui qui donne aux esprits des millions de formes et qui magnifie celui qui le magnifie. Si le Dieu de cette terre, le Soleil, domine à l'horizon, pendant que ses emblèmes sont sur la terre, si l'on offre l'encens avec leurs pains chaque jour, son lever fait verdoyer tout ce qui a été planté : multiplie les pains en l'honneur du Dieu[1].

1. Mot à mot : Faisant des offrandes à ton dieu, garde-toi de ses abominations. N'organise pas sa guidance, ne fais pas son être étendu après son apparition ; ne fais pas son raccourcissement pour les portant lui ; ne magnifie pas ses prescriptions, garde-toi il donne surplus à ses liturgies. Que ton œil regarde vers ses plans : applique-toi à faire adorant en son nom ; lui donnant aux esprits millions de formes, magnifiant celui qui le magnifie. Étant le Dieu de cette terre, Schou, supérieur de l'horizon, étant ses emblèmes sur terre, comme on lui donne encens avec leurs pains chaque jour, fait verdoyer tout ce qui est planté son apparition, multiplie les pains (pour) le Dieu.

Cette maxime ne me semble pas avoir été comprise jusqu'ici dans son ensemble. Voici la traduction de M. de Rougé : « En apportant tes offrandes à ton Dieu, garde-toi de ce qu'il défend, ne discute pas sa doctrine. N'étends pas sa marche et ne la raccourcis pas en le portant. Ne néglige pas les livres sacrés, garde les préceptes qu'il a donnés dans ses écritures : ne perds pas de vue les conseils de sa colère et invoque-le par son nom. C'est lui qui donne aux esprits des formes innombrables : il exalte celui qui l'exalte. Le Dieu de ce pays est Pashou (la lumière) ; il est au-dessus des cieux et ses images sont sur la terre ; on apporte chaque jour l'encens pour leurs offrandes. C'est lui qui donne le germe à tout ce qui naît ; il multiplie les biens. » Puis M. de Rougé enchaîne à cette maxime les premiers mots de la suivante. On a pu voir par cette traduction que, si le commencement a une apparence de maxime, cette apparence s'évanouit soudain.

M. de Rougé a été forcé de commencer ici la maxime par une proposition subordonnée, comme c'est si souvent le cas dans ce papyrus et comme j'ai si souvent traduit : aussi a-t-il très bien rendu le commencement ; mais dès la seconde phrase il s'égare. Cette seconde phrase est ainsi conçue : 〈hiéroglyphes〉 : en traduisant : ne discute pas sa doctrine, M. de Rougé a pris cette phrase au figuré, tandis que je crois devoir la prendre au propre. Le mot 〈hiéroglyphes〉 est très connu : il signifie *guider, conduire, diriger* ; ici le verbe étant déjà exprimé, ce doit être un nom et ce nom doit signifier *guidance, conduite, direction* ou *ceux qui guident, conduisent, dirigent*. L'un et l'autre de ces sens s'appliquent ici, et je crois qu'il s'agit des premiers personnages qui marchaient en tête d'un cortège ou qui réglaient ce cortège. Le mot 〈hiéroglyphes〉 se retrouve ici et il semble tout d'abord que je l'ai traduit d'une manière différente dans les autres passages où il se rencontre. Mais le sens que je lui attribue ici d'*organiser* se tire parfaitement du sens primitif.

Le mot 𓌢𓀁, nex, signifie *lancer*; il signifie ensuite *lancer (la parole), saluer, éloquent, habile discoureur*, tous sens qui se déduisent très bien du sens primitif; dans un autre ordre d'idées, il signifie *blâmer, gronder, faire des reproches*; dans un troisième ordre de pensées, il signifie *organiser*, c'est-à-dire *jeter l'ordre, lancer l'ordre* à ceux qui doivent faire partie d'un cortège, d'une troupe quelconque. Ainsi dans cette phrase déjà citée par M. Chabas : 𓈖𓏏𓇋𓇋𓌢𓀁𓂋𓂧𓏏𓈖𓇳𓈖𓂋𓅓𓏏𓀀𓏥 *tu es venu organiser le donner des grains aux hommes soldats* (ou *aux hommes et aux soldats*)[1]. Si l'on admet ce sens, et je crois bien qu'il le faut admettre, les autres prescriptions se comprennent tout naturellement : il ne faut pas changer l'ordre de ces grandes processions qui se déroulaient à travers l'Égypte en certains jours de fêtes, ne point allonger le parcours de ces processions, ne le point diminuer en faveur de ceux qui portaient le naos divin, ou la statue divine, en un mot ne rien faire de plus que ce qui a été réglé par la divinité même pour ces sortes de circonstances. M. de Rougé a traduit : *en le portant* les mots ⌒ sic (la préposition a été redoublée par erreur à la fin d'une ligne et au commencement de l'autre) 𓀀𓏤𓆑𓏥 ; ils veulent dire *pour les portant lui*. Il suffit d'avoir vu une seule fois les représentations de ces théories saintes pour comprendre ce passage : les prêtres portent sur leurs épaules, grâce à de longs bâtons, la *barque* où est la statue du Dieu : c'est ainsi que les lévites portaient aussi l'arche d'alliance. Les mots que je considère comme un résumé des divers conseils qui pourraient être donnés à cet égard : *n'agrandis pas ses prescriptions, garde-toi de ce qui donne surplus à ses liturgies*, ont été traduits par M. de Rougé : *ne néglige pas les livres sacrés, garde les préceptes qu'il a donnés dans ses écritures*. Le

---

1. Chabas, *Voyage d'un Égyptien*, p. 43.

mot [hieroglyphs], déterminé par le signe des *livres* peut bien signifier le *livre* ou *ce qui est dans les livres*, les *prescriptions des livres*; c'est un mot qui ne se retrouve pas ailleurs : mais le mot [hieroglyphs] ne signifiera jamais *négliger*, il veut dire *magnifier, agrandir* dans tous les sens dont ce mot est susceptible. De même le mot [hieroglyphs] sginifie bien *guider* mais ici il est au passif et il signifie *être gardé* ou *se garder* : et le texte dit : que soit gardé (ou garde toi de) ce qui est donné surplus à ses *liturgies*. Le sens général de la phrase montre dès-lors que le second sens est seul possible dans une maxime où l'on édicte plusieurs prescriptions négatives. C'est ici, je crois, que doit se couper la première partie de la maxime.

La seconde partie commence au mot [hieroglyphs]. M. de Rougé n'a fait de tout ce qui suit qu'une seule phrase traduisant : ne perds pas de vue les préceptes de sa colère et invoque-le par son nom; j'y vois au contraire une phrase précédant un parallélisme bien marqué ou deux phrases fort distinctes construites de la même manière : *Que ton œil regarde vers ses plans ; applique-toi adorant en son nom.* Ce qui a trompé M. de Rougé et l'a empêché de voir le parallélisme, c'est le sens de *colère* qu'il attribue au mot [hieroglyphs] en le rapportant au copte ϭⲱⲛⲧ. Mais ce mot peut aussi se rapporter au mot copte ϭⲱⲛⲧ qui veut dire *tentare, experiri, conari, satagere*. De cette suite le mot [hieroglyphs] répond au mot [hieroglyphs] et la phrase se comprend avec le mot [hieroglyphs] suivi d'un participe [hieroglyphs]. Nous verrons que la même erreur a été commise par les autres traducteurs.

Reste encore la dernière phrase. M. de Rougé l'a bien comprise si l'on s'en tient au sens des mots, mais il l'a dénaturée si l'on veut se rendre compte de la dépendance des propositions. Je considère cette phrase comme contenant une seule proposition principale, qui est la dernière de la phrase, et une double série de propositions subordonnées, comme s'il y avait en français : Etant donné d'un côté que le Soleil, le Dieu de ce pays, est sur l'horizon pendant que ses emblèmes sont sur terre ; étant donné d'un autre côté que, si on lui fait chaque jour les offrandes liturgiques, son lever fait verdoyer tout ce qui a été planté, multiplie les pains, c'est-à-dire les offrandes et les sacrifices. Tout se tient ainsi ; mais la difficulté pour comprendre le texte égyptien est que le premier membre de phrase indique sa subordination par l'emploi de [hiéroglyphe] et que le second la marque par l'emploi de la forme participiale et le renvoi du sujet à la fin de la proposition.

M. Maspero a donné de cette maxime la traduction qui suit : « En apportant tes offrandes à ton Dieu, prends garde à ce qui est digne de haine à ses yeux : ne fais pas de commentaires sur sa guidance : ne le déploie (?) pas quand il est levé ; ne l'attaque pas, ni son porteur (?) ; ne contredis pas ses écrits (?)...... Prends garde quand il fait.......... ; quand ton œil contemple ses actes de colère, prie en son nom. C'est lui qui donne à ses esprits des millions de formes et qui exalte quiconque l'exalte. Le Dieu de cette terre, Schou, est dans le ciel et ses formes sont sur la terre : l'encens est brûlé en leurs sacrifices journaliers. C'est lui qui développe tous les germes à son lever, qui multiplie les pains, qui te donnes ta mère....... » Cette traduction est à peu près la même que celle de M. de Rougé ; mais elle porte en plus certains signes qui montrent que l'auteur conservait des doutes sur quelques parties de sa traduction. Le mot [hiéroglyphes] ne peut signifier *attaque* ; quoique ce mot ne se trouve que dans ce passage, cependant comme il est opposé à [hiéroglyphes] [hiéroglyphes] dont le sens est bien connu, il peut se traduire par le mot exprimant l'idée contraire à celle d'*allonger* : c'est *raccourcir*. M. de Rougé, dans son dictionnaire manuscrit, avait insinué que peut-être il s'agissait d'un mot signifiant *secouer*[1] : je ne me rallie pas à cette opinion à cause des déterminatifs. En outre le texte ne contient pas *à ses esprits*, mais *aux esprits* en général, et non à ceux du Dieu en particulier. De même il n'est pas facile de voir à quoi se rapporte le pronom suffixe ⸺ après ⸺, et il n'y a que le mot *emblème* qui soit au pluriel : c'est pourquoi j'ai traduit *encens avec leurs pains*. Enfin, le verbe ⸺ n'a pas de sujet : il faut donc le mettre à l'impératif, d'autant mieux qu'il en a la marque.

M. Chabas a donné la traduction suivante : « En faisant des offrandes à ton Dieu, garde-toi de ce qu'il a en abomination. Ne discute pas ses mystères ; n'aie pas une démarche hautaine lors de ses exodes ; ne t'approche pas familièrement de celui qui le porte ; n'exagère pas les prescriptions liturgiques. Il est interdit de donner plus que ce qui est consacré. Que ton œil considère les actes de sa colère, tu feras des adorations en son nom. C'est lui qui accorde le génie aux myriades d'aptitudes, qui grandit celui qui devient grand. Le Dieu de ce monde est dans la lumière au-dessus du firmament, et ses emblèmes sont sur la terre : c'est à eux que le culte est rendu journellement. Le divin lever fait réussir toute végétation pour multiplier les aliments. » Cette traduction est inférieure à celles auxquelles l'auteur nous avait habitués. J'ai déjà discuté les premières lignes : je n'y reviendrai pas. Le mot ⸺, qui est reproduit exactement dans le copte ⲟⲩⲟϭⲟⲉⲛ, ⲟⲩⲉⲥⲱⲛ, signifie *être large rendre large, dilater*. Le suffixe ⸺ se rapporte à ⸺ et non pas au mot ⸺. De même dans le mot ⸺ je ne puis rien voir qui indique l'idée d'approcher familièrement, sinon la réduplication de la racine qui peut venir d'un ordre d'idée tout autre. La phrase : c'est lui

---

1. Dans PIERRET, *Vocabulaire hiéroglyph.*, p. 433-434.

qui accorde le génie aux myriades d'aptitudes, qui grandit celui qui devient grand, ne rend pas du tout le texte qu'elle prétend rendre. Outre que le génie aux myriades d'aptitudes me paraît trop être quintessencié pour rendre une chose fort physique, le mot 〈hiéroglyphes〉 est pris, dans le premier cas, dans le sens intensif de *faire devenir grand* et, dans l'autre cas, dans un sens semi-passif de *devenir grand* : cependant c'est le même mot. Cette traduction vient de la fausse compréhension des rapports entre l'homme et la divinité en Égypte. Ces rapports, qui se traduisaient par ce que nous nommons la prière, reposaient sur un contrat synallagmatique : la divinité devait bien traiter l'homme, si cet homme lui avait adressé sa demande selon les rites, avec toutes les séductions magiques du sacrifice bien et dûment exécuté. Par conséquent pour que le Dieu pût *faire devenir un homme grand,* il fallait que celui-ci eût commencé par *faire devenir le Dieu grand* ; le succès était certain, si les formes et les formules du sacrifice étaient observées. Par conséquent pour que le Dieu invoqué magnifiât l'invocateur, il fallait que celui-ci eût commencé par magnifier celui-là. C'est ce que dit le texte de cette maxime. La dernière phrase a été mal coupée par M. Chabas. D'abord l'expression 〈hiéroglyphes〉 ne signifie pas le Dieu de ce monde est dans la lumière ; si le second 〈〰〉 qui précède l'article 〈hiéroglyphes〉 était une préposition, ce signe serait fautif et il faudrait 〈hiéroglyphe〉 et non 〈〰〉. Il faut supposer que ce signe n'a aucune raison d'être, ou qu'il n'est que le prolongement de la partie inférieure du signe suivant ; ou, si l'on admet qu'il ait sa raison d'être, il faudrait admettre aussi que nous avons affaire à une forme 〈〰〉 du démonstratif. En outre le mot 〈hiéroglyphes〉 est bien un participe, mais actif et non passif, et il commence la deuxième phrase subordonnée.

Somme toute, le sens de cette maxime est le suivant : Dans

les offrandes que l'on fait à Dieu, il faut se garder de tout ce qu'il a en abomination, à savoir ne pas se mêler de régler son cortège, de rendre plus grand le parcours qu'on lui faisait suivre dans les processions, de le raccourcir, ne rien ajouter à ses prescriptions. Il faut suivre ce que le Dieu a lui-même réglé, s'appliquer à l'adorer dans son nom, ou en son nom, car c'est lui qui donne aux esprits les formes qu'il lui plaît et qui élève celui qui a commencé par l'élever. Après ces raisons d'adorer Dieu comme il le veut, vient une autre considération; Comme le Dieu de l'Égypte est le soleil, qui est au-dessus de l'horizon, mais qui a ses emblèmes sur la terre; comme c'est lui qui, si on offre à ces emblèmes les sacrifices journaliers d'encens, fait pousser tout sur la terre, le disciple est invité à multiplier ses sacrifices et ses offrandes. Voilà une maxime logique, se tenant d'elle-même sur ses pieds, ni boiteuse, ni mal assise : c'est bien ce que l'auteur égyptien avait entendu dire.

QUARANTIÈME MAXIME

Je t'ai donné ta mère qui t'a porté comme elle t'a porté; elle s'est donné à cause de toi un lourd fardeau, sans se reposer sur moi. Quand tu es né après tes mois (de gestation)[1]*, elle s'est vraiment soumise au joug, car ses mamelles ont été dans ta bouche pendant trois ans. Comme tu venais à merveille, la répugnance de tes ordures ne lui a point répugné au cœur (et ne lui a point fait) dire: Que fais-je ? Lorsque tu fus mis à la maison d'école, à cause de ton instruction, elle fut assidue chaque jour près de ton maître avec des pains et de la bière de sa maison. (Maintenant) que tu es devenu pubère, que tu as pris femme et que tu possèdes une maison, aie l'œil sur ton enfant, élève-le comme ta mère a fait pour toi. Ne fais pas qu'elle te reprenne, de peur que, si elle lève les deux mains vers Dieu, il n'écoute ses prières*[2].

1. Il faut entendre : Après les mois pendant lesquels tu as été porté.
2. Mot à mot : Je t'ai donné ta mère portant toi comme elle t'a porté, faisant elle nombre de fardeaux de par toi, étant point elle se reposer en moi ; toi étant né à la suite de tes mois, elle s'est soumise au joug en réalité, ses

Cette maxime nous ouvre des aperçus sur la vie intime des égyptiens. Elle a été comprise dans un sens un peu différent de celui que je lui attribue : aussi faut-il discuter avec soin les termes des préceptes pour s'en rendre un compte aussi exact que possible.

M. de Rougé l'a traduite ainsi : « Il t'a donné ta mère..... Elle t'a porté longtemps (sans s'approcher de moi) ; tu es né après les mois (révolus) : elle te portait sur son épaule, et sa mamelle fut dans ta bouche pendant trois ans. Elle nettoyait tes langes de leurs ordures sans rebuter ton cœur. J'ai dit : Ah ! il faut le mettre à l'école ! lorsqu'on t'a enseigné les écritures, elle t'attendait chaque jour avec le pain et la bière de sa maison. Tu es devenu un homme ; tu as pris une épouse et tu diriges ta maison : que ton œil soit sur celui que tu as engendré, et que toutes tes actions imitent ce qu'a fait ta mère ; qu'elle n'ait rien à reprendre en toi. Elle n'avait pas levé ses mains vers Dieu, qu'il avait déjà exaucé sa prière. » Cette traduction n'est trop souvent, dans la première partie, qu'une paraphrase erronée. D'abord ce n'est point au Dieu qu'est attribué le don d'une mère, c'est au père lui-même, à l'auteur des maximes. M. de Rougé n'a pas rendu certains mots qui semblent embarrassants au point qu'on serait tenté d'y voir une bévue du scribe ; mais ces mots peuvent cependant s'expliquer et je crois qu'il faut tenter tous les moyens d'explication avant de reconnaître la faute. Les mots *sans s'approcher de moi* donnent en français un sens que l'auteur égyptienne pouvait avoir en vue : le mot 𓀀𓀀𓏏𓈖 veut dire *poser*, *placer* : ici il s'agit de la femme qui doit porter

mamelles étant dans ta bouche pendant trois ans. Toi poussant, la répugnance de tes ordures n'a point répugné au cœur, disant : Je fais quoi ? Ayant été mis à l'école, ensuite de ton être instruit dans les écritures, elle fut assidue près de ton supérieur chaque jour avec pains, bière de sa maison. Toi étant jeune homme, t'étant fait pour toi femme, possédant maison, donne ton œil à celui étant né à toi, que ton élevage tout entier soit comme le faire de ta mère. Ne fais point son reprendre pour toi, elle, de peur que si elle lève ses deux mains au Dieu, lui il n'entende sa prière. J'expliquerai les passages qui peuvent sembler obscurs.

elle seule le fardeau de la gestation sans le partager avec qui que ce soit. L'expression *s'approcher d'une femme* peut être égyptienne ; mais elle n'est pas employée ici. Les mots [hiéroglyphes] ne peuvent vouloir dire : *elle le portait sur son épaule* ; le verbe [hiéroglyphes] veut dire *faire entrer sous le joug, attacher au joug*, ainsi que le mot copte ⲛⲟϩⲕ : le sens se comprend très bien quand on a pu se rendre compte des difficultés de l'allaitement, surtout d'un allaitement de trois ans tel qu'il se pratique encore en Égypte. La phrase suivante qui a négligé deux mots ([hiéroglyphes]) n'est qu'une paraphrase inexacte de l'égyptien. M. de Rougé a transcrit ensuite [hiéroglyphes] et a traduit par *j'ai dit : Ah ! il faut le mettre à l'école*. S'il y avait *j'ai dit* le texte contiendrait [hiéroglyphes] ; il y a au contraire [hiéroglyphes]. La traduction *elle t'attendait chaque jour avec le pain et la bière de sa maison* donne une idée fausse des mœurs égyptiennes, et l'on a conclu de ce passage que la mère nourrissait son fils quand il allait à l'école. Ce n'est pas pour nourrir son fils que la mère apportait à l'école des vivres de sa maison ; mais bien pour payer le maître qui était payé en nature, comme les choses se sont pratiquées longtemps, même en France, car au commencement de ce siècle, dans le département de la Vendée, pour parler de choses que j'ai souvent entendu dire, c'est ainsi que l'on payait les maîtres d'école. Il eût été assez inutile que la mère égyptienne en question allât attendre son fils au sortir de l'école pour lui porter à manger et à boire ; mais il était très important qu'elle payât assidûment le maître, afin que celui-ci s'occupât avec plus de soin de son jeune élève. D'ailleurs c'est toujours ce qui se pratique en Égypte. La dernière phrase de M. de Rougé donne une idée fausse du texte égyptien : le mot [hiéroglyphes] qui est traduit par la négation simple avec le conditionnel veut dire *de peur que*, en copte ⲧⲉⲙ.

M. Maspero a donné de cette maxime la traduction qui suit : « C'est lui qui te donne ta mère !......... Elle t'a donné naissance après les mois réguliers[1] ; elle s'est courbée sur toi, (plaçant) sa poitrine[2] dans ta bouche, pendant trois ans...... Quand j'ai dit : « Ah ! Mettons-le à l'école ! » quand tu apprenais les lettres, elle restait chaque jour près du maître avec le pain et la bière de sa maison. Tu es un jeune homme ; tu as pris femme pour toi-même, tu as préparé ta maison. Que ton œil soit vigilant à l'égard de tes enfants ; que tous tes soins soient semblables aux actes de ta mère, de peur qu'elle ne devienne en colère contre toi et qu'elle ne lève ses bras vers Dieu qui entend toutes ses prières. » Il faut tenir compte à M. Maspero qui a écrit en anglais de l'obligation où il a été de respecter tous les scrupules de la pruderie anglaise. Malgré cela, sa traduction, en grande partie semblable à celle de M. de Rougé, renferme quelques inexactitudes nouvelles qu'il me faut signaler. Le mot *se courber* ne saurait rendre le mot égyptien ⸺ que j'ai déjà expliqué. Dans la dernière phrase le texte contient mot pour mot : ⸺ : c'est-à-dire : *ne fais pas son reprendre pour toi elle, de peur que*. Par conséquent le *de peur que* de M. Maspero est placé avant le lieu où il devrait se trouver et sa traduction ne peut être juste.

M. Maspero a corrigé lui-même sa traduction en 1889 de la sorte : « C'est moi qui t'ai donné ta mère ; mais elle, tandis qu'elle te portait comme elle t'a porté, elle avait en toi de lourdes charges qu'elle ne pouvait reporter sur moi. Tu es né, après les mois révolus, et aussitôt tu l'as courbée sous le joug, sa mamelle a été dans ta bouche durant trois années, et bien que l'horreur de tes langes souillés soit toujours allé grandissant, elle ne s'est jamais dégoûtée de tes langes, au point de

1. The due months.
2. Putting her breast in thy mouth.

dire : « Pourquoi fais-je cela ? » Une fois mis à l'école, comme on t'instruisait aux lettres, elle était perpétuellement chez ton maître, chaque jour, avec le pain et la bière de sa maison. Maintenant te voilà homme fait, tu t'es fait une femme, tu as monté ta maison. Aie toujours l'œil sur les ennuis qui ont accompagné ta naissance et que toutes tes actions se règlent sur ce que ta mère a fait pour toi, afin qu'elle n'ait rien à te reprocher, et qu'elle ne lève pas ses mains vers Dieu, car Dieu écoute ses prières. » Cette traduction qui corrige la plupart des fautes précédentes ne les enlève pas toutes ; il y a trop de paraphrase, obligée sans doute, mais donnant un sens contraire au texte. Je n'y insiste pas [1].

M. Brugsch qui a traduit cette maxime, s'exprime en ces termes : « C'est lui qui t'a donné ta mère : elle te porta comme celle qui l'avait portée elle-même. Elle souffrit beaucoup pendant qu'elle te portait et n'en fut pas fatiguée (?) Tu vins au monde après le cours des mois, elle s'embarrassa de toi sur les bras, et tint sa mamelle dans ta bouche pendant trois ans. Dégoûtante était ta malpropreté ; mais son cœur n'éprouva aucun dégoût qui lui ait fait dire : Que dois-je faire ? Tu fus envoyé à l'école pour être instruit dans les sciences et elle était assidue........ pour apporter nourriture et breuvage de sa maison. Jette les yeux sur les enfants qui te sont nés ; mais que ton principal mérite soit de récompenser ta mère de ce qu'elle a fait pour toi, car elle t'a enfanté, afin qu'elle

---

1. Je n'ai connu cette traduction qu'au cours de l'impression de ce volume, car je n'aurais jamais pensé la trouver dans un catalogue de musée. A ce propos, j'ai voulu citer la traduction d'une maxime, la première que M. Maspero ait retraduite et je n'ai pu le faire, car la feuille était tirée quand je l'ai connue. Je la donne ici : « Garde-toi de la femme du dehors, qu'on ne connaît plus dans sa ville, ne cours pas après sa pareille, ne la connais pas, car c'est une eau profonde dont on ne sait pas les détours. La femme éloignée de son mari t'envoie des billets chaque jour ; si elle n'a pas de témoins de son action, elle est là qui t'enveloppe de ses filets, crime capital lorsqu'on vient à l'apprendre, quand même elle n'aurait pas réussi en réalité, car les hommes accomplissent toute sorte de crimes rien que pour elle. » En se reportant à ce que je dis à propos de cette maxime, on verra en quoi elle diffère de la traduction que j'ai proposée.

n'élève pas ses mains vers Dieu pour qu'il écoute sa plainte. »
Cette traduction donne en grande partie une idée juste de la
maxime égyptienne ; mais certaines phrases n'en ont pas été
comprises. M. Brugsch a aussi rattaché au Dieu dont parle la
maxime précédente le don de la mère à l'enfant. Cette idée
ne me semble pas juste. Cet auteur a tenu compte du double
emploi du même mot 〈...〉
〈...〉 ; mais il a eu tort de faire du premier 〈...〉 un pronom de
la deuxième personne, et du second un pronom de la troisième
personne du féminin. Je ne crois pas que, malgré tout le goût
que je reconnais aux Égyptiens pour l'amphibologie, ils en
aient poussé l'amour jusqu'au point de se rendre incompré-
hensibles. La traduction : *elle n'en fut point fatiguée* ne tient
pas compte des signes 〈...〉 qui suivent 〈...〉
dont il faut cependant tenir compte si l'on veut avoir une
traduction exacte. M. Brugsch a lu 〈...〉 au lieu de
〈...〉 ; mais si sa lecture était bonne il y aurait sans doute
le déterminatif des chairs 〈...〉 après 〈...〉, car ce déterminatif
est prodigué dans le papyrus qui porte d'ailleurs 〈...〉, suivi
du trait, mot grammatical qui n'exige pas de déterminatif.
Par conséquent la traduction *elle s'embarrassa de toi sur ses
bras* est inexacte, d'autant plus que le pronom 〈...〉 est encore
pris ici à la deuxième personne du singulier. La phrase
suivante ne me semble être qu'une paraphrase, mais une
paraphrase qui rend bien le texte, quoique l'auteur ait omis
les mots 〈...〉. La phrase qui commence
par *mais que ton principal mérite*, etc., ne rend pas les mots
égyptiens et il faut, pour que M. Brugsch ait pu traduire
ainsi, qu'il ait lu autrement que je ne l'ai fait après les autres
auteurs qui se sont occupés de cette maxime.

M. Chabas a donné la traduction qui suit : « C'est moi qui
t'ai donné ta mère, mais c'est elle qui t'a porté : en te por-

tant, elle a eu bien des peines à souffrir et elle ne s'en est pas déchargée sur moi. Tu es né après les mois de la grossesse, et elle t'a porté comme un véritable joug, sa mamelle dans ta bouche pendant trois ans. Tu as pris de la force, et la répugnance de tes malpropretés ne l'a pas dégoutée jusqu'à lui faire dire : « Oh! que fais-je ? » Tu fus mis à l'école; tandis que l'on t'instruisait dans les écritures, elle était assidue chaque jour près de ton maître, t'apportant le pain et le breuvage de sa maison. Tu es arrivé à l'âge adulte; tu t'es marié, tu as pris un ménage : ne perds jamais de vue l'enfantement douloureux que tu as coûté à ta mère, ni tous les soins salutaires qu'elle a pris de toi. Ne fais pas qu'elle ait à se plaindre de toi, de crainte qu'elle n'élève les mains vers Dieu et qu'il n'écoute sa plainte. » Cette traduction serait excellente si, en quelques points, M. Chabas n'avait cédé à la tentation défavorable de paraphraser et s'il avait mieux saisi la dépendance des diverses propositions entre elles. Tout d'abord il a mal coupé la première phrase et a été conduit à donner au mot 𓂀 un sens qu'il n'a pas, tout en le traduisant par *comme* sens qu'il a. C'est que le mot français *comme* est susceptible d'un double sens : il signifie *semblablement, à la manière de*, et sert à unir deux membres de phrases entre lesquels on établit une comparaison; il signifie aussi *lorsque, au temps que* et il se met en tête d'une proposition incidente commençant la phrase, ou la finissant. C'est ce dernier sens qu'a pris M. Chabas et c'est justement ce sens que n'a pas le mot égyptien 𓂀, parce qu'il n'est point pris au figuré et que le mot français s'y prend. En outre dans la phrase où il s'agit du maître d'école, M. Chabas en traduisant *t'apportant le pain*, etc., a introduit un pronom qui ne se trouve pas dans le texte égyptien et qui change complètement le sens de la phrase. Enfin dans ce qui suit : *Ne perds jamais de vue l'enfantement douloureux que tu as coûté à ta mère, ni tous les soins salutaires qu'elle a pris de toi*, M. Chabas a fait une paraphrase qui l'a égaré. Dans la phrase égyptienne, on commence d'abord par mentionner la puberté du jeune homme, son mariage et son état de maître de maison : à quoi servent ces détails si la suite doit contenir une recommandation relative à la mère de celui qui s'est marié? on comprend au contraire ce qui précède, s'il s'agit des enfants que le nouveau chef de famille peut avoir.

Il est fort heureux que cette maxime soit si claire qu'elle ait été généralement comprise et qu'elle ne puisse faire concevoir le moindre doute. On y voit la vie de famille en Égypte dans ses détails les plus consolants pour la race humaine, la vaillance de la femme à supporter les misères de la gestation, son amour pour l'enfant qui lui est venu, amour qui lui fait supporter sans se plaindre les privations les plus constantes, un allaitement qui ne durait pas moins de trois ans, alors comme aujourd'hui; qui lui faisait surmonter le dégoût qui est naturel devant les ordures des petits êtres qui arrivent à la vie privés de toutes les facultés que la nature a prodiguées aux autres êtres. Puis le temps vient où l'enfant qui a bien poussé est mis à l'école : sa mère prend tous les soins possibles, afin que l'enfant progresse et que son maître lui soit favorable. Elle ne demande d'autre récompense de toutes ses peines que de voir son fils devenir à son tour chef de famille, traiter ses propres enfants avec le même amour qu'elle lui a témoigné. La fin de la maxime nous montre que certaines mères, trompées dans cette attente qui devait les payer amplement de leurs privations, avaient eu recours à la malédiction si redoutée des anciens hommes. On voit donc que l'amour maternel était bien vivace chez les femmes égyptiennes et que la femme vraiment digne de ce nom n'était pas si rare qu'on est porté à le supposer d'après les récits des historiens grecs.

QUARANTE ET UNIÈME MAXIME

Ne mange pas le pain, pendant qu'un autre reste debout, sans étendre pour lui ta main vers le pain. On sait qu'éternellement l'homme qui n'est pas devient, l'un riche, l'autre mendiant, et les pains sont stables pour qui agit charitablement. Tel est riche pendant le temps de deux saisons, qui devient palefrenier (?) la saison suivante[1].

Cette maxime est rendue difficile par les inexactitudes de l'orthographe. Aussi il ne faut pas s'étonner si les traductions diffèrent.

M. de Rougé a traduit ainsi : « Ne mange pas le pain tandis qu'un autre est présent, sans que ta main s'étende pour

---

1. Mot à mot : Ne mange pas le pain, étant un autre debout, toi, sans que s'étende pour lui ta main. Cela connu éternellement étant l'homme qui est point lui être; l'un est riche étant l'autre mendiant, étant le pain stable pour celui qui agit secondairement. Étant l'homme riche pendant le temps de deux années (ou d'hier), lui palefrenier dans l'année.

lui vers le pain. On sait que ce n'est pas toujours que, parmi les hommes, l'un est riche l'autre malheureux, et le pain reste à celui qui a été généreux. Tel est puissant au temps de la moisson qui sera exilé à la saison suivante. » M. de Rougé dans cette maxime suppose l'existence d'une négation. Il a sans doute lu [hiéroglyphes] ; mais le texte a bien [hiéroglyphes]. En outre la dernière phrase du texte égyptien ne parle ni de moissons, ni d'exil : je sais bien que la lecture de ce dernier paragraphe n'est pas des plus faciles et je la discuterai tout à l'heure ; mais je ne puis découvrir en quels mots M. de Rougé a vu qu'il s'agissait de moissons et d'exil.

M. Brugsch a traduit la même maxime de cette manière : « Ne prends pas nourriture quand un autre est présent, de telle sorte que ta main lui retienne nourriture et qu'il attende une éternité. Car un homme n'est rien et quelque chose : l'un est riche et l'autre est pauvre ; mais que la nourriture soit pour celui qui l'a préparée pour ses proches. Celui qui était riche hier sera peut-être aujourd'hui dans la misère. » On verra facilement par l'obscurité et le décousu de ces phrases que ce ne peut pas être le sens de l'auteur égyptien. Le mot [hiéroglyphe] ne veut pas dire *attendre*. M. Brugsch le sait bien ; aussi je ne peux croire qu'il ait lu ce mot. Il semble bien cependant que ce mot doive être lu, malgré l'incertitude du second signe et le manque de déterminatif. Les mots *car un homme ne peut être rien et quelque chose*, ne peuvent rendre [hiéroglyphes]. Je sais bien que l'expression [hiéroglyphes] en certains cas signifie quelque chose que nous rendons par *car* ; mais ces mots doivent alors commencer le membre de phrase, ce qui n'est pas le cas ici. Les mots qui suivent sont bien traduits ; mais non les autres : *que la nourriture soit pour celui qui l'a préparée pour ses proches* ; le mot [hiéroglyphes] signifie *le il fait second*, c'est-à-dire *celui qui agit en second*, *celui qui est charitable*.

ÉTUDE SUR LA MORALE ÉGYPTIENNE

M. Brugsch a compris la dernière phrase, comme je l'avais comprise tout d'abord, et je vais m'en expliquer bientôt.

M. Chabas a donné de cette maxime la traduction qui suit : « Ne mange pas ton pain en présence d'un assistant resté debout. A-t-on jamais vu que l'homme ne soit pas ou riche ou pauvre ? Mais le pain demeure à celui qui agit fraternellement. Le riche qui a un temps et qui continue un temps encore devient avec le temps un misérable palefrenier. » Cette traduction semble assez juste au premier abord : elle est de plus claire et parfaitement compréhensible. Mais elle a esquivé les difficultés et je crois que le premier devoir d'un traducteur est de noter et de faire connaître ces difficultés. La phrase etc., n'est pas rendue par les mots : *A-t-on jamais vu que l'homme ne soit pas ou riche ou pauvre*. La phrase de M. Chabas contient une négation qui n'existe pas dans le texte égyptien ; puis elle passe sous silence les mots . Ces mots ne peuvent guère s'expliquer que de la sorte : étant l'homme le étant, point lui étant ; c'est-à-dire l'homme qui est riche devient pauvre, ou l'homme qui est quelque chose devient autre chose, ce qui explique la suite du texte. La dernière phrase demande aussi à être expliquée. M. Chabas l'a transcrite ainsi :

. On n'a qu'à se reporter à la transcription pour voir que je n'ai pas adopté celle-ci dans deux groupes, le groupe et le groupe final . J'avais d'abord cru qu'il était possible de lire et l'on aurait eu le mot ⲥⲁϥ, resté en copte sous la forme ⲛⲥⲁϥ qui veut dire *hier* ; car au premier abord le dernier signe du groupe , celui qui précède le déterminatif , le est assez allongé et a une forme approchant de celle du ; mais je crois que les deux signes étaient en ligature, que le fac-similiste ne l'a pas observé par suite du dérangement de l'une des fibres du papyrus. Ce qui donne encore plus de poids à cette observation, c'est que le mot ⌈⋯⌉ qui veut dire *hier*, ne s'écrit jamais avec le ❀, et qu'il faudrait ici compter avec la réduplication du signe ❀, qui se fait, il est vrai, dans ce papyrus, comme le signe ⌈. J'explique donc: *Etant le riche dans le temps de deux années, lui palefrenier? dans l'année (suivante).* M. Chabas a eu le tort de croire que le mot ⌈⋯⌉ et le mot ⌈⊙ étaient synonymes, et même qu'ils formaient un seul et même mot. Je ferai observer que la chose est impossible à cause de la présence de l'article ⋯ (qui est du féminin) devant l'un de ces mots, tandis que l'autre est du masculin. J'avoue que malgré tout, l'autre lecture peut se soutenir, est même probable: le sens d'ailleurs serait absolument le même pour la maxime générale: il n'y aurait qu'une expression de changée: *au temps d'hier* pour *au temps de deux années*. *Ces deux années* me semblent extraordinaires et je croirais assez volontiers que le signe ⌈ devrait être répété trois fois et qu'on y aurait ajouté le signe ⋯, s'il existe, pour marquer les années passées.

Somme toute, la maxime veut inculquer un précepte de charité, basé sur l'instabilité des choses humaines; nulle part plus qu'en Orient cette instabilité n'est remarquable: ceux qui ont vécu dans les pays orientaux savent que tel qui est aujourd'hui dans l'opulence est réduit le lendemain à la plus grande indigence. Voilà pourquoi l'auteur ajoute que *les pains sont stables pour celui qui agit charitablement*. Mais cette charité n'est semblable que de fort loin à ce que nous nommons ainsi: c'est de la *charité utilitaire* que parle le scribe égyptien.

QUARANTE-DEUXIÈME MAXIME

Ne sois point avide pour remplir ton ventre, car l'on ne sait point pourquoi tu cours ainsi : lorsqu'est venue ton existence, je t'ai donné un autre bien[1].

Ce précepte est exprimé en termes qui nous sembleront communs, et il faut le comprendre d'après nos usages les plus familiers. Quand un enfant mange avec avidité, on lui dit d'ordinaire : Dépêche-toi, hâte-toi, c'est le sens de la maxime égyptienne. Seulement les Égyptiens employaient le mot *courir*, au lieu que nous employons le mot *se dépêcher*. C'est pour n'avoir pas réfléchi à cet ordre d'idées que les deux traducteurs de la maxime ont fait fausse route.

M. de Rougé a traduit : « Ne sois pas avide pour remplir ton ventre, de peur que tu ne puisses marcher rapidement, quand arrivera ton compagnon. » M. de Rougé a fait rapporter les derniers mots de la maxime à la suivante. Le mot ⟨hiér.⟩ ne signifie point *de peur que* ; puis il est précédé du verbe substantif ⟨hiér.⟩, dont il aurait fallu tenir compte. De même l'expression ⟨hiér.⟩ veut dire *semblablement*, et non *quand*. Enfin je ne vois pas comment avec le texte égyptien, M. de Rougé a pu venir à l'idée de *compagnon*.

M. Chabas a donné la traduction suivante : « Ne sois pas

---

1. Mot à Mot : Ne fais point avidité pour remplir ton ventre, étant point savoir ton courir semblablement. Venue ton existence, j'ai donné à toi un autre bien.

glouton pour remplir ton ventre à ne plus pouvoir te tenir ferme. Lorsque tu es venu à l'existence, je t'ai donné un autre bonheur. » Je ferai seulement observer que le mot ⟨hiéroglyphes⟩ sous cette orthographe bizarre est le même que ⟨hiéroglyphes⟩ et qu'il signifie *courir*.

L'auteur du papyrus moral de Boulaq a voulu ici donner un précepte contre l'avidité et contre la gloutonnerie. Il rappelle qu'il a donné un autre enseignement à son fils dans son enfance. Le papyrus Prisse, dans le premier des ouvrages qu'il contient, a une maxime à peu près semblable.

QUARANTE-TROISIÈME MAXIME

Le cours du fleuve s'est écarté les années passées: une autre direction se fait dans l'année (suivante): les grands océans se dessèchent ; les rivages deviennent des abîmes : il n'y a point eu homme d'un seul dessein. C'est ce que répond la maîtresse de la vie[1].

[1]. Mot à mot : S'écarte le cours descendant de l'eau (dans) les années passées, étant une autre direction dans l'année. Les grandes vertes (les mers) grandes deviennent en lieux desséchés ; les rivages deviennent en abîmes ; point devenu homme d'un seul plan : cela réponse de la maîtresse de la vie.

J'ai fait une seule maxime de ce que M. Chabas a partagé en deux maximes différentes. Ma raison pour le faire a été que la première maxime des égyptologues qui ont traduit ce passage ne m'a pas semblé une maxime complète : c'est un exposé de phénomènes physiques facilement applicables, je le confesse, mais où l'application n'a pas été faite. Cette application des prémisses, je l'ai vue dans ce que l'on avait regardé comme une maxime différente. Au fond, c'est dans le même tour de phrase qu'ont été conçues cette maxime et la fameuse interrogation de Scarron : *Les empires les plus florissants ont péri, les monuments les plus solides se sont écroulés, dois-je donc m'étonner que mon pourpoint soit percé au coude?* Seulement l'intention du docteur égyptien a été sérieuse, tandis que celle du poète français a été burlesque.

M. de Rougé a traduit ainsi les deux maximes qu'il a considérées comme une seule : « Je te donnerai encore un autre bon (proverbe). Le cours d'eau s'éloigne au temps de la moisson et un autre bras du (fleuve) se forme à la saison des eaux. De grandes mers sont devenues des plaines arides et des champs cultivés ont fourni la place des pylones. (Mais) il ne s'est pas rencontré d'homme assez habile pour répondre au maître de la vie. » Sans m'attacher à faire observer que les premiers mots de cette maxime se rattachent mieux à la précédente, je ferai remarquer que la moisson se fait en Égypte au moment des plus basses eaux et que par conséquent ce n'est guère le moment pour un fleuve de déplacer son lit. D'ailleurs, il n'est question ni du temps de la moisson, ni de la saison des eaux. Le mot 〖hiero〗, quelque soit son sens, n'a jamais voulu dire *champs cultivés*, de même le mot 〖hiero〗 n'a jamais signifié *pylônes*. Je renonce à deviner enfin quelle suite d'idées a pu établir M. de Rougé entre les mots égyptiens d'autant plus que le texte porte clairement 〖hiero〗 maîtresse; la maîtresse de la vie, c'est la mort, à moins que ce ne soit la tombe.

M. Brugsch a également réuni les deux maximes de M. Chabas et les a traduites ainsi : « Évite en descendant le fleuve l'eau de l'année passée, car sa course est devenue autre cette année. Le fleuve plein (d'eau) est devenu banc de sable et le rivage un lit profond du fleuve. De même l'homme n'est pas d'un sentiment. » M. Brugsch a laissé de côté les derniers mots. Sauf un passage, cette traduction donne le sens général de la maxime, quoiqu'elle ait été viciée par la pensée de l'auteur qui n'y a vu que le développement d'une seule idée exprimée de deux manières différentes, où je vois deux idées fort distinctes, le fleuve d'Égypte d'abord, puis les grands océans ensuite, car les Égyptiens connaissaient fort bien la Méditerranée et la Mer Rouge, pour me borner à ces deux mers. La première phrase de cette traduction contient l'une de ces impossibilités auxquelles les traductions des enfants dans leurs classes peuvent habituer un professeur. Comment pourrait-on distinguer dans un fleuve l'eau de l'an passé de celle de la présente année ? Car enfin il n'y a pas moyen de donner un autre sens à la phrase de M. Brugsch, quoi qu'il semble par la suite entendre un cours d'eau, une autre branche du fleuve. Mais le fleuve n'a pas l'habitude de changer si radicalement son cours dans une année que les mariniers égyptiens n'en aient eu nouvelle. Par conséquent l'avertissement donné ne sert à rien ; par conséquent ce n'est pas le sens des paroles égyptiennes.

M. Chabas a traduit : « Le cours des eaux s'écarte de temps en temps et prend parfois une direction différente. Les grands océans deviennent des terres arides : les rivages deviennent de profonds abîmes. — Il n'est pas d'homme immuable en aucune chose : telle est la réponse de la mort. Aie l'œil sur ta vie. » Cette traduction me semble irréprochable, si l'on réunit les deux maximes en une seule. C'est pourquoi je l'ai adoptée tout en regardant la transcription du mot ✶ 𓅞 𓅞 , ainsi qu'a lu M. Chabas, comme susceptible de modification ; on pourrait lire peut-être ⎯ 𓅞 𓅞 ; car l'étoile ж n'est pas faite comme d'habitude et le signe se rapproche beaucoup plus de la barque. Je rattache en outre les derniers mots de la dernière maxime de M. Chabas à la suivante.

Le moraliste dans cette maxime a voulu dire qu'en voyant de si grands changements dans la nature, il ne faut pas s'étonner s'il n'y a point eu encore d'homme d'une seule idée. C'est la réponse que fait la mort après la vie de tous les hommes. Par conséquent, il ne faut pas attacher grande importance au changement de front dans les idées. Maxime éminemment pratique et utilitaire dans un pays aussi sujet au changement que l'était l'Égypte.

QUARANTE-QUATRIÈME MAXIME

Prends garde : que ton existence soit misérable ou élevée, il n'y a point de bien assuré : en marchant droit à elle, tu foules la route[1].

Cette maxime est assez difficile à interpréter ; elle a été, je crois, mal coupée par M. Chabas qui en a rattaché les premiers mots à la maxime précédente. Elle est de plus assez obscure.

M. de Rougé semble l'avoir comprise, quoiqu'il n'ait pas

---

1. Mot à mot : Donne ton œil : ton existence misérable ou élevée, point bien assurément ; marcher en avant à elle, tu foules l'endroit d'aller.

rendu les deux premiers mots : il a traduit de la sorte : « Soit que ton sort devienne misérable ou élevé, tu ne seras pas complètement heureux en réalité. Marche devant toi ; tu trouveras la place de tes pieds. » Cette traduction ne pèche que par un peu de paraphrase ; mais cette fois la paraphrase est tombée juste, quoi qu'elle semble un peu avoir passé à côté du texte : je veux dire que le sens général est bien celui qu'a donné M. de Rougé, si le sens de chaque mot n'est pas celui de ce savant. L'expression [hiéroglyphes] répond à l'expression copte analogue ⲉⲣⲉⲛ qui veut dire *en face, en avant ;* le suffixe [hiéroglyphe] se rapporte au nom masculin de la sentence, et il n'y en a pas d'autre que [hiéroglyphes] ; quoique M. Chabas ait fait de [hiéroglyphes] et de [hiéroglyphes] deux noms, je n'y puis voir que deux verbes au participe passif, le premier marqué par [hiéroglyphe] et le second par [hiéroglyphes]. J'ai expliqué plus haut le verbe [hiéroglyphes] qui ne signifie pas *trouver*, mais *fouler aux pieds*. Je ne puis voir dans le mot [hiéroglyphes] le nom *pied*, mais le verbe *aller, venir ;* de telle sorte que le *lieu d'aller*, c'est la route, l'endroit où l'on marche pour aller vers quelque lieu.

M. Chabas a donné de cette maxime la traduction suivante : « Dédale ou escarpement, il n'est pas beau de s'y engager le premier. Foule le chemin du retour. » Cet auteur avait traduit les premiers mots de cette maxime, rattachés par lui à la précédente par : « Aie l'œil sur ta vie. » Je ne puis admettre cette traduction. Il faudrait pour qu'elle pût être admise que le texte contînt une préposition en avant de [hiéroglyphes], sans doute la préposition [hiéroglyphe], car tous les verbes qui expriment une action des sens ont leur régime introduit par [hiéroglyphe], et il semble bien que la locution [hiéroglyphes] doive se comporter également, le sens étant le même. Or le texte n'a rien. En outre, comme je viens de le dire, je ne peux pas croire que les mots [hiéro.] et [hiéro.] soient des noms. En tout cas, le mot [hiéro.], déterminé comme il l'est, ne peut signifier *dédale* : le sens de *dédale* emporterait le déterminatif [hiéro.], tandis qu'on a vraisemblament le signe de l'enfant et certainement celui de l'oiseau du mal. Je rapprocherai plutôt le premier du copte ϣⲱⲛⲉ qui veut dire *maladie* ; et j'ai adopté le sens proposé par M. de Rougé. Je ne peux donc faire rapporter le suffixe [hiéro.] à des mots qui ne sont pas des noms. En outre, c'est cette idée de *dédale* et d'*escarpement* qui a conduit M. Chabas à traduire le mot [hiéro.] qu'il transcrit à tort [hiéro.] par *retour* : ce mot signifie *aller*, *venir*.

Je regarde cette maxime comme la suite de la précédente sur l'instabilité des choses humaines ; le scribe avertit que l'existence humble ou élevée ne saurait être un bien, un bonheur pendant tout le cours de l'existence. Par conséquent il faut la suivre telle qu'elle nous a été faite et suivre le chemin qui s'offre à nous. Ce précepte sent quelque peu le fatalisme, et, si l'on veut bien y regarder, on verra que ces idées fatalistes ont dû faire partie du patrimoine premier de l'humanité.

QUARANTE-CINQUIÈME MAXIME

Ne donne pas trop de liberté à l'homme dans ta maison. lorsque tu entres, on te fait rapport de sa présence, tu es salué de sa bouche, tu es informé de son dessein et la conversation s'établit [1].

M. de Rougé a traduit cette maxime de cette manière : « Ne presse pas l'homme qui est dans ta maison ; tu arrives et tu es informé de sa présence ; sa bouche te salue ; tu l'interroges sur ses desseins et la familiarité s'établit. » Le mot [hiéroglyphes] veut dire *élargir, être large, dilater, se dilater* ; je ne sais comment M. de Rougé a été amené à le traduire par *presser*. Le reste de la maxime est bien traduit sauf le mot [hiéroglyphes] qui ne veut pas dire *familiarité*, mais *échange*, et ici *échange de paroles*, c'est-à-dire *conversation*.

M. Chabas a rendu ce précepte ainsi qu'il suit : « Ne sois point rude pour l'homme qui est dans ta maison, (il est) ton hôte. Il t'a été rendu compte de ce qu'il est. Tu réponds à la salutation de sa bouche. Tu es mis au courant de ce qui l'amène. Que la collation soit offerte. » M. Chabas a cru voir ici l'une des lois de l'hospitalité égyptienne : je vais montrer qu'il ne saurait s'agir d'hospitalité. Le mot [hiéroglyphes] ne signifie point *être rude*. C'est le copte ⲟⲩⲉⲥⲱⲛ et j'en viens d'indiquer le sens. Le mot [hiéroglyphes] a été traduit par *ton hôte* ; si jamais ce mot a le sens d'*hôte*, ce que j'ignore, ce n'est certainement pas ici, car il n'a pas les déterminatifs nécessaires. M. Chabas répond il est vrai que ce mot est mis pour [hiéroglyphes], que dès lors on ne doit pas être embarrassé pour traduire par *hôte*, car ce mot signifie *ceux qui entrent chez toi*. Quand même il en serait ainsi, la place qu'oc-

---

1. Mot à mot : N'élargis pas l'homme dans ta maison : entrant toi, tu es averti (on te fait rapport) de son étant (là), dite à toi salutation de sa bouche, tu es informé de son dessein, est donné le colloque.

cupe ce mot doit faire rejeter la traduction de M. Chabas ; l'idée serait d'abord répétée coup sur coup deux fois ; ensuite la syntaxe égyptienne n'admet pas ces oppositions, il faudrait un mot quelconque pour relier le mot avec ce qui précède. Or ce mot n'existe pas ; il est donc bien plus simple de conserver au mot ⸺ sa signification ordinaire et de ne voir dans la lettre 𓅭 que l'indice d'un participe déjà signalé plusieurs fois plus haut, s'il faut y attacher de l'importance. Le mot que M. Chabas a transcrit 𓄿𓄿 est en réalité 𓄿𓅭, le dernier signe se voit encore en partie dans la lacune. Le mot 𓂞 ne signifie pas *répondre*, mais *dire*. Sans doute le sens n'est pas bien différent ; mais ce sont les nuances qui font les phrases : en prenant une nuance pour une autre, on risque souvent de s'égarer et d'égarer le lecteur. Enfin le mot 𓈖𓂋𓏏𓏤 qui est traduit par *collation* finit par jeter le traducteur et le lecteur dans l'erreur la plus complète. Si l'on acceptait cette maxime, on serait en effet autorisé à croire que les Égyptiens commençaient par s'informer de ce qui amenait leurs hôtes et n'offraient le repas qui est de règle, quand on donne l'hospitalité, que lorsqu'ils avaient assouvi leur curiosité, ou qu'ils n'en offraient pas, si le résultat de leurs interrogations n'était pas favorable à l'hôte qui leur arrivait. Or, c'est absolument le contraire qui avait lieu en Égypte, comme dans tout l'Orient. Aujourd'hui, quand on va visiter quelqu'un en Égypte, on est reçu avec ces formules de politesse qui n'engagent à rien, on est conduit dans la chambre des étrangers où l'on s'asseoit ; alors sans perdre un instant, on vous apporte du tabac, des pipes, puis un sorbet quelconque, puis du café, etc. Pendant tout ce temps là, l'hôte n'a fait que répéter les mêmes formules : Que bonne soit ton arrivée dans ma maison ; tu as réjoui mon cœur et tu m'as honoré grandement, etc. La politesse la plus élémentaire lui a fait un devoir de ne pas s'enquérir de ce qui a amené le visiteur chez lui. En Europe, c'est le contraire qui a lieu, je le sais bien ; mais en Égypte cela est ainsi. Ce qui existe aujourd'hui m'est un sûr garant de ce qui existait autrefois : on ne change pas les mœurs d'un peuple aussi complètement. Du reste c'était la coutume dans toute l'antiquité : dans l'Iliade, quand Bellérophon se rend chez le roi de Lycie avec des lettres qui le devaient perdre dans la pensée de Proitos, le roi de Lycie le reçoit comme un hôte, le traite magnifiquement pendant neuf jours et ne lui demande à voir les lettres de son gendre que le dixième jour [1]. Voilà quelle était la règle autrefois ; voilà quelle elle est encore aujourd'hui. Par conséquent notre auteur n'a pas voulu parler de *collation*, ni de repas quelconque.

Ce que je vois dans cette maxime c'est le conseil de réagir contre les trop grandes libertés que peuvent prendre les étrangers dans la maison de quelqu'un.

J'ai entendu le mot 𓅓𓂋𓏏 dans le sens figuré. La suite se tient très bien avec ce sens premier. Des conseils sont donnés sur la manière de recevoir ces sortes d'étrangers et de les traiter. Rien ne me semble plus clair.

[1] Ἐννῆμαρ ξείνισσε, καὶ ἐννέα βοῦς ἱέρευσεν
Ἀλλ' ὅτε δὴ δεκάτη ἐφάνη ῥοδοδάκτυλος Ἠώς
Καὶ τότε μιν ἐρέεινε, καὶ ἤτεε σῆμα ἰδέσθαι
Ὅττι ῥά οἱ γαμβροῖο πάρα Προίτοιο φέροιτο.

(*Iliade*, vi, 174-177.)

QUARANTE-SIXIÈME MAXIME

Celui qui hait le retard arrive sans avoir été appelé[1].

J'ai adopté pour cette maxime le sens déjà donné par MM. de Rougé et Chabas. Le premier traduit ainsi : « Celui qui n'aime pas le retard vient sans qu'on l'appelle. » Le second traduit : « Celui qui déteste la négligence vient n'ayant point été appelé. » Le peu d'étendue de la maxime et sa clarté rendent parfaitement compte de la ressemblance des traductions : si elles eussent été toutes semblables, il n'y aurait point eu de divergences dans les traductions que j'ai citées.

QUARANTE-SEPTIÈME MAXIME

Sans se presser arrive le coureur[2].

Cette maxime a eu le sort heureux de la précédente; les traductions qui en ont été données ne diffèrent aucunement. M. de Rougé a traduit : « Le bon marcheur arrive sans se presser. » Et M. Chabas : « Ne se pressant point, arrive le bon marcheur. » M. Maspero : « Sans se presser pour arriver, le bon marcheur arrive. » On ne saurait demander mieux, et si l'uniformité eût été toujours semblable je n'aurai point entrepris de traduire le papyrus à nouveau.

1. Mot à mot : Le haïssant le retard vient point il n'a été appelé.
2. Mot à mot : Point ne se pressant arrive le coureur

QUARANTE-HUITIÈME MAXIME

Donne-toi au Dieu; garde-toi chaque jour pour le Dieu, et que demain soit comme aujourd'hui. Sacrifie : le Dieu voit celui qui sacrifie, il néglige celui qui est négligent[1].

L'unanimité constatée plus haut disparaît de nouveau ici. M. de Rougé a donné de ce précepte la traduction suivante : « Quant à ce qui concerne le Dieu observe-toi constamment à son égard, et demain comme tu l'as fait aujourd'hui. Vois ce que le Dieu fait pour toi. (Il enrichit celui qui donne). » Quoique la première phrase ne présente pas grande difficulté M. de Rougé toujours fidèle à traduire 〈hiéro〉 par *quant à*, a été amené à négliger ici le pronom 〈hiéro〉 et la préposition 〈hiéro〉. Il a réuni ensemble les mots 〈hiéro〉 qu'il traduit par *vois, fais action de voir*. Le mot 〈hiéro〉 est l'impératif du verbe 〈hiéro〉 avec le suffixe de la seconde personne du singulier; j'ai déjà dit plus haut que ce verbe avait

---

1. Mot à mot : Donne-toi au Dieu : garde-toi chaque jour pour le Dieu, étant demain comme aujourd'hui. Sacrifie. Voit le sacrificateur le Dieu ; il est il néglige celui qui est négligent.

absolument le même sens que le mot latin *facere* dans *facere sacra*. Le sens de ce qui suit se comprend ensuite et il n'est pas nécessaire de donner au mot [hieroglyphs] le sens d'*enrichir*, et sans transition le sens de *donner*.

M. Chabas traduit ainsi le texte égyptien : « Donne-toi à Dieu : garde-toi continuellement pour Dieu et que demain soit comme aujourd'hui ! Que ton œil considère les actes de Dieu; c'est lui qui frappe celui qui est frappé. » Pour donner au mot [hieroglyphs], comme transcrit M. Chabas le sens d'*œil* il faut supposer plus de négligence et plus d'étourderie au scribe qu'il n'est possible de lui en attribuer, car le mot [hieroglyphs] signifie *œil*; c'est prendre en outre comme assuré la lecture [hieroglyphs] pour *œil* : mais il est bien plus probable que ce groupe se lisait [hieroglyphs] et qu'il a donné le copte ⲃⲁⲗ, car le changement de la lettre [hieroglyph], ou *m*, en ⲃ n'est pas isolé et l'on a d'autres exemples de ce phénomène. Le mot œil se trouve assez fréquemment dans ce texte comme on pourra s'en convaincre en lisant le texte des maximes précédentes, et quand il est suivi du suffixe [hieroglyph], il est toujours écrit [hieroglyphs]. Ensuite le mot [hieroglyphs] est traduit par *frapper* : ce mot n'a pas ce sens. M. de Rougé qui a traduit par *facet facenti* dans son dictionnaire manuscrit, a ajouté : cette traduction n'est pas certaine[1]. Dieu néglige celui qui le néglige est aussi une traduction acceptable. Il y a évidemment opposition entre les deux membres de phrase : Dieu voit le sacrificateur, il néglige le négligent; mais j'avoue que je n'ai pris ce sens de négliger que comme un approximatif; car, pour bien rendre l'expression égyptienne, il faudrait trouver un verbe dont le participe passif pût servir de régime au verbe, comme *frappe le frappé, punit le puni*. Mais sauf le dernier vocable incertain, on voit bien quel est

---

1. PIERRET, *Vocabulaire hiéroglyphique*, p. 383.

le sens général du précepte. Ce sens est qu'il faut s'appliquer à servir la divinité, constamment, s'y vouer le lendemain comme le jour présent. Il ne faut pas reculer devant les sacrifices, car elle aime à voir celui qui sacrifie et n'a au contraire qu'un regard de colère sur ceux qui négligent son culte. C'est toujours le même concept de la divinité, d'une divinité qu'on peut corrompre par des présents, dont on peut s'assurer le concours par des sacrifices, qu'on peut ainsi forcer à se montrer favorable, et qui en revanche châtie les négligents.

QUARANTE-NEUVIÈME MAXIME

N'entre pas dans la foule, si tu te trouves excitable en présence de la violence[1].

Cette maxime si claire n'a pas été comprise dans ce sens par ceux qui l'ont traduite. M. de Rougé l'a traduite ainsi : « Ne vas pas dans une réunion, quand tu te sens enclin à la dispute. » C'est à peu près le sens, si l'on en excepte les derniers mots . L'expression est bien connue, elle signifie *devant, en présence de*. Quant au verbe , forme redoublée de , il signifie *faire violence, agir violemment*. Rien n'est donc plus facile que de trouver un sens avec cette signification du mot, sans

[1]. Mot à mot : N'entre pas dans la foule, étant tu te trouves *excitable* en présence de la violence.

aller chercher d'autres significations plus ou moins justes, et s'écartant toutes du sens de la racine.

M. Brugsch a donné la traduction suivante : « Ne te mêle pas aux foules, quand tu les trouves en tumulte à la vue de la force armée. » Cette traduction pèche par suite de la fonction attribuée au mot ⟨hiéro⟩. M. Brugsch en fait un pronom pluriel de la troisième personne ; ce pronom est un pronom réfléchi qui s'emploie pour la seconde et la troisième personne, suivant les circonstances. Nous l'avons toujours vu employé pour la seconde personne quand il accompagne le suffixe ⟨hiéro⟩. Il est donc inutile de lui attribuer un autre sens. Le mot ⟨hiéro⟩ est encore l'un des participes passifs ; la racine ⟨hiéro⟩ signifie *monter* : ici il signifie *celui qui se monte, excitable*, la préposition ⟨hiéro⟩ est prise dans le sens *à l'état de*. Il ne s'agit aucunement de *force armée* dans le mot ⟨hiéro⟩.

M. Chabas a traduit : « N'entre pas dans une foule, si tu t'y trouves dans les préliminaires d'une rixe. » J'ai déjà expliqué les mots qui font la différence entre la traduction de M. Chabas et celle que j'ai proposée.

Au lieu de voir dans cette maxime le simple conseil d'une prudence assez basse, j'y ai cru voir celui que l'on donne à un homme emporté par le spectacle de l'injustice. Il ne faut pas en effet se mêler aux grandes foules, quand on n'a pas assez d'empire sur soi-même pour voir d'un œil calme ce qui s'y passe et ne rien laisser échapper de ses sentiments intimes. C'est ce qui me semble se dégager non seulement de cette maxime, mais aussi de la hauteur morale des préceptes qui précèdent.

CINQUANTIÈME MAXIME

Ne transgresse aucuns champs, tiens-toi en sûreté contre leurs limites (?), de peur que tu ne sois traîné au tribunal en présence des grands après qu'on aura fait enquête[1].

Cette maxime est rendue obscure à cause du sens incertain du mot 〖…〗. M. de Rougé l'a traduite ainsi : « Ne transgresse aucune limite……… de peur que tu ne sois conduit au tribunal, par devant les magistrats, après que les témoignages auront été faits (contre toi). » Cette traduction ne pèche guère que par un léger changement de nuance ; mais elle n'a pas rendu les mots les plus difficiles.

M. Brugsch a traduit le précepte de cette manière : « N'erre pas dans toutes les directions et garde-toi de leurs ⲟⲩⲃϣⲧ, afin qu'on ne te traîne pas au conseil devant les juges pour te faire passer en jugement. » Cette traduction se trompe dans son commencement : le mot 〖…〗, si le sens n'en est pas clair, ne veut certainement pas dire *direction* ; la traduction du mot 〖…〗 par le mot lui-même n'est pas une traduction : il vaut mieux avouer qu'on ne sait pas le traduire.

[1]. Mot à mot : Ne fais pas transgression de champ quelconque, étant sauf contre leurs limites ; de peur que tu ne sois pris au tribunal en présence des juges ensuite d'avoir fait des témoins.

Les mots [hieroglyphs] ne peuvent pas vouloir dire *pour le faire passer en jugement*; ils signifient *après avoir fait témoins*, c'est-à-dire après avoir reçu les témoignages, après avoir fait enquête.

M. Chabas de son côté a donné la traduction suivante : « N'empiète sur aucune propriété : tiens-toi en sûreté contre les anciens titres de propriétaire, de crainte que tu ne sois conduit devant les juges, après qu'il t'aura été fait information judiciaire [1]. » Cette traduction dans sa première partie ne peut pas répondre aux mots égyptiens : je vais le démontrer. Le texte donne en traduction mot à mot : Ne transgresse pas les champs tous, te gardant contre leurs limites. Il faut donc si le mot [hieroglyphs] veut dire *titre de propriétaire*, comme le traduit M. Chabas, que le mot [hieroglyphs] soit un nom d'agent qui puisse avoir un titre de propriété, puisque le texte contient le mot [hieroglyphs] qui signifie *leur*. Les sens attribués à ces deux mots par M. Chabas ne peuvent donc aller ensemble, puisque la propriété ne peut pas avoir de titres de propriétaire, et que c'est au contraire le propriétaire qui a des titres de propriété. D'ailleurs la constitution de la propriété en Égypte ne permettait guère qu'on eût des titres, puisque l'Égypte entière appartenait au chef de tribu d'abord, puis au pharaon ensuite, et que toute possession dépendait de son plaisir [2]. Ce n'est pas ici le lieu d'entrer dans la discussion

1. M. Chabas a transcrit [hieroglyphs], de même plus loin dans la maxime qui suit ; je n'ai pas cru pouvoir transcrire ainsi.

2. On a été étonné en Europe, lors des emprunts nommés *domaniaux* contractés par Ismaïl pacha que ce prince pût posséder assez de terrains pour garantir le service des intérêts de la dette qu'il avait contractée envers les banquiers européens. Mais on a eu tort de s'étonner : il en avait toujours été ainsi. L'Égypte entière appartenait à celui qui la gouvernait : elle était divisée en un certain nombre de propriétés ou apanages que le pharaon, l'empereur, le khalife, le sultan ou le pacha distribuait à ses officiers le nom seul de celui qui était à la tête de l'Égypte a changé depuis des temps bien reculés : le mode de gouverner est resté le même. Yakoub-Artin-Pacha a publié une étude sur le régime foncier en Égypte, intitulé : *La propriété foncière en Égypte*.

complète de cette grave question : il me suffira donc d'avoir dit ce que je viens d'en dire. Le mot 𓃀𓂝𓏺 est comme par ailleurs ; déterminé par la peau d'animal 𓃀𓂝𓄛, il paraît signifier *peau, ce qui couvre la chair de l'animal*; il se rencontre même avec le déterminatif que nous avons ici 𓃀𓂝𓄛, et peut-être signifie-t-il *couverture*, parconséquent limite. La présence du ◯, 𓃀𓂝◯𓄛 ne doit pas nous surprendre et nous engager à voir dans ce mot une autre racine : le ◯ suivi du trait n'a peut-être aucune raison d'être ici ; tout au plus marque-t-il que le nom était du féminin. Aussi c'est dans cette direction qu'il faut chercher le sens de ce mot ; mais je ne saurais dire au juste quel il est, et ma traduction n'est qu'une traduction par à peu près.

Cette maxime nous montre qu'en Égypte la justice ne se faisait que sur des témoignages qui rendaient le délit certain. Il devait être assez facile de dépasser les limites du champ ou des champs que l'on avait à cultiver ; mais je ne crois pas qu'il s'agisse ici de la petite culture qui était faite par les fellahs ; il s'agit sans doute de l'administration d'un domaine dont on avait reçu la direction de la part du pharaon ; à moins qu'il ne s'agisse de tout autre chose que nous ne connaissons pas.

CINQUANTE ET UNIÈME MAXIME

Tiens-toi à l'écart des hommes rebelles : celui dont le cœur sait se posséder parmi les soldats n'est point traîné, certes, vers le tribunal, n'est point enchaîné et ne connaît pas les bakschisch [1].

Cette maxime a été assez bien comprise dans son ensemble, quoique les nuances soient différentes, et que deux des traducteurs n'aient pas tenu compte des derniers mots et les aient reportés à la maxime suivante.

M. de Rougé a traduit de la sorte : « Ecarte-toi des hommes rebelles : le cœur se tait au milieu des soldats et l'homme sage n'est pas traduit au tribunal, ni chargé de liens [2]. » Présentée de cette façon, cette maxime se comprend assez bien, quoi qu'on ne voit pas facilement la suite des idées dans ces deux propositions : Le cœur se tait au milieu des soldats et l'homme sage n'est pas traduit au tribunal. Je ne peux même trouver mention *d'homme sage* dans le texte : je pense que M. de Rougé a traduit ainsi le mot ⟨hiér.⟩ ; mais je ne puis admettre ce sens, et je vois dans le mot hiéroglyphique le mot copte ⲅⲉ qui signifie *certes*. Le mot que nous avons ici est apparenté de très près au mot ⟨hiér.⟩, copte ⲕⲉ et quelquefois ⲅⲉ, qui signifie *un autre* ; le scribe a dû commettre ici quelque faute ; c'est pourquoi j'ai traduit par *certes*, car le mot ⲅⲉ se place tantôt à l'intérieur, tantôt à la fin de la phrase.

---

1. Mot à mot : Fais écart des hommes rebelles : étant cœur possédant bouche à l'intérieur des soldats, point n'être mené, certes, vers le tribunal ; point n'être lié, point connaître ce qui concilie (les présents).

2. Dans son dictionnaire mss. M. de Rougé avait mis ce mot ⟨hiér.⟩ avec ce qui suit : éloigne-toi des gens querelleurs ; le courageux se tait au milieu des soldats ⟨hiéroglyphes⟩ *neque deducitur prudens ante tribunal neque obligatur.* Cf. Pierret, *vocabulaire hiéroglyphique*, p. 614. D'où l'on voit que M. de Rougé a fait un mot de ⟨hiér.⟩ avec le sens de *prudent*.

M. Brugsch a donné la traduction suivante : « Tiens-toi éloigné des gens séditieux : ceux dont l'humeur reste paisible au milieu de la force armée, leurs actes ne les font pas conduire devant les conseils et ils ne sont pas tenus dans les liens. » Cette traduction rend assez bien les mots égyptiens, sauf le mot ⸻ qui ne veut certainement pas dire *actes*. M. Brugsch n'a pas rendu la fin de la maxime et n'a pas traduit la suivante.

M. Chabas a traduit ce précepte ainsi qu'il suit : « Tiens-toi à l'écart des gens de dispute et que ton cœur garde le silence au milieu de la force armée. On ne conduit pas les premiers venus au tribunal, on ne garrotte pas celui qui n'a pas été à même d'établir la paix. » Cette traduction, quoiqu'elle soit venue la dernière, est loin de valoir les deux précédentes. D'abord le mot ⸻ ne signifie pas *les gens de dispute*, il signifie *ceux qui inclinent à côté, ceux qui se détournent*, de la racine ⸻, copte ⲡⲓⲕⲉ. On comprend très bien que de ce sens primitif on en soit venu au sens de *rebelles*. La phrase qui suit commence par ⸻ que M. Chabas traduit par *et*. Sans doute dans une énumération le mot ⸻ a le sens de la conjonction *et* ; mais ici, outre qu'il n'y a pas énumération, le mot ⸻ indique une proposition subordonnée qui va commencer : s'il y avait impératif le texte égyptien s'y prendrait d'une autre manière. L'expression ⸻ veut dire originellement *posséder sa bouche*, en copte ⲕⲁⲣⲱ, avec chute de la lettre ⸻ d'où le sens de se *taire* et aussi de *parler* que ce mot ⲕⲁⲣⲱ a également en copte. Le sens de *premier venu* que M. Chabas donne au mot ⸻, après que M. de Rougé lui a attribué celui de *prudent*, montre combien une semblable traduction est conjecturale. Enfin la phrase « on ne garrotte pas celui qui n'a pas été à même d'établir la paix » est incompréhensible. On comprendrait qu'on garrottât celui qui ayant été à même d'établir la paix ne l'a pas fait; mais il est impossible d'admettre qu'on agisse de la sorte envers celui qui n'a pas été à même d'établir cette paix, parce qu'il n'en a pas été à même. Aussi la phrase égyptienne ne le dit-elle point. Après la proposition subordonnée commençant par 〰, vient une triple proposition principale commençant à chaque fois par la négation 〰, de sorte que le parallélisme est bien indiqué et qu'il ne faut point donner la troisième comme régime à la seconde. Le mot 〰 veut bien dire comme verbe *faire régner la conciliation, la paix*; mais ici le verbe exige un sujet qui ne peut être autre que ce mot, à moins qu'on ne fasse de 〰 le sujet en le prenant dans le sens de *juge, celui qui connaît*, sens qu'il a notamment au papyrus d'Orbiney quand le Pharaon fait assembler son conseil[1]; mais il faudrait alors que le verbe suivant fût au passif et suivi de la désinence 〰; or le 〰 n'y est pas. C'est pourquoi j'ai préféré faire du mot 〰 le sujet d'autant mieux qu'il est suivi ici de la marque du pluriel.

Cette maxime est une suite à la précédente. Dans un pays aussi tourmenté par les révolutions que le fut toujours l'Égypte, le conseil que contenait cette maxime n'était pas de trop. A chaque instant l'histoire d'Égypte est pleine de révoltes : ce n'est donc pas perdre son temps que d'avertir quelqu'un de se tenir à l'écart des rebelles, que de lui conseiller de savoir se maîtriser au milieu de la soldatesque, sans

---

1. Voici le texte de ce passage. Le fleuve a amené la boucle prise à la femme de Bataou et les blanchisseurs du roi se disputent chaque jour au sujet de l'odeur merveilleuse dont sont parfumés les vêtements de Sa Majesté. La boucle est trouvée et le Pharaon la voit bientôt en sa possession. Le texte dit alors 〰 ou fut amené le scribe connaissant les choses du Pharaon (Orbiney, xi, 4.) Comme on le voit le mot n'est pas tout à fait le même. C'est pourquoi je n'ai pas traduit en le considérant comme le sujet.

prendre parti pour l'un plus que pour l'autre. Ainsi l'on évitera d'être traîné au tribunal, d'être mis aux fers et d'avoir à donner ces présents qui devaient faire juger en faveur de l'accusé et que l'Égypte moderne connaît si bien sous le nom de *Bagschisch*. Cela nous montre aussi que la justice n'était pas aussi immuable que le veut bien dire Petah-hôtep au Papyrus *Prisse*[1], et qu'il y eut toujours des accomodements avec les puissants et les gens bien en cour.

CINQUANTE-DEUXIÈME MAXIME

Utiles sont les actions de l'ami; ses abominations lui sont purifiées; tu es en sûreté contre ses négligences nombreuses: prends garde à tout ce qui perdrait (cette amitié)[2].

Cette maxime n'est pas des plus claires et je ne suis pas certain d'en avoir bien saisi le sens; aussi ne donné-je ma traduction que sous bénéfice d'inventaire.

M. de Rougé a traduit cette maxime de la façon suivante: « Je ne saurais dire tous les avantages qu'il (Dieu) prodigue à celui qu'il aime; il le purifie de ses fautes, il le sauve de maux nombreux et le garde de toute perte. » M. de Rougé a

---

1. *Papyrus Prisse*, pl. vi, l. 5. Cf. Virey, *Étude sur le Papyrus Prisse*, p. 39.

2. Mot à mot: Utiles les actions de l'aimant: purifiées pour lui ses abominations: tu es sain contre ses dépérissements: se garder de toute perte.

commencé la maxime à ces mots : [hiéroglyphes]. Dans la traduction ci-dessus, je ne vois pas le rôle que joue le mot cependant important de [hiéroglyphes]. Puis le texte égyptien ne parle pas de Dieu : pourquoi donc ne pas prendre le groupe [hiéroglyphes] comme formé de la même manière que [hiéroglyphes], [hiéroglyphes], l'ignorant, le savant ? Ce groupe signifiera donc l'*aimant*, *l'ami*; et Dieu ne joue aucun rôle dans la maxime. M. de Rougé a rapproché avec raison le mot [hiéroglyphes] du copte ⲙⲁⲓ qui signifie *utilité*, d'où le sens d'*avantage*. Ce sens cadrait assez bien avec le sens général admis par M. de Rougé; mais le mot ⲙⲁⲓ ne signifie pas seulement *utilité*, il sert aussi à rendre les mots grecs τρόπος et κάλλος. J'aurais pu choisir ce dernier sens pour ma traduction; mais, après mûre réflexion, j'ai préféré le sens d'*utilité*. Le mot [hiéroglyphes] a été rendu par M. de Rougé par *maux*; je l'ai rendu au contraire par *dépérissement* et *négligences*. Ce mot se trouve au papyrus Prisse sous la forme [hiéroglyphes] et où il signifie bien *dépérissement* comme l'a traduit M. Virey[1]; il doit aussi se rapprocher du mot [hiéroglyphes] que M. Brugsch a rendu dans son dictionnaire par *paresse*, *indolence*[2]. Chose beaucoup plus grave ! pour faire cadrer sa traduction avec l'idée qu'il s'était faite du sens général de la maxime. M. de Rougé a changé le suffixe [hiéroglyphe] de la seconde personne en celui de la troisième, qu'il suppose d'ailleurs après chaque verbe. Je ne peux le suivre dans l'emploi d'une semblable méthode.

M. Chabas a donné la traduction suivante : « Agréables sont les actions de l'ami ; il est innocenté de ses fautes ; tu es insensible à ses négligences fréquentes, gardé de toute

---

1. Cf. VIREY, *Études sur le papyrus Prisse* p. 23. cf. les exemples cités en note et provenant du papyrus Ebers.
2. BRUGSCH, *Hieroglyph. Wörterbuch*, à ce mot.

rupture. » Je ne vois dans cette traduction rien que l'on puisse modifier, sinon le premier mot et l'avant dernier. *Agréables* ne saurait traduire le mot 〈hiéroglyphes〉 ; et cependant il donne l'idée qui résulte des mots employés, quoique avec une autre nuance. Le mot 〈hiéroglyphes〉 rendu par *gardé* devrait avoir la terminaison 〈signe〉 pour pouvoir être ainsi traduit ; il se construit en outre avec 〈signe〉 ; cette préposition est absente ici. C'est pourquoi je ne suis pas sûr de la traduction que j'ai proposée.

Malgré cette incertitude, le sens de cette maxime peut être double, suivant qu'on l'entend avec ou sans ironie. Dans le premier cas, le moraliste veut certainement dire la même chose que ce que nous exprimons par ces mots : L'amour est aveugle. Grâce à l'angle sous lequel on voit les actions de celui ou de celle qu'on aime, tout paraît également beau, on se justifie à soi-même toutes ses actions, on se croit assuré de son éternelle affection et l'on ne remarque pas tous les signes de *dépérissement* qui seraient visibles à des yeux moins prévenus. Cette vérité toujours nouvelle, hélas ! est aussi, on le voit, de date fort ancienne. Dans le second cas, c'est-à-dire s'il faut entendre cette maxime sans ironie, l'auteur veut faire observer que l'amitié est une chose précieuse qui doit nous faire passer sur bien des défauts ; que le concours d'un ami véritablement nous aide en bien des occasions fâcheuses et qu'on ne saurait assez se l'attacher.

CINQUANTE-TROISIÈME MAXIME

Le chef du troupeau, en conduisant aux champs, n'est qu'un autre (animal) semblablement [1].

Cette maxime n'a pas été traduite par MM. de Rougé et Brugsch, ainsi que les deux suivantes. Elle ne me semble pas complète, ou il faut avouer que le scribe égyptien s'est contenté d'énoncer l'idée sans en tirer l'application morale.

M. Chabas a donné une traduction analogue : « Le chef du troupeau à conduire aux champs, lui-même est un animal pareil aux autres. » Je n'ai pas adopté le sens de ⊖ = *à*, car il me semble que ce serait plutot ⇔ qu'il faudrait en ce cas. M. Maspero a traduit à peu près comme M. Chabas : « Le bœuf qui marche en tête du troupeau et qui mène les autres aux champs, n'est lui-même qu'un animal comme eux. »

Ce qui me fait hésiter à admettre que cette maxime soit complète, c'est qu'elle me semble en contradiction assez forte avec les précédentes, parce qu'elle est tant soit peu révolutionnaire. En effet le chef du troupeau semble désigner le *pharaon*, et dire que le pharaon n'était, après tout, qu'un homme comme un autre me semble assez hardi pour un Égyptien, quoiqu'en définitive ces mêmes Égyptiens, qui considéraient le Pharaon comme de la même nature que le soleil, aux jours de leurs révoltes, massacraient le fils du soleil comme s'il n'eût été qu'un simple mortel. On peut dire aussi pour légitimer cette intelligence que la doctrine du Pharaon, fils du soleil, Dieu dès sa naissance et même dès sa conception, était surtout prêchée par les Pharaons eux-mêmes et par les prêtres qui avaient intérêt à la maintenir inattaquable parce qu'elle leur profitait. Peut-être vaudrait-il mieux faire de cette sentence une seule et même maxime avec la précédente, et l'on aurait ainsi le sens général suivant : Tout ce que fait un ami est bel et bon, ses défauts disparaissent, on ne fait point attention à ses nombreuses défail-

---

1. Mot à mot : Le chef des animaux en prenant aux champs, lui autre semblablement.

lances, et cependant le bœuf qui marche en tête du troupeau n'est qu'un animal semblable aux autres. C'est une manière nouvelle d'entendre la maxime ; je la propose sans grande confiance de la voir admettre par mes confrères.

CINQUANTE-QUATRIÈME MAXIME

S'il y a ruine des endroits ensemencés dans les champs, que le mâne soit invoqué en réalité[1].

M. Chabas a traduit cette maxime ainsi : « S'il y a perte des cultures dans la campagne, les *khou* sont invoqués en réalité ; » et il fait suivre cette traduction de cette explication : « les esprit sont appelés sérieusement. » Je ne suis pas plus certain d'avoir compris cette maxime que je ne le suis pour la précédente : ce qu'il me semble y voir, c'est que, dans le cas d'une ruine de la récolte, on avait recours à la magie pour invoquer les mânes et que l'on avait recours au culte primitif en usage chez les ancêtres, comme cela avait aussi lieu dans le Latium, quand on se trouvait en face d'un embarras sérieux. Et quel embarras pouvait être plus sérieux pour l'Égypte que la crainte d'une mauvaise récolte? Mais tout ce qui a rapport à la magie est encore enveloppé de tant de mystère, qu'il est plus prudent de ne rien dire.

1. Mot à mot : Étant ruine des champs ensemencés dans la campagne, que le mâne soit invoqué en réalité.

CINQUANTE-CINQUIÈME MAXIME

*Il met le malheur dans sa maison, celui qui a un cœur
.... ; il ..... le limites en réalité*[1].

Je ne peux rendre plus complètement cette maxime, parce que je ne peux la lire dans l'état présent du papyrus et que les mots en sont inconnus.

M. Chabas a traduit : « Il met le malheur dans sa maison, celui qui a le cœur sans énergie ; » et il n'a pas traduit les autres mots, à cause du mot 〔signes〕. Ce mot n'est pas lacuneux : on voit encore un signe entre le signe 〔signe〕 et le signe 〔signe〕. J'ai cherché dans les dictionnaires un mot commençant par 〔signe〕 et comprenant les signes 〔signes〕 ; je n'en ai pas trouvé. Le signe indiqué par la lacune est malheureusement illisible dans l'original, parce que d'abord il est écrit à l'encre rouge, laquelle encre a pâli ; et en second lieu le papyrus juste en cet endroit est taché, ce qui complique la difficulté. Quant au mot qui précède, M. Chabas l'a transcrit 〔signes〕 : ce mot se trouve plusieurs fois dans les passages précédents et le premier signe est loin d'avoir la forme qui lui serait donnée dans ce passage : je crois donc me trouver en présence d'un autre signe comme 〔signe〕 avec une chouette 〔signe〕 complémentaire : le scribe aurait écrit 〔signes〕 au lieu de 〔signes〕 mot qui se détermine ordinairement par 〔signe〕. Mais ceci n'est qu'une conjecture ayant plus ou moins de probabilité et dans laquelle je ne veux pas engager la bonne foi de mes lecteurs.

1. Mot à mot : Il est donnant malheur dans sa maison, étant cœur.......

CINQUANTE-SIXIÈME MAXIME

Ne traite pas rudement une femme dans sa maison, quand tu la connais parfaitement. Ne lui dis pas : Où est cela ? apporte-le-nous ; lorsqu'elle l'a placé parfaitement à sa place, ce que voit ton œil, et, lorsque tu te tais, tu connais ses

---

1. Le dernier groupe est certain. M. Chabas ne l'a pas transcrit et a indiqué une lacune qui n'existe pas. MM. de Rougé et Brugsch l'ont lu vraisemblablement comme moi ; le même mot se retrouve en effet un peu plus bas dans la même planche : le premier signe est ⌠ et les autres répondent bien à ⌐. Il faut donc admettre que le scribe a laissé de côté, c'est-à-dire a omis la lettre initiale du mot.

qualités. C'est une joie que ta main soit avec elle. Ils sont nombreux ceux qui ne connaissent pas ce que fait l'homme qui désire mettre le malheur dans sa maison et qui ne sait point trouver en réalité sa conduite en toute direction. L'homme ferme de cœur est vite maître dans sa maison[1].

M. de Rougé a traduit cette maxime de la façon suivante : « Ne réprimande pas une femme dans sa maison, quand même cela te paraîtrait juste. Ne lui dis pas : (Où est ce qu'on a apporté pour nous ?) Si elle l'a mis à la place convenable, regarde et tais-toi, (car) ta main est avec elle. Il y a beaucoup de gens qui ne savent pas ce que fait un homme qui introduit les querelles dans sa maison, sans y trouver son chef, en réalité. (Celui-là deviendra maître chez lui) qui saura s'apaiser promptement. » Cette traduction, outre les phrases douteuses qu'elle a elle-même signalées, contient au moins une impossibilité, sans parler des membres de phrases qui me semblent mal coupés. Qu'est-ce, en effet, que veulent dire les mots suivants : ce que fait un homme qui introduit les querelles dans sa maison, sans y trouver son chef, en réalité ? Il me semble que les derniers mots n'offrent aucun sens à qui veut bien prendre la peine de réfléchir un peu. Toute la traduction ne se tient pas et l'on passe d'une idée à l'autre sans suite : je vais le faire observer. Il faut d'abord regarder le mot *réprimander* comme une paraphrase : le mot égyptien signifie au propre *planter, être planté, être vert*, d'où le sens de *traiter vertement*, comme en français. Ensuite la phrase : *quand même cela te paraîtrait juste*, ne me semble

---

1. Mot à mot : Ne rudoie pas femme dans sa maison, étant tu connais parfaitement elle. Ne dis pas : cela où ? apporte-nous ; ce qu'elle a mis à la place parfaite, ce qu'a vu ton œil ; étant toi te taisant, tu connais ses rigueurs. Joie être ta main avec elle. Nombreux restent, étant point ils savent ce que le faire d'un homme désirant mettre le malheur dans sa maison, étant point il ne trouve son étant en avant en fait de direction toute. Possède maison l'homme stable de cœur promptement. — J'ai expliqué plus haut l'emploi de ⸻ après le verbe ⸻.

pas comprise. Le pronom féminin [gl.] est ici à la troisième personne du singulier : s'il était régime indirect il y aurait une préposition. D'ailleurs M. de Rougé a dû changer toute l'économie de la phrase, faire du sujet [gl.] le complément indirect et du complément direct le sujet : en outre le mot qu'il traduit par *juste*, signifie *parfait*, et il est employé ici adverbialement. Les mots entre guillemets ne peuvent traduire les mots du texte [gl.], car pour traduire par : *où est ce qu'on a apporté pour nous*, il faudrait un suffixe [gl.] après [gl.]. Le verbe est à l'impératif et il faut voir dans les mots qui précèdent une double phrase, comme les phrases hachées dont on se sert dans un moment de colère. Ce n'est pas traiter une femme durement, ou la *réprimander*, que de lui demander où se trouve une chose apportée pour soi. La suite montre bien au contraire que lui demander où se trouve un objet qu'elle a mis à sa place est un traitement assez dur. M. de Rougé est obligé, pour expliquer la phrase suivante, de supposer un *si* dont on n'a pas besoin. Les phrases suivantes sont mal coupées, et le mot [gl.] veut dire *force*, *courage* : il est resté dans le copte ϫⲟⲟⲣ, ϫⲱⲱⲡⲉ, ϫⲱⲱⲡⲓ. Les mots égyptiens [gl.] signifient proprement : Étant point il trouve son étant en avant en réalité de toute prise ; je ne sais comment M. de Rougé a pu être amené à traduire : sans y trouver son chef en réalité ; car ces mots ne présentent aucun sens après ce qui précède. Je n'ai pas à discuter la dernière phrase, car ma lecture diffère de celle de M. de Rougé et le passage est sujet à caution ; mais l'expression [gl.] veut dire *affermi de cœur*, et non *s'apaiser* : c'est une chose bien connue.

M. Brugsch a donné la traduction suivante : « Ne frappe pas la femme dans sa maison quand tu sais qu'elle est une personne vertueuse. Ne lui dis pas : Où est-elle? Apporte-nous *ceci et cela*; car elle soigne d'elle-même pour le mieux. Ce que ton œil voit (en elle), tais-le; car tu connais sa vertu. Sois joyeux de ce que ta main soit avec elle. Il y a beaucoup de gens qui ne savent pas ce qu'ils font. L'homme rapide met la dispute dans sa maison, et jamais il ne trouvera son avantage. Chacun emporte le mobilier hors de la maison. Impose silence à ton cœur promptement. » Comme on le voit, M. Brugsch a fait deux maximes différentes de ce que j'ai cru n'en faire qu'une, à la suite de M. Chabas. La première partie n'est pas je crois, trop éloignée du sens véritable : la seconde au contraire me semble d'un décousu incompréhensible. Cependant dans la première partie, je ne puis admettre certaines traductions. Tout d'abord le verbe *frapper* me semble trop fort pour rendre l'expression égyptienne ⟨hieroglyph⟩; et l'on pourrait conclure qu'il était permis de frapper la femme en dehors de sa maison. M. Brugsch a pris ensuite le pronom ⟨hieroglyph⟩ dans la phrase ⟨hieroglyph⟩ pour le pronom de la troisième personne et il est obligé de sous-entendre ensuite des mots comme *ceci et cela* qui ne se trouvent pas dans le texte. Il est évident que l'emploi du mot ⟨hieroglyph⟩ pour le neutre ne peut donner à la phrase égyptienne beaucoup de clarté ; mais c'est le cas des langues à suffixe en général et de la langue égyptienne en particulier où l'on était obligé d'employer les déterminatifs différents pour différencier les sens de ce qui aurait pu paraître une même racine. Et puis que signifie la phrase de M. Brugsch ? pas grand'chose. M. Brugsch ne doit pas avoir lu ⟨hieroglyph⟩ pour traduire par *elle soigne*, ou bien là encore il a sous-entendu plusieurs mots qui ne se trouvent pas dans le texte, comme ⟨hieroglyph⟩, ce qui demande un régime. La phrase suivante est mal coupée et unit ensemble des mots qu'il faut séparer. De même la phrase qui finit la maxime, selon M. Brugsch, se continue en réalité. Le mot ⟨hieroglyph⟩ veut dire *celui qui marche en avant*, et non *avantage*; c'est un verbe au participe, et non un nom. Ensuite si ⌣ était le sujet de 𓏲𓄿𓅆𓏺, il se trouverait placé avant le verbe, et non après, et il n'aurait pas le ○, du pluriel. D'ailleurs, comme je l'ai déjà dit, toutes ces phrases n'offrent aucun sens à la réflexion.

M. Chabas a traduit ainsi : « Ne sois pas rude pour la femme dans sa maison, quand tu sais qu'elle est en bon ordre. Ne lui dis pas : Où est cela ? apporte-le nous ! car elle l'a mis à sa place convenable, car ton œil l'a vu et tu as gardé le silence, reconnaissant son mérite. Plein de joie, mets ta main dans la sienne. Il existe encore beaucoup de gens ne sachant pas comment fait l'homme qui se plaît à mettre le malheur dans sa maison et qui en réalité ne trouve pas la manière de la conduire. Toute direction de la tenue d'une maison gît dans l'impassibilité de l'homme. » Cette traduction laisse de bien loin derrière elle les deux autres ; malgré tout elle n'est pas acceptable dans la fin. Au commencement même M. Chabas a fait rapporter le pronom 𓏭𓅆, le premier, au mot ⌣ ; mais ce dernier mot est du masculin, tandis que le pronom 𓏭𓅆 est de la troisième personne du féminin, lorsqu'il n'est pas pronom réfléchi, ce qu'il ne saurait être ici. D'où il suit que ce n'est pas la maison qui est en bon ordre, mais que c'est la femme qui est parfaite. Vers la fin M. Chabas a négligé certains pronoms comme 𓅓𓅆𓏲𓏲 devant 𓊃𓂝𓏤𓏲, ce qui signifie *son étant en avant* et l'idée est complétée par 𓅓𓏤𓏲𓄿𓅆𓏺 ; après quoi, commence une autre phrase. Pour faire que cette dernière phrase se puisse tenir debout M. Chabas est obligé de sous-entendre le verbe, tandis que le verbe est 𓂝𓏤𓏲.

Ce que l'auteur a voulu montrer dans cette maxime, c'est qu'il ne faut pas abuser de la situation du maître pour traiter sa femme à peu près comme on traiterait un esclave, surtout lorsqu'on connaît parfaitement combien elle est parfaite. Il ne faut pas faire mine de ne rien voir, uniquement pour se donner le plaisir de se faire apporter les objets dont on a besoin ; mais, au contraire, si l'on a une femme excellente par ses qualités, il faut se réjouir de voir sa vie attachée à la sienne. Beaucoup de gens ne savent pas ce qu'ils font, lorsqu'ils prennent un plaisir dangereux à introduire dans leur ménage la division : il faut savoir conduire sa maison, et la meilleure manière d'être le maître chez soi, c'est d'avoir le cœur ferme, autrement dit d'avoir de la volonté. La maxime ainsi comprise se tient d'une seule pièce et montre bien jusqu'à quel point d'analyse exacte l'auteur égyptien était monté. Ce précepte est d'une haute portée. Le papyrus *Prisse* contient aussi sur un sujet analogue un précepte qui peut se traduire de la sorte : « Si tu es sage et si tu possèdes une maison, aime ta femme sans trouble. Remplis son ventre, habille son dos : c'est l'ornement de ses chairs. Oins-la, élargis son cœur le temps de ton existence : c'est un champ utile à son maître. Ne sois pas brutal (?) ; les ménagements la conduisent mieux que la force. Son………… voilà où elle aspire, où elle vise, ce qu'elle regarde. C'est ce qui la fixe dans ta maison : si tu la repousses, c'est l'abîme………… pour elle dans ses bras, traite-là en sœur, fais-lui amour[1]. » On voit donc que la maxime de notre auteur n'était pas isolée et que Petah-hôtep avait avant lui exprimé la même idée sous des expressions un peu différentes. Sans contredit les termes ne sont pas très élevés ; mais la chose elle-même n'est pas encore considérée comme très élevée de nos jours : elle est simplement naturelle. Mais sous les expressions encore un peu grossières des écrivains égyptiens, on sent un sentiment qui cherche à s'exprimer, mais qui existe réellement et qui affirme son existence. Ce n'est pas un mince avantage pour l'Égypte, au milieu de la sujétion où étaient et sont encore tenues les femmes dans les pays de l'Orient, d'avoir

1. Virey, *Études sur le Papyrus Prisse*, p. 67-68.

affirmé la première en quelque sorte que l'homme et la femme, d'après la loi naturelle, sont créatures égales et que l'un des deux ne doit pas confisquer à son profit tous les avantages de la société pour ne laisser à sa compagne que les plaisirs frivoles avec le caprice de son maître. Aujourd'hui encore, les lois sont en Europe loin d'être parfaites à cet égard ; mais les mœurs ont adouci dans certaines sociétés le sort de la femme et en ont fait une reine plutôt qu'une esclave. Ce sera la gloire de la morale égyptienne d'avoir la première exprimé la dignité de la femme.

CINQUANTE-SEPTIÈME MAXIME

Ne marche pas derrière une femme ; ne permets pas qu'elle s'empare de ton cœur[1].

Cette maxime a été comprise par les trois savants dont les noms se sont retrouvés si souvent sous ma plume ; je n'ai fait qu'adopter leur traduction.

M. de Rougé et M. Brugsch ont traduit cette maxime ainsi : « Ne marche pas à la suite d'une femme ; ne lui laisse pas dérober ton cœur. » M. Chabas a donné sa traduction en ces termes : « Ne suis point la femme, ne lui laisse pas prendre ton cœur. »

Je n'ai pas besoin de faire observer que la première partie

---

[1] Mot à mot : Ne marche pas au dos d'une femme ; ne donne pas qu'elle s'empare de ton cœur.

de cette maxime est prise au figuré, et que la maxime tout entière semble un correctif de la précédente; mais il ne s'agit pas évidemment de la même femme, et, si on pouvait soutenir que rien ne justifie ce sentiment, je répondrais encore que, dans ce cas, il ne faut pas laisser prendre aux femmes un trop grand empire sur soi, si l'on veut rester maître de ses décisions.

CINQUANTE-HUITIÈME MAXIME

Ne réponds pas à un supérieur irrité: tiens-toi à l'écart, parle doucement à celui qui parle en étant ému; c'est le remède pour pacifier son cœur[1].

Cette maxime facile à comprendre et ne présentant aucune difficulté de mots a été saisie généralement.

M. de Rougé l'a traduite ainsi : « Ne réponds jamais à un supérieur en colère : peut-être serais-tu repoussé. Parle doucement à celui dont la parole est violente : c'est la recette pour le bonheur. » Cette traduction serait complètement bonne sans le rôle que M. de Rougé continue d'attribuer au

[1]. Mot à mot: Ne réponds pas à un supérieur irrité : sois placé pour lui à l'écart. Parle le doux, étant il parle le troublé : remède apaisant son cœur.

mot ⟨hiero⟩ et qui lui a fait vicier le sens de la proposition. Le mot ⟨hiero⟩ ne veut pas dire *violent*, il serait en ce cas déterminé par l'homme tenant à la main le bâton et non par l'oiseau du mal. Je le rapproche du mot copte ϣⲧⲟⲣ qui signifie *être troublé, être ému, misceri, turbatus esse*.

M. Brugsch s'est plus écarté du sens général que M. de Rougé ; il a traduit ce précepte ainsi : « Ne réponds jamais à un haut dignitaire, lorsqu'il est irrité. Montre-toi à lui avec humilité, et ce qu'il y a à dire, que ce soit agréable. Alors il parlera ainsi : Celui-ci est un homme discret ; et son cœur sera satisfait. » Cette traduction suppose un certain nombre de mots qui compléteraient le texte ; malheureusement ces mots n'existent pas. Le mot ⟨hiero⟩ ne veut pas dire *humilité*, mais *écart, écartement, écarter*. La proposition : « et ce qu'il y a à dire, que ce soit agréable, » n'est pas dans le texte qui porte : Parle ⟨hiero⟩ = ⲁϫⲓ(ⲉ), impératif de ⟨hiero⟩ le doux (⟨hiero⟩ = ⲛⲟⲧⲉⲙ = *dulcis*) étant il parle le troublé ; il y a opposition évidente entre les deux propositions. Le mot ⟨hiero⟩ ne veut pas dire *discret*, même en y ajoutant le mot ⟨hiero⟩ ; je l'ai expliqué plus haut.

M. Chabas, sauf un seul mot, a parfaitement saisi le sens de cette maxime : « Ne réponds pas à un maître irrité ; agis de manière à te tenir à l'écart. Parle avec douceur à celui qui a parlé brutalement : c'est le remède qui calmera son cœur. » Je ne vois à reprendre dans cette traduction que le mot *brutalement* qui ne saurait rendre le mot ⟨hiero⟩.

Ce précepte est d'une importance extraordinaire dans la vie des hommes soumis à un supérieur quelconque. Celui-ci se croit tout permis, et il n'admet pas que son inférieur puisse penser autrement que lui, surtout lorsque la colère aveugle sa raison ; il faut se garder de lui répondre et il est préférable de se tenir à l'écart. Si l'on répond, il faut répondre avec douceur à celui qui parle avec un emportement qui confond en son esprit toutes les choses, même les plus distinctes : c'est le moyen de le calmer. En France nous avons un proverbe qui est très juste, au propre comme au figuré et qui a le même sens que la maxime égyptienne : Petite pluie abat grand vent. Le papyrus Prisse a deux maximes analogues ; mais les développements en sont différents. Dans la première il dit : « Si tu t'abaisses en obéissant à un supérieur, ta conduite est entièrement bonne devant le Dieu[1]. » Dans un autre endroit, il est dit très énergiquement : « Courbe-toi par devant ton supérieur[2]. » Comme on le voit, le papyrus de Boulaq nous donne un cas particulier des rapports de l'inférieur à son supérieur.

CINQUANTE-NEUVIÈME MAXIME

Que la réponse des vieillards portant bâton renverse les audaces, de peur que ton émerveillement n'irrite plus que les œuvres[3].

1. Cf. VIREY, *Études sur le papyrus Prisse*, p. 47. Je ne cite pas la maxime plus loin parce qu'elle me semble mal traduite et peu certaine.
2. *Ibid.*, p. 83.
3. Mot à mot : Que la réponse des vieillards avec bâton renverse tes audaces, de peur que ton émerveillement irrite plus que tes œuvres.

Cette maxime n'a pas été comprise dans ce sens par les savants qui l'ont traduite avant moi. M. de Rougé en a donné la traduction suivante : « En répondant à un vieillard courbé sur son bâton, fais tomber ton orgueil, tu n'auras aucun profit à l'emporter contre ton guide. » Cette traduction me semble ne pas se tenir. Tout d'abord M. de Rougé semble considérer ici le bâton sur lequel est courbé le vieillard comme on le considère chez nous ; je le considérerai plutôt comme l'insigne du commandement, et ce vieillard me fait l'effet de l'un de ces ἄνδρες σκηπτοῦχοι dont parle Achille dans *l'Iliade*[1]. J'aurais même été disposé à traduire le mot 〖hiéro〗 〖hiéro〗 par *grand personnage* en supposant que le scribe avait fait une faute et écrit ce mot pour 〖hiéro〗. Nous avons déjà rencontré plus haut le mot 〖hiéro〗 écrit 〖hiéro〗, et je l'ai expliqué : il ne saurait signifier *orgueil*, car le mot qui signifie orgueil vient de la racine 〖hiéro〗. Le mot 〖hiéro〗 ne signifie pas non plus *profit* : je le prends tel qu'il est écrit, avec ses déterminatifs, et il signifie *merveille*, *émerveillement*. Enfin pour que le mot 〖hiéro〗 pût signifier *ton guide*, il devrait avoir pour déterminatif les grandes et les petites jambes 〖hiéro〗 : il a au contraire l'homme qui porte la main à la bouche. Il est vrai que ce déterminatif ne cadre pas non plus avec le sens d'*œuvres*, mais bien plutôt avec celui d'*énoncer*, *juger*, *estimer*.

M. Brugsch n'a traduit qu'une partie de cette maxime : « Les réponses d'un homme distingué portent bâton et abattent les forces. » Si M. Brugsch eût voulu prendre la peine de chercher à comprendre les mots qui suivent dans le texte égyptien, il eût vu que sa traduction n'est pas possible, quoique chaque mot en particulier soit à peu près bien traduit.

1. *Iliade*, I, 234-239.

M. Chabas a traduit de la façon suivante : « Que la réponse du vieillard portant bâton réprime ta hardiesse, de crainte que tu ne t'exposes à l'indignation par tes discours. » La divergence entre la traduction de M. Chabas et celle que je propose porte sur les derniers mots. Le mot [hiéroglyphes] n'a pas été traduit par M. Chabas, à moins qu'il n'ait voulu le traduire par *tu t'exposes*, ce que je ne crois pas, car [hiéroglyphes] est un nom comme l'indique le [signe] de liaison avant le suffixe. Le mot [hiéroglyphes] signifie bien *colère, indignation*. Quant à l'expression [hiéroglyphes], M. Chabas traduit la préposition [signe] par le mot *par* : je ne crois pas que cette préposition ait le sens de *par*, malgré l'autorité de M. Chabas et celle de M. de Brugsch : j'y vois plutôt ici le sens qu'elle a si souvent en comparaison et je traduis *plus que ses œuvres*.

Cette traduction me semble facile à comprendre : le scribe égyptien avertit son auditeur qu'il doit respecter le vieillard portant bâton, ou le grand personnage portant cet insigne dont la parole doit réprimer les hardiesses et au nombre de ces hardiesses est mis l'étonnement même que peuvent causer les paroles dites, car, si l'on s'étonne, le bâton qui est dans la main du supérieur par le rang ou par l'âge trouvera facilement le dos de celui qui s'étonne mal à propos. Cette maxime est ainsi la suite de la précédente, et elle se justifie on ne peut mieux en Égypte où l'un des grands moyens de persuasion était ce même bâton que porte notre personnage.

SOIXANTIÈME MAXIME

Ne te décourage pas en face de toi-même ; il suffit d'une heure de malheur pour que le mettent sens dessus dessous les faveurs dont il a joui[1].

Cette maxime a été confondue avec la suivante par M. Chabas, qui n'en a fait qu'une seule de deux que le sens exige. En outre le sens que je viens d'admettre et que je vais m'efforcer d'établir n'a été compris ni par M. de Rougé, ni par M. Chabas.

Le premier de ces deux savants a traduit ce précepte ainsi qu'il suit : « Ne te blesse pas le cœur à toi-même ; celui qui sait revenir est promptement loué après l'instant de sa colère. » La première partie de cette maxime est bien traduite par cette traduction ; mais je ne peux en dire autant de la seconde. Le verbe ▭▭ a pour sujet un pronom masculin, à moins que ce suffixe ne soit le régime direct et que le sujet ne se doive chercher dans le mot ▭▭ qui a aussi le même suffixe, de sorte que ce suffixe doit se rapporter à un nom masculin. Or il n'y en a pas deux à choisir dans la phrase : il faut que ce soit le mot *cœur*, car je ne crois pas que le mot ▭ puisse être ici un déterminatif, mais je le considère comme formant une de ces expressions composées auxquelles la langue copte nous a habitués, comme

---

1. Mot à mot : Ne fais pas désespérer de cœur en face de toi-même : mettent sens dessus dessous lui ses faveurs promptement en suite de son heure de malheur.

ⲙⲉⲧϣⲁⲣϣϩⲧ, ϭⲁⲥⲓϩⲧ. On a donc par conséquent : *il renverse, met sens dessus dessous ses faveurs promptement;* ou bien : *renversent lui ses faveurs, le mettent sens dessus dessous.* Je préfère le second sens au premier et j'explique ainsi la maxime : mettent lui sens dessus dessous ses faveurs à la suite d'une heure de malheur.

Rien n'est en effet facile que de se laisser décourager après une heure de malheur, comme parle l'auteur égyptien, par le souvenir de la faveur dont on a joui ou de la félicité qu'on a eue. C'est là un sens parfaitement compréhensible, qui découle de l'étude du texte en lui-même et qui fait parfaitement saisir la suite des idées. Un jour à travers les siècles, bien plus tard dans l'histoire de l'humanité, un poète florentin qui avait appris les misères de la vie par sa propre expérience aura une pensée presque semblable, et Dante Alighieri écrira dans son immortel poème :

> Nessun maggior dolore
> Che ricordarsi dal tempo felice
> Nella miseria.

Une pensée analogue fut au cerveau de ces deux hommes que séparait un si long intervalle de temps.

SOIXANTE-ET-UNIÈME MAXIME

Si tes discours conciliants sont pour le mieux, les cœurs inclinent à les recevoir[1].

---

1. Mot à mot : Etant tes paroles conciliantes en bon état, inclinent les cœurs pour prendre elles.

Il est évident, je crois, que ces paroles ne peuvent entrer dans une même maxime avec ce qui précède.

M. de Rougé a traduit comme il faut cette maxime nouvelle; mais il a eu le tort d'y joindre ce qui formera le précepte suivant. Voici sa traduction : « Quand tes paroles sont douces, le cœur est enclin à les recevoir et tu obtiens le silence sur tes adversaires. » Certaines nuances sont cependant diverses entre cette traduction et celle que je propose à la suite de M. Chabas; mais je ne peux admettre la fin qui fait partie d'une autre maxime.

M. Chabas aurait traduit excellemment, s'il avait vu la liaison des propositions; voici sa traduction : « Tes discours conciliants sont pour le mieux, les cœurs sont disposés à les recevoir. »

Cette maxime se comprend d'elle-même et il n'est pas besoin de faire observer que la douceur a toujours ou raison en définitive des causes les plus désespérées. Nous avons vu plus haut que cette même douceur était le moyen de calmer le cœur d'un supérieur irrité; ce n'était là qu'un cas particulier : nous avons ici une maxime générale qui doit être utile dans tous les cas.

SOIXANTE-DEUXIÈME MAXIME

Cherche pour toi le silence[1].

Nous venons de voir que M. de Rougé a rattaché ces mots ainsi que le mot suivant : à la maxime précédente et qu'il les a traduits par : tu obtiens le

---

1. Le mot à mot ne donne aucun changement de termes.

silence de tes adversaires. Le verbe [hieroglyphs] signifie
chercher : je ne m'attacherai pas à le démontrer, la chose
étant universellement reconnue. Quant au mot qui commence
la maxime suivante, il n'a jamais signifié *adversaire*. Je
l'expliquerai bientôt.

M. Chabas a très bien traduit cette courte maxime et j'ai
adopté sa traduction.

L'auteur semble ici en contradiction avec ce qui précède ;
mais la contradiction n'est qu'apparente. Dans la maxime
précédente et les préceptes analogues qui ont passé sous nos
yeux, l'auteur égyptien a donné des conseils sur la manière
dont il faut user de la parole quand on y est obligé et que l'on
a affaire à d'autres hommes ; ici, le silence est recommandé
pour le disciple lui-même, quand il n'a rien qui le force à
parler. Le silence est en effet en Orient la marque d'une
grande philosophie, et il n'est pas rare de voir toute une
société assise sans parler. C'est ce que le moraliste égyptien
conseille ici à son auditeur.

SOIXANTE-TROISIÈME MAXIME

N'humilie pas celui qui fait les fonctions d'économe, de vicaire pour ta maison; ne permets pas qu'il coure après ton oreille; donne-lui audience pendant qu'il est dans ta maison; ne fais que sa prière soit vaine: parle-lui honorablement, s'il est honorable sur terre, sans reproches pour ce qu'il fait; certes, s'il n'a pas de part, il n'a point de vivres; sa vie est un jour de fête renversé[1], *lorsqu'il trouve ton....... il est rejeté à la bonté.*

Cette maxime est l'une des plus difficiles du papyrus, soit qu'il y ait plusieurs mots d'omis, que l'orthographe soit irrégulière, soit enfin que la partie effacée du papyrus ne nous permette pas de reconnaître les mots avec certitude. Aussi faut-il s'attendre à trouver de grandes divergences entre la traduction que je propose et celles qui ont été publiées antérieurement.

M. de Rougé qui, comme je l'ai déjà dit, a rattaché le premier mot de cette maxime à la précédente, a traduit

1. Mot à mot : N'abaisse pas l'économe, le faisant office de vicaire de ta maison : ne laisse pas il fait courir après (ou pêcher) ton oreille; donne-lui, colloque étant existant dans ta maison; ne retourne pas sa prière : parle-lui honorablement, honorable sur terre sans reproche pour ce qu'il a fait. Certes n'étant point part, point à lui vivres; sa vie fête renversée (?). Étant en arrière (?) il est jeté derrière ta bonté. — Ces derniers mots sont loin de me satisfaire.

comme il suit ce précepte : « Le Khenmès[1] qui prend soin de ton héritage, ne fais pas la sourde oreille, lorsqu'il veut t'entretenir. Tant qu'il est dans ta maison, ne repousse pas la demande qu'il fait en te saluant. (S'il est renvoyé pour les fautes qu'il a commises?) ah! il n'aura plus de provisions, ni aucun bien pour soutenir sa vie. Dans le jour de fête, s'il rencontre ta vue, il est repoussé et se trouve abandonné après avoir joui de tes bienfaits. » Cette traduction, si on la passe au crible de la critique ne peut se soutenir dans la seconde partie. Il serait assez étonnant, en effet, d'entendre un auteur vieux de plus de trois mille ans plaider en faveur de l'économe infidèle ou incapable et s'efforcer d'apitoyer le cœur de l'auditeur en sa faveur. Malgré toute la douceur des mœurs que l'on puisse supposer en Égypte, on ne peut raisonnablement croire que les Égyptiens avaient déjà acquis une pitié, une humanité assez grande pour garder un serviteur fautif dans la crainte que ce malheureux, une fois chassé, ne vînt plus à trouver le moyen de gagner sa vie. Je crois que la morale égyptienne était beaucoup plus utilitaire et beaucoup plus égoïste qu'elle ne le serait, si l'on pouvait admettre la traduction de M. de Rougé. De nos jours, malgré tout le travail qui s'est opéré dans les idées à ce sujet, malgré tout l'intérêt que l'on porte à ces questions passionnantes qui se comprennent sous le vocable *de socialisme*, on est loin d'en être arrivé à ce point de charité, et même de bêtise, à savoir de garder à son service quelqu'un qui est infidèle ou notoirement incapable, ou dont les fautes répétées ont mis la fortune possédée par le maître en péril imminent. L'évolution de l'humanité n'était pas encore assez prononcée vers le progrès (elle ne l'est pas encore aujourd'hui), pour pouvoir faire penser à cet état de choses. Il ne faut jamais perdre de vue que la société

---

1. Je ferai observer pour ce mot le *khenmès* que la vocalisation devait être autre et qu'il devait y avoir une voyelle entre le *n* et le *m*, puisque l'on emploie le signe = *nem*.

humaine était encore dans son enfance, quand fut composé ce recueil de préceptes moraux ; que la société humaine n'a été fondée que pour mettre en commun les avantages ou les périls, que par conséquent son but a été tout d'abord éminemment utilitaire et que, par conséquent, c'est faire fausse route que d'attribuer aux gens de cette époque lointaine des idées auxquelles l'humanité n'a pas atteint et que raisonnablement elle ne peut chercher à atteindre, tant qu'elle restera constituée comme elle l'est, et si jamais elle peut arriver à ne former qu'une seule société de peuples amis confédérés, elle ne pourra même alors s'abstenir de châtier les non valeurs sous peine de se détruire elle-même.

J'en arrive au détail de cette traduction. M. de Rougé a traduit les premiers mots de cette maxime dans ma transcription par *de tes adversaires*. Je ne peux savoir, par cette traduction, s'il avait, ou non, constaté la présence d'une chouette avant le mot ; cependant ce signe existe bien. Le scribe en copiant son modèle l'a peut-être pris en le commençant pour le signe que l'on trouve à chaque instant dans ce papyrus afin de marquer la séparation des mots ou pour toute autre chose que je ne suis pas arrivé à déterminer ; mais il s'est certainement aperçu de son erreur, avant de l'avoir achevé, et il lui a donné une partie finale recourbée vers la gauche, ce qui n'est jamais le cas pour l'autre signe. En outre le mot se trouve au papyrus Prisse et en de telles conditions qu'il est impossible de douter de son sens : « si tu trouves un disputeur en son heure, et s'il t'est supérieur en habileté, *abaisse* les mains, courbe ton dos [1]. » Par conséquent le sens d'*adversaires*

---

1. Cf. Virey, *Études sur le Pap. Prisse* p. 33., Pap. Priss. pl. v. l. 10.

ne peut aller à ce mot, et celui d'*abaisser*, d'*humilier*, va
très bien : par conséquent aussi avec ce sens la négation est
inévitable ; aussi elle se trouve bien dans le texte, comme je
l'ai déjà fait observer. M. de Rougé n'a pas saisi la nuance
de [hiéroglyphes] qui signifie *vicarius*, *celui qui
remplace*, et c'est bien la fonction d'un économe. Le membre
de phrase suivant donne aussi lieu à une observation.
M. de Rougé a traduit [hiéroglyphes] par *ne fais pas la
sourde oreille* ; peut-être a-t-il raison, mais on peut considérer le mot [hiéroglyphes] comme une orthographe apparentée au mot [hiéroglyphes] qui signifie *pécher*, avec un [signe] intercalé entre la deuxième et la troisième radicale, où l'on aurait
omis le déterminatif parce que le signe des jambes et celui
de l'oreille se font à peu près de la même manière dans ce
papyrus ; de sorte que l'expression tout entière signifierait
ne fais pas qu'il pêche ton oreille, ou *qu'il coure après ton
oreille*. Ceci n'est qu'une conjecture que je fais et qui est
plus ou moins plausible. La phrase suivante qui commence
par [hiéroglyphes] annonce une nouvelle proposition et ne peut
aucunement servir à continuer une autre phrase, comme le
ferait entendre M. de Rougé : la phrase signifie simplement :
Donne lui colloque étant existant dans ta maison ; et que j'ai
traduit d'une manière plus compréhensible par : *Donne-lui
audience*, etc. La proposition qui suit est assez bien comprise, sauf les mots [hiéroglyphes] : (qu'il fait) *en le
saluant* ; j'ai considéré au contraire le mot [hiéroglyphes] comme
le verbe à l'impératif, *asi(e)*. Ce qui suit n'est qu'une conjecture regardée comme fort douteuse par M. de Rougé lui-
même. Vient ensuite la phrase : *Dans le jour de fête*, etc.,
dont le texte est trop incertain pour que j'ose insister sur le
sens. Je dirai seulement ceci, c'est que le mot [hiéroglyphes]
est un participe actif et cela d'après la remarque de

M. de Rougé lui-même[1]; par conséquent il est impossible de le traduire par un participe passif.

M. Chabas a traduit de son côté cette maxime ainsi qu'il suit : « Réprime celui qui agit comme économe, comme chargé d'affaires de ta maison ; ne lui laisse pas faire la sourde oreille avec toi ; qu'il participe à tout ce qui arrive dans ta maison. Ne le renvoie pas pour être mendiant. Parle-lui honorablement, tant qu'il se comporte sur la terre sans reproche pour ce qu'il fait. Certes, sans pain, n'ayant pas de nourriture, sa vie serait une affaire de charité. Il trouvait ton travail (affaire) ; étant chassé, il est rejeté à la merci de ta bonté. » Cette traduction renferme de nombreuses et importantes inexactitudes. Tout d'abord M. Chabas n'a pas vu la négation qui affecte le premier mot, ce qui lui a fait attribuer un sens faux à ce mot. Ensuite il n'a pas fait attention au suffixe lorsqu'il traduit : *ne lui laisse pas faire la sourde oreille* car le mot *oreille* se rapporte au disciple et non à l'économe, ce qui m'a fait laisser le sens de *sourd*, car il aurait fallu traduire : *ne permets pas son faisant tu es sourd*, ce qui est une impossibilité manifeste. M. Chabas a lu ensuite 〈hiéroglyphes〉, mais il me semble impossible de lire 〈hiéroglyphes〉 ; il y a bien 〈hiéroglyphes〉 : en outre le pronom 〈hiéroglyphes〉 ne se rapporte à aucun mot féminin et ne peut être pronom réfléchi. Il est donc impossible de traduire par *qu'il participe à tout ce qui arrive dans la maison*, car le mot 〈hiéroglyphes〉 que M. Chabas traduisait plus haut par *collation*, ne signifie pas plus *participer* à que *collation*. Je le crois une autre forme de 〈hiéroglyphes〉, qui lui-même est une forme allongée de 〈hiéroglyphes〉 et de 〈hiéroglyphes〉 qui veulent dire *échanger*, ἀμείβω. La phrase suivante contient aussi une grosse incorrection dans la traduction de M. Chabas et cette

---

[1]. De Rougé, *Chrestomathie*, III, p. 81 et suivantes.

ÉTUDE SUR LA MORALE ÉGYPTIENNE

incorrection vient de la mauvaise lecture du texte : le manuscrit donne en effet [hieroglyphs] et M. Chabas a transcrit [hieroglyphs] : M. Chabas a donc corrigé le texte où le [hieroglyph] est omis et a vu une [hieroglyph] dans le signe qui sépare les mots et dont j'ai déjà parlé plus haut. On peut s'y méprendre ici ; mais si l'on examine bien le signe on verra qu'il est fait ainsi [hieroglyph] et que ce ne peut être une chouette à cause du double repli du signe, car la chouette se fait ainsi [hieroglyph] ou quelquefois [hieroglyph] comme au commencement de cette maxime. Par conséquent on ne peut adopter la traduction de M. Chabas, quoiqu'elle soit susceptible de rendre la fin du texte plus intelligible. Ce savant a encore intercalé une [hieroglyph] dans le membre de phrase [hieroglyphs] qu'il traduit par *tout ce qu'il comporte sur la terre* ; j'avoue que je ne puis voir ce sens dans la phrase. M. Chabas a vu le mot copte ⲅⲱⲃ dans le mot [hieroglyphs] et il a lu [hieroglyphs] qu'il traduit par *charité* : je ne peux le suivre dans cette voie, car le premier mot, s'il se rapporte bien à ⲅⲱⲃ, ne donne ici aucun sens raisonnable suivi de [hieroglyphs] que je ne crois pas être le mot du papyrus. Au reste de la traduction s'applique ce que j'ai déjà dit à propos de celle de M. de Rougé.

Au fond, le sens qui ressort de cette maxime est un sens de savoir faire et de conduite générale : quand on a un économe, comme cet officier est de première importance dans une maison égyptienne bien tenue, notre moraliste conseille de le bien traiter, de lui donner audience tant qu'il est dans la maison, de lui parler comme on doit parler à un homme. La fin n'est pas si claire. La traduction que je propose est loin d'être certaine et je crois que nous sommes en présence d'un texte corrompu. Le mot [hieroglyphs] suffirait à le démontrer : cette forme est plus qu'extraordinaire et, pour moi, je la regarde comme fautive; s'il faut un suffixe après ◯◯◯, il ne faut pas la particule ◯◯ qui indique le participe; et réciproquement, s'il faut la particule, il ne faut pas de suffixe. Le texte est donc fautif. Par conséquent, la traduction devient dès lors impossible, je crois, ou tout au moins très difficile.

Cependant, si l'on veut faire attention aux mœurs de l'ancienne Égypte, le sens général est assez clair. Le moraliste recommande à son fils de traiter honorablement son économe, son *vicaire*; de se montrer toujours prêt à l'entendre, tant qu'il reste en charge dans la maison du maître; d'écouter sa prière, tant qu'il est sans reproche. Puis, il passe au contraire de ce qu'il vient de dire, et peint l'état de ce serviteur de confiance, s'il est rejeté loin de son maître, s'il n'a plus de part à la distribution de vivres qui avait lieu dans la maison, car il ne faut pas oublier que l'ancienne Égypte ne connaissait pas la monnaie et que tout s'y payait en nature. Sa vie devient alors le contraire d'un jour de fête, si le maître ne pense plus à lui.

SOIXANTE-QUATRIÈME MAXIME

A ton entrée dans un village les acclamations commencent; à la sortie tu es sauvé par ta main[1].

---

1. Mot à mot : Ton entrée dans un village, commencement d'acclamations ; ta sortie, tu es sauvé par ta main.

Le sens de cette maxime a été bien saisi par M. de Rougé qui l'a traduite ainsi : « Quand tu entres dans une ville, on commence par t'acclamer ; quand tu en sors, il faut sauver ta vie de ta propre main. » Il n'y a qu'une légère nuance entre *ville* au lieu de *village* à retrancher de cette traduction, et l'on aura les mêmes mots que dans celle que j'ai adoptée, sauf la paraphrase dont M. de Rougé a été obligé de se servir.

M. Chabas a traduit : « Tu entres dans une ville avec des acclamations joyeuses, tu sors, sauvé par ta main. » C'est exactement ce que j'ai traduit, si l'on excepte les mots et que M. Chabas a considérés comme des verbes et que je crois être des noms, de sorte que nous avons *à l'entrée* et *à la sortie*.

Notre moraliste a voulu montrer dans la dernière maxime qu'il propose à son fils l'inconstance de la faveur populaire. Tous les nouveaux venus dans un village sont acclamés à leur arrivée ; à leur sortie, il faut user de force pour se soustraire à la haine des habitants. Cela a été depuis l'époque ancienne le cas de bien des fonctionnaires envoyés dans une localité : souvent, trop souvent leurs exactions leur ont attiré les malédictions de leurs administrés. Le précepte du sage nous reporte à une époque où il en était de même, soit par la faute de l'administrateur, soit par celle des administrés. Il n'est pas très facile de voir dans cette forme énigmatique à qui il donne tort ou raison, et je crois qu'il n'a voulu seulement que faire observer l'inconstance de la faveur de la foule.

CONCLUSION. — DIALOGUE
RÉPONSE DU SCRIBE ANI

Et répondit à son père, le scribe Khonsou-hôtep, le scribe Ani : Cela me suffit ainsi. Je suis connu comme ton portrait;

autrement dit, j'ai fait ce que tu m'as enseigné par ton témoignage. Lorsque le fils est amené au lieu de son père, tout homme se tire les cheveux. Toi, tu es un homme, c'est-à-dire tes désirs sont élevés, toutes tes paroles sont choisies. C'est un fils mauvais en ses chairs, celui qui dit : Pose les écrits. Tes paroles étant douces au cœur, le cœur est enclin à les accepter : le cœur se réjouit. Ne multiplie pas tes bons conseils, quand on te porte attention. Les instructions que l'on donne par témoignage ne font point le jeune homme, quand même elles sont devenues comme un livre sur sa langue[1].

Le texte de cette première partie du dialogue présente encore des orthographes fautives en plusieurs endroits ; je les ferai remarquer à mesure que je les rencontrerai dans la discussion. La forme change en cet endroit tout d'un coup : jusque-là nous n'avions entendu parler qu'un seul personnage, et ici un second personnage que le texte qualifie de fils du premier prend tout à coup la parole pour remercier son père et lui dire que les préceptes qui précèdent sont suffisants pour lui. C'est la donnée de la réponse qui va suivre les admonestations du père. On voit dès lors dans quel sens doit être conçue cette réponse. Nous verrons bientôt qu'on a fait de cette réponse un contre-sens complet.

M. de Rougé a traduit ce passage de la sorte : « Le scribe Khonsou-hôtep répond à son père le scribe Ani : Je sais aussi (discuter?), je connais ton habileté : c'est pourquoi j'agis d'après tes leçons. Quand un fils est élevé à la place de son père, chacun se pend à ses cheveux. Tu es un homme dont toutes les pensées sont élevées et dont toutes les paroles sont

---

[1]. Fut répondant au scribe Khonsou-hôtep, son père, le scribe Ani : Suffit à moi ainsi. Je suis étant connu à ton image, autrement, j'ai fait tes témoignages. Étant amené fils au lieu de son père, homme quiconque tire ses cheveux. Toi homme, c'est-à-dire élevés sont tes désirs et toutes tes paroles sont choisies. Fils mauvais celui-là dans ses chairs, qui dit : Pose les écrits. Tes paroles étant douces au cœur, le cœur est enclin à les accepter, le cœur se réjouit. Ne fais pas nombreux tes conseils parfaits, on te porte attention (?) Point ne font jeune homme les instructions témoignées devenues livres sur ta langue.

choisies. C'est un fils de mauvais jugement que celui qui se répand en objections. (Mais) tes paroles sont douces au cœur, il est enclin à les accepter. Mon cœur est satisfait : ne multiplie pas tes bons (conseils), tu as soulevé la balance. (Le jeune homme ne peut produire une doctrine parfaite?), les objections naissent sur sa langue. » Cette traduction ne heurte pas au moins le sentiment de déférence qu'un fils doit témoigner à un père : c'est déjà beaucoup; mais ce n'est pas suffisant et je ne puis l'admettre. Tout d'abord, c'est sur ce passage mal traduit qu'on s'est fondé pour attribuer la paternité de ces maximes au scribe Ani qui est devenu le père de Khonsou-hôtep. Or c'est le contraire qui est vrai. J'ai déjà parlé plus haut [1] du triple état dans lequel un verbe peut se présenter à nous dans la langue égyptienne : Cette phrase en est un exemple frappant. Le verbe 𓀀𓏏𓏤𓏥 a son régime introduit sans préposition : au lieu que dans notre langue il faut une préposition *à* pour relier le régime au verbe. Il reste donc à distinguer le régime du sujet, car dans cette phrase le régime n'est pas susceptible d'être distingué du verbe autrement que par la place qu'il occupe. Or la construction copte va nous fournir le moyen de distinguer le régime du sujet, comme elle a d'abord fourni l'observation première qui a permis de distinguer le triple état du verbe. En copte quand le verbe est employé à l'état construit et qu'il introduit son régime sans préposition, ce régime se place immédiatement après le verbe, comme le montrent les formes des verbes composés : ⲁϥⲉⲣ ⲟⲩⲱ ⲛϫⲉ ⲡⲓⲙⲁⲕⲁⲣⲓⲟⲥ ⲁⲃⲃⲁ ⲡⲁⲗⲁⲙⲱⲛ : fit réponse le bienheureux abba Palamôn [2]. Je ne multiplierai pas les exemples, la chose étant inutile, car cette construction est souvent répétée dans les phrases construites de cette sorte. Cela se comprend d'ailleurs, car la force du verbe demande à se poser de suite sur son régime, et cette

---

1. Cf. plus haut, p. 12.
2. E. Amélineau, *Mémoire pour servir à l'histoire de l'Église chrétienne, Vie de Pakhôme*, tome II, p. 19.

force se perdrait s'il fallait passer par dessus le sujet pour relier le régime du verbe. Le scribe Ani n'est donc pas l'auteur du papyrus et il faut rayer son nom du catalogue des auteurs de préceptes moraux pour le remplacer par celui de Khonsou-hôtep.

Ceci une fois établi, je reprends la critique de la traduction de M. de Rougé. La première phrase de la réponse ne répond pas au texte [hiéroglyphes]. Je sais que le mot [hiéroglyphes] est un mot difficile ; mais ce mot a été assez exactement traduit par M. Maspero par *merci*[1]. C'est dans le même ordre d'idées que j'ai adopté le sens de *suffire*. Ainsi dans le papyrus *des métiers*, il est dit [hiéroglyphes] : le filet en a assez[2]. Dans les *Denkmæler* de Lepsius[3], la phrase suivante [hiéroglyphes] (lisez [hiéroglyphes]) doit se traduire de cette manière : Les Tahennou sont renversés par sa crainte ; les Satiou ont assez de ses souffles, c'est-à-dire ses souffles, sa respiration suffit à renverser les Satiou. Le sens de *discuter* regardé comme douteux par M. de Rougé luimême est donc complètement en dehors du sens exact de ce verbe. Les mots suivants : *je connais ton habileté* ne peuvent se retrouver dans le texte égyptien qui dit : *je suis étant connu d'après ton comme, ta ressemblance*. Le suffixe [hiér.] indique un verbe passif, et non un verbe actif. Le verbe [hiéroglyphes] a été très bien expliqué par M. Chabas dans ses *Mélanges*, il signifie *traîner, tirer à la corde* : par consé-

---

1. Cf. Maspero, *Études égyptiennes. Contes d'amour*.
2. Papyrus Sallier, ii, pl. viii l.7 ; Anastasi, vii, pl. iv, l. 1-2. Cf. Maspero, *Du genre épistolaire*, p. 64.
3. Lepsius, *Denkmæler*, iii, 175, g.

quent il ne peut signifier *pendre*, comme le veut M. de Rougé. D'ailleurs que signifierait cette phrase : *Quand un fils est élevé à la place de son père, chacun se pend à ses cheveux ?* Le premier sens qui se présente à l'esprit est celui d'une foule de solliciteurs qui s'acharnent et se pendent, comme dit notre langue, aux basques de l'habit. Cela vient de l'idée fausse que M. de Rougé s'était faite du fils succédant à son père dans la place que celui-ci occupait : le texte égyptien ne veut dire rien de pareil ; il s'agit seulement du fils marchant sur les traces de son père, imitant sa conduite, et ce spectacle fait que tous les gens envieux se tirent les cheveux d'envie. Cette manière d'expliquer se comprend très bien et correspond merveilleusement à ce qui précède et à ce qui suit. La phrase : *C'est un fils de mauvais jugement que celui qui se répand en objections,* ne répond pas au texte. Le mot [hiéroglyphes] a été mal saisi par M. de Rougé : il signifie simplement *chairs*. De même le mot [hiéroglyphes], veut dire *se poser*, et il est impossible d'admettre le sens *d'objections* pour le mot [hiéroglyphes] même déterminé par l'homme qui porte la main à la bouche, [hiéroglyphe] : ce mot signifie *registre, tablettes*, d'où le sens de *livre* découle naturellement : on voit un [hiéroglyphes] représenté ; c'est une large tablette de métal sur laquelle sont gravés les tributs et les impôts[1]. Le scribe veut dire que c'est un fils mauvais dans ses chairs c'est-à-dire dans sa personne, que celui qui dit à son père : Pose les livres, ferme-les. Cette phrase est une véritable précaution oratoire qui, avec la suivante, doit tendre à faire passer celle où le fils va dire : ne multiplie pas les bons conseils, quand on te porte attention.

M. de Rougé a traduit ce dernier membre de phrase par : *tu as soulevé la balance.* Cette traduction a sans doute été amenée par la fausse transcription d'un signe que M. de Rougé

---

1. Lepsius, *Denkmæler*, III, 77, c.

aura pris pour la balance et qui n'est que la fleur 𓏙 assez mal venue [1]. La dernière phrase a été donnée comme douteuse par M. de Rougé dans sa première partie : je ne m'y appesantirai donc pas, et je me contenterai de dire que ce savant a été fidèle à lui-même dans la traduction du mot 𓂉 qui se présente dans ce passage.

M. Chabas a traduit ainsi le même passage : « Le scribe Khons-hôtep répondit à son père le scribe Ani : C'en est trop pour moi ; car j'ai été instruit par toi-même ; en d'autres termes : j'ai accompli tes propres jugements. Tout homme tire aux cheveux du fils qui arrive à remplacer son père. Es-tu un homme de cette espèce, ou bien es-tu un homme de goûts élévés dont toutes les paroles sont choisies ? C'est un fils de mauvais jugement celui qui dit : Tout se résout par le livre de la doctrine. Tes discours conciliants sont pour le mieux ; les cœurs sont enclins à les accueillir, les cœurs sont dans la joie. Ne multiplie pas les bons conseils ; on te rapporte toute sollicitude. Le jeune homme qui n'a pas pratiqué un enseignement judicieux, le livre de la doctrine est toujours sur sa langue. » Je suis fâché d'être obligé de dire que cette traduction ne contient presque que des phrases qui ne veulent rien dire ou dont le sens est complètement opposé à celui que réclame le contexte. On a pu remarquer en la lisant le ton d'impatience, d'irrévérence et même de morgue pris par le fils à l'égard de son père. Or, je le demande, à toute personne de bon sens, est-ce là ce qu'on est en droit d'attendre d'un fils à qui l'on a adressé des recommandations morales ? Si le fils répond ainsi à son père qui s'est fait son mentor, il faut avouer que le père a complètement perdu son temps et sa peine. S'il en est ainsi, il faut dire en plus que le scribe s'est contenté d'aligner des phrases inutiles, ou que M. Chabas n'a rien compris à ce passage. Il n'est pas admissible que, de gaîté de cœur, l'auteur du papyrus ait fait mal répondre

---

1. M. Chabas a transcrit ce même signe par un second 𓂉, mais il y a une différence notable entre les deux signes hiératiques.

un fils à son père qui l'instruit ; quelque amour que les Égyptiens aient pour les jeux de mots et pour l'indiscipline, il est un fait hors de doute, c'est l'autorité que le chef de famille a toujours eue sur ses enfants, qu'il a encore à l'heure présente. J'ai donc tout droit de conclure en présence de cette alternative que c'est M. Chabas qui s'est trompé.

J'ai établi le sens du mot ⟨hiér.⟩. La phrase : *Tout homme tire aux cheveux du fils qui arrive à remplacer le père* est un non sens : elle signifierait au figuré que tout le monde critique et blâme le fils qui arrive à remplacer son père ; et c'est le contraire qui avait lieu en Égypte où le fils ne jetait jamais son père à bas pour le déposséder de sa charge, mais où il était de règle que l'on dût toute sa fortune à ses mérites personnels et où l'on était tenu pour un petit garçon tant que vivait le père de famille. Si M. Chabas a mal entendu cette phrase, cela provient de ce qu'il a fait rapporter le suffixe ⟨hiér.⟩ dans ⟨hiér.⟩ au fils, tandis qu'il faut le faire rapporter à *homme* ⟨hiér.⟩[1]. J'avoue que le style n'est pas clair : mais c'est là l'inconvénient de toutes les langues à suffixes. La phrase qui suit et qui commence par ⟨hiér.⟩ ne peut pas être interrogative, car alors elle ne contiendrait pas le verbe ⟨hiér.⟩ qui se met toujours après le nom dans une phrase affirmative. J'ai expliqué plus haut le sens du verbe ⟨hiér.⟩ que M. Chabas a transcrit ⟨hiér.⟩. M. Chabas a de plus mal lu et mal construit la phrase suivante où le texte porte très sûrement ⟨hiér.⟩ et où il a lu ⟨hiér.⟩. Le mot ⟨hiér.⟩ est traduit par M. Chabas par *sollicitude* en s'appuyant sans doute sur la phrase du décret de Canope où ce mot est rendu par ⟨égypt.⟩

---

1. Le texte en ce passage contient après ⟨hiér.⟩ un ⟨hiér.⟩ qui est évidemment une faute pour ⟨hiér.⟩ exigé par le sens. M. Chabas n'a pas tenu compte de ce signe.

ɯɯ:: je m'appuie aussi sur ce texte pour le sens d'*attention* avec *sollicitude*, de *soin*, que j'attribue au mot égyptien. Le mot *sollicitude* s'entend du soin avec lequel l'on veille sur quelqu'un ou sur quelque chose. Ici on ne peut appliquer ce soin au fils vis-à-vis de son père ; mais si le fils est le sujet de la phrase, comme il l'est, il faut le traduire par *attention, soin d'écouter*, et l'expression égyptienne répond parfaitement à notre expression française *porter attention*. La dernière phrase telle que l'a comprise M. Chabas ne signifie rien; dans ma traduction, elle est la raison pour laquelle le fils dit au père qu'il a assez de conseils, parce que le jeune homme ne se fait point seulement par la science de la théorie, fût-elle toujours sur ses lèvres, et qu'il faut en plus la pratique pour tremper un homme. Ce n'est pas parce qu'on n'a pas pratiqué un enseignement même judicieux, qu'on a toujours le livre de la doctrine sur la langue : cette phrase ne signifie donc rien d'abord parce que M. Chabas a fait du régime le sujet, et réciproquement, et ensuite parce que le mot ne signifie pas *judicieux*, mais *témoignage, chose témoignée*.

Tel est ce passage important que je crois avoir bien expliqué, avec méthode, en tenant compte du sens des mots et du sens général. Le fils répond à son père : il n'est pas dans la coutume égyptienne de le remercier par une réponse insolente. C'est pourquoi il commence par lui faire des compliments en disant : cela me suffit; je suis connu comme ton image, en d'autres termes je fais ce que tu m'as dit en tes leçons, je pratique pendant que tu enseignes. Quand un fils en vient à ce point de perfection, les envieux se tirent les cheveux. Tu es un homme, tu as des goûts élevés et toutes tes paroles sont exquises. Ce serait d'un fils mal élevé de te dire : Pose le livre, ne continue plus : car tes discours sont conciliants, le cœur est enclin à les accepter et je m'en réjouis. Mais ne multiplie pas outre mesure les bons conseils que tu donnes, quand on te porte attention, car l'enseignement seul n'est pas apte à former un homme : ce n'est pas tout d'avoir des maximes de morale toujours présentes sur les lèvres, il faut aussi la pratique et l'action. Si je ne me trompe, voilà un discours plein de suite ; voilà de la rhétorique, de la vieille, mais de la bonne rhétorique. Ce m'est une raison de croire que nous ne sommes pas ici en présence d'une œuvre authentique. Je crois au contraire, et ce dialogue m'en fournit une preuve, que nous avons affaire à une œuvre composée par un scribe quelconque, qui, pour la faire mieux venir de ses lecteurs, l'attribua à Khonsou-hôtep, tout comme le papyrus Prisse est attribué à Petah-hôtep. Ce fut l'habitude que prirent plus tard les auteurs coptes, ainsi que je l'ai expliqué ailleurs [1] ; cette habitude ils ne durent pas l'innover, mais la recevoir toute créée de leurs ancêtres et la continuer à leur tour. Ce nom de Khonsou-hôtep, formé d'après la même règle que celui de Petah-hôtep, laisse supposer à lui seul que ce n'était qu'un nom de passe, grâce auquel les lecteurs ne douteraient aucunement de la bonté et de l'authenticité de l'œuvre. Je suis persuadé que si nous possédions le commencement du papyrus, nous y trouverions quelque nom de roi ancien, non peut-être aussi ancien que Snefrou, comme dans le premier ouvrage du Papyrus Prisse ; mais un nom analogue et datant de la cinquième ou de la sixième dynastie. En outre l'art avec lequel sont nuancées dans la dernière partie les transitions, la manière dont la réponse du fils Ani est donnée à son père, les louanges qu'il lui prodigue pour faire admettre sa dernière parole, me semblent tout à fait un effet de l'art que nous appelons rhétorique et me confirment dans l'idée que nous n'avons dans les noms donnés qu'un pur artifice de rhétorique. Il est à remarquer en effet que dans la fin du premier ouvrage contenu dans le Papyrus *Prisse* nous avons une conclusion analogue : le chef fait appeler ses enfants qui accourent joyeux à son appel ; il leur fait des recommandations importantes de ne rien enlever à

---

1. E. AMÉLINEAU, *Contes et Romans de l'Égypte chrétienne*, t. 1., p. xxxiii et suivantes.

ÉTUDE SUR LA MORALE ÉGYPTIENNE 221

ce qu'il vient de leur dire, de l'apprendre par cœur ; puis vient une seconde conclusion historique[1]. Dans le second ouvrage, il y a encore une conclusion de la même sorte sur l'excellence de l'obéissance où l'auteur passe des maximes particulières à l'éloge en règle de l'obéissance et qu'il termine en se donnant en exemple à son fils[2]. Ici, nous avons de même une conclusion prise d'un autre ordre d'idées, mais calquée en quelque sorte sur les conclusions des ouvrages moraux déjà publiés et connus, car tout semble concourir à l'opinion que le papyrus moral de Boulaq est postérieur au papyrus Prisse, le premier s'adressant à un état social qui a déjà presque disparu dans le second. Cette manière de voir n'enlève aucune valeur aux maximes morales que j'ai fait connaître ; elles en fortifient au contraire l'importance et l'agrandissent en-

1. Voici le texte du passage auquel je fais allusion :

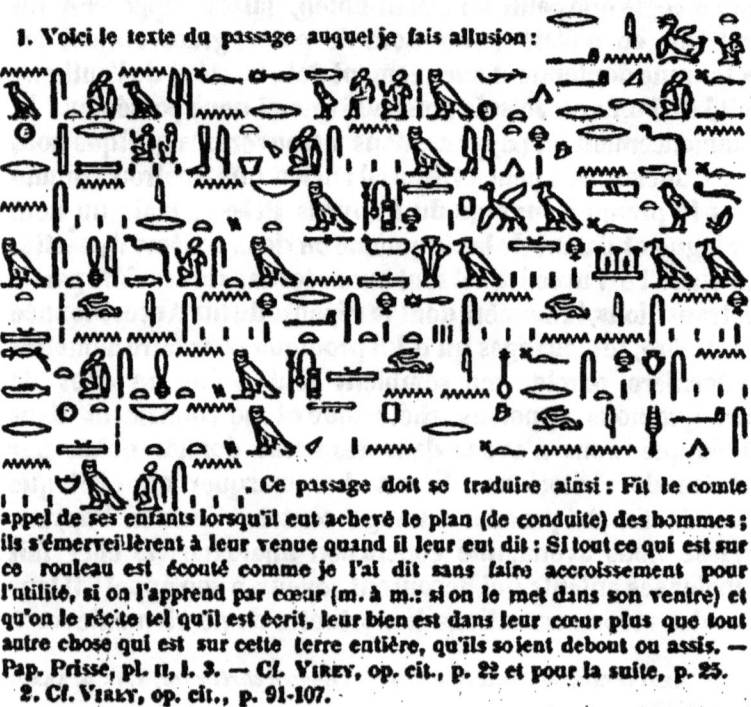

Ce passage doit se traduire ainsi : Fit le comte appel de ses enfants lorsqu'il eut achevé le plan (de conduite) des hommes ; ils s'émerveillèrent à leur venue quand il leur eut dit : Si tout ce qui est sur ce rouleau est écouté comme je l'ai dit sans faire accroissement pour l'utilité, si on l'apprend par cœur (m. à m. : si on le met dans son ventre) et qu'on le récite tel qu'il est écrit, leur bien est dans leur cœur plus que toute autre chose qui est sur cette terre entière, qu'ils soient debout ou assis. — Pap. Prisse, pl. II, l. 3. — Cf. Virey, op. cit., p. 22 et pour la suite, p. 25.

2. Cf. Virey, op. cit., p. 91-107.

core, en montrant que ces maximes s'adressaient à un plus grand nombre d'auditeurs ou de lecteurs que celles du papyrus Prisse, qu'elles ne visaient plus seulement quelques enfants privilégiés qui aspiraient aux grandes charges d'une civilisation très primitive, mais qu'elles ont pour but direct de former un fils aux devoirs de la vie, non plus de la vie de grand fonctionnaire, mais de la vie publique et particulière telle que l'avaient faite les progrès de la civilisation.

RÉPONSE DE KHONSOU-HÔTEP

Répondit au scribe Ani, son fils, le scribe Khonsou-hôtep : Ne laisse pas amoindrir ton cœur par le découragement ; ne laisse pas être arrachées de ton cœur les supplications au sujet desquelles je t'ai porté mon témoignage; certes, elles sont...... mes paroles que tu dis vouloir suivre dans ta conduite. Le taureau vieilli, victime de la boucherie, qui ne sait pas ce que c'est que laisser le sol (où il a vécu), foule aux pieds sa surprise, affermi par l'instruction qu'on lui a donnée, il agit comme le veut l'engraisseur. Le lion furieux laisse sa férocité et il dépasse le pauvre âne (en obéissance). Le cheval, entré sous le joug, marche avec obéissance au dehors, le chien, il entend la parole et marche derrière son maître. La chamelle porte des vases que n'a point portés sa mère. L'oie, descendue dans les canaux, attire dans le filet les oiseaux (?) qui la suivent. On enseigne aux nègres la langue des hommes d'Égypte ; le Syrien et toutes les nations étrangères font semblablement. Connais (?) ce que j'ai fait en toutes mes fonctions : si tu as écouté, tu sais comment on les accomplit [1].

Cette réponse est rendue difficile par la mauvaise orthographe de certains mots, et par une ou deux lacunes que présente le texte. J'espère cependant montrer que le sens est très bien enchaîné, que ce passage se relie très bien à ce qui précède et à ce qui suit.

M. de Rougé a traduit cette réponse comme il suit : Le scribe Ani répondit à son fils Khonshôtep : Ne laisse pas posséder ton cœur par des pensées défectueuses et garde-toi d'en arracher les pieuses doctrines sur lesquelles je t'ai porté témoignage. Certes, ils ne sont pas (mauvais) mes préceptes que tu dis vouloir observer. Le taureau vieilli est tué, la boucherie est sa fin : il laisse le champ qu'il foulait ; on le nourrit, il reste (à l'étable) et subit toutes les phases de

[1] Mot à mot : Fut répondant au scribe Ani, son fils, le scribe Khonsouhôtep : Ne fais pas diminuer ton cœur ces fois faillissantes : garde-toi tu fais pour toi ces supplications, elles être arrachées de ton cœur, je suis ayant témoigné à toi à leur sujet. (Difficiles), certes, mes paroles tu dis vouloir être élevé en elles. Le taureau vieilli, victime de la boucherie, ignorant laisser le sol, il foule aux pieds son émerveillement : a affermi lui son éducation : lui selon la forme de l'engraisseur. Le lion furieux laisse sa férocité : il dépasse le pauvre âne. Le cheval, entré sous le joug, obéissant sort au dehors. Le chien, lui, il entend la parole, lui, il marche derrière son maître. La chamelle porte des vases, étant point n'a porté eux sa mère. L'oie descendue dans les fourrés, les étant derrière elle elle attire dans le filet. On apprend aux nègres le parler des hommes d'Égypte : les Syriens et tous les habitants des pays étrangers semblablement. Connais (?) ce que j'ai fait dans toutes mes fonctions : ayant entendu, tu sais le faire elles.

l'engraissement. Le lion ardent se précipite dans sa fureur : il néglige l'âne et dévore le cheval, en écrasant sa nuque ; quiconque l'entend s'enfuit au loin. Ce lévrier, quant à lui, il entend la parole et marche derrière son maître. Tous les autres vont où les porte leur nature ; mais leur mère ne les a pas portés. L'oie mise en cage......, elle apprend à s'accroupir dans le filet. On apprend aux nègres la langue des Égyptiens. Les Syriens et les diverses nations en font autant. Quant à moi, j'ai rempli toutes sortes d'emplois ; tu as entendu et tu sais ce que j'ai fait. » Cette traduction, bonne en quelques endroits, est loin de donner une idée exacte du texte. M. de Rougé aurait dû se demander d'abord dans quel sens le scribe Khonsou-hôtep devait répondre à son fils, et il n'aurait pas traduit comme il l'a fait. Le sens de cette réponse est tout indiqué par les comparaisons successives tirées de l'exemple des animaux qu'on domestique ; ce sens est celui-ci : L'habitude vient à bout des natures les moins propres à ce qu'on exige d'elles. C'est la clef qui ouvre les phrases suivantes et en rendent l'intelligence vraiment simple et facile.

Je n'ai pas à revenir sur ce que j'ai dit du régime et du sujet du verbe employé ici dans son état construit. Le mot ⟨hiero⟩ signifie *amoindrir* et non pas *posséder* : le sens de la phrase est tel que je l'ai indiqué et que M. de Rougé l'avait compris sauf ce mot, car je n'insiste pas sur le mot ⟨hiero⟩ que cet illustre savant avait traduit par *défectueuses*, et que j'ai traduit par *faillissantes*. Le sens de la phrase suivante est rendu incertain par la lacune qui existe et qui ne pouvait contenir qu'un seul mot lequel était déterminé par l'oiseau du mal ⟨hiero⟩ précédé d'un signe qu'on pourrait prendre pour un 11 ; mais je ne crois pas que ce mot soit le mot ⟨hiero⟩, comme le donne à entendre M. de Rougé, car ce mot se rencontre plusieurs autres fois dans le papyrus et le signe ⟨hiero⟩ est toujours écrit au-dessus de l'oiseau du mal. Un mot comme le mot *difficile* me semblerait répondre mieux à ce qui suit ; car le moraliste répond par une série d'exemples tirés de la domestication des divers animaux, de sorte que le raisonnement est construit de cette manière : les animaux les plus sauvages apprennent à faire ce qui est le plus opposé à leur nature, tu apprendras donc, toi aussi. M. de Rougé a mal coupé la phrase qui regarde le taureau ; de là vient qu'il est obligé de suppléer un mot pour rétablir le régime d'un verbe : la phrase *il subit toutes les phases de l'engraissement* n'est qu'une paraphrase qui tombe a côté, comme c'est trop souvent le cas avec les paraphrases. Le mot [hiéroglyphes] est un nom qui a pour complément [hiéroglyphes] : ces deux mots signifient: *victime de la boucherie*, ou *celui qui est égorgé dans la boucherie*, *l'égorgé de la boucherie* : le mot [hiéroglyphes] veut dire *ignorer*, et non *finir*.

Le mot [hiéroglyphes] est aussi un nom avec suffixe qui signifie *émerveillement, surprise*. L'emploi de ce mot se comprend très bien quand on pense à la résistance qu'oppose le bœuf qu'on veut introduire dans une boucherie pour l'abattre et aux gros yeux qu'il attache sur le boucher. L'exemple est pris dans ce qu'il a de plus fort, car le bœuf tient tout autant à la vie que peut le faire l'homme, et cependant la force de l'habitude qu'il a d'obéir lui fait abandonner le champ qu'il foulait aux pieds, et entrer dans la boucherie pour y perdre la vie, parce qu'il est devenu comme une cire molle entre les mains de l'engraisseur. La phrase qui regarde le lion est loin d'avoir été comprise par M. de Rougé qui a mélangé deux phrases ensemble. Le mot [hiéroglyphes] peut bien vouloir dire *sauvage* ; mais il pourrait bien aussi vouloir dire *charmé par la parole, par les chants*, et par conséquent *apprivoisé* ; il suffirait pour cela de remplacer le déterminatif par l'homme qui porte la main à la bouche, ou d'entendre celui qui est écrit, l'œil avec le sourcil, d'une autre façon qu'on le fait ordinairement, de la douceur du regard qui suit la domestication, et non du regard furieux[1]. Le mot 〈hiero〉 qui signifie *doux, plaisant* a le même déterminatif et personne ne s'est avisé de le traduire autrement. D'ailleurs l'épithète *apprivoisé* conviendrait mieux à ce qui suit que celle de *furieux*. La traduction de M. de Rougé va complètement à l'encontre du but recherché par le scribe moraliste : qu'est-ce en effet que vient faire ici un lion ardent qui se précipite dans sa fureur, néglige l'âne et dévore le cheval en écrasant sa nuque ? dans une phrase où il s'agit de montrer ce qu'on obtient des animaux domestiqués. Il suffisait d'ailleurs de donner aux mots leur sens naturel pour obtenir une traduction fidèle : ainsi le mot 〈hiero〉 signifie *laisser*; le mot 〈hiero〉, ou comme il est écrit ici 〈hiero〉 veut dire *progredi, transgredi, dépasser*; c'est le copte ϭⲓⲛⲓ. De même le mot 〈hiero〉, copte ⲟⲕⲉⲙ, signifie *triste, malheureux*. L'emploi de ce mot nous montre que dès cette époque le sort de l'âne inspirait de la pitié. Ce mot ainsi déterminé ne peut pas être confondu avec ⲱⲙⲕ qui signifie *avaler, dévorer*, ce que semble avoir fait M. de Rougé, et il ne peut avoir pour sujet le cheval qui est sujet de 〈hiero〉. Toutes les nuances des mots ont été forcées par M. de Rougé pour parvenir à rendre son sens raisonnable ; cependant le mot 〈hiero〉 n'a jamais signifié *écraser*, mais *entrer*, et ici *entré*. Il n'y a rien à dire sur la phrase consacrée au lévrier. Quant à la phrase suivante elle ne signifie absolument rien ; car qu'est-ce que *tous ces autres qui vont où les porte leur nature et que leur mère n'a point portés* ? C'est là un des exemples les plus frappants des non sens dont on rend les auteurs égyptiens coupables. M. de Rougé eût dû voir qu'il était encore là question d'un animal quelconque, comme dans

---

1. La domestication du lion est un fait bien connu : le mot dont on se servait habituellement est 〈hiero〉. Cf. Virey, *Sept tombeaux thébains de la XVIII⁰ dyn.* dans la *Mission du Caire*, t. v, p. 239.

la phrase précédente et dans la suivante ; d'ailleurs le déterminatif des animaux accompagne le mot [hieroglyphs]. M. de Rougé pouvait se refuser à reconnaître dans l'animal ainsi nommé la femelle du chameau ; mais, s'il restait libre de discuter le sens de ce mot, il ne l'était pas de refuser toute valeur au déterminatif et de couper ce mot en deux. Le mot [hieroglyphs] peut signifier *chèvres* d'après M. Maspero[1] ; le texte sur lequel il s'appuie est le suivant : [hieroglyphs] qu'il a traduit par : On apprend aux chèvres à danser. Le mot que l'on traduit *par chèvres* n'a aucune raison de signifier chèvres plutôt qu'un autre animal quelconque. De même le mot [hieroglyphs] qui est conservé en copte sous la forme *ϣⲟⲛϣⲉⲛ, ⲭⲉⲛⲭⲉⲛ* signifie *chanter, jouer d'un instrument* et par là s'apparenterait assez au mot ⲣⲉⲙⲣⲉⲙ qui veut dire *frapper sur le tambour*. Quant au mot [hieroglyphs], je veux bien croire qu'il signifie chèvres ; mais on n'a jamais vu de chèvres portant des fardeaux quelconques, soit outres, soit vases. M. Chabas a lu dans ce mot la chamelle et il argué que le signe [hieroglyph] se lit *mer* quand il signifie *œil* : la chose est juste et sans doute il y a ici quelque erreur involontaire du scribe. Mais l'orthographe ordinaire du mot qui signifie chameau est [hieroglyphs][2], quant au mot [hieroglyphs] qu'emploie le papyrus Anastasi I[3], il a été trop souvent discuté pour que j'ose le citer ici ; mais je ferai cependant observer qu'il donne bien la transcription du mot arabe *gemal* et que le déterminatif qui suit est bien celui des animaux. Il est possible en dernière analyse qu'il s'agisse d'un animal autre que la chèvre et le chameau ; malgré tout j'ai conservé le sens de chamelle comme convenant mieux à ce qui suit. La phrase où il s'agit de l'oie nous

---

1. Maspero, *Genre épistolaire*, p. 74.
2. Chabas, *Mémoires sur l'antiquité historique*, p. 412.
3. Papyrus Anastasi I, pl. XXIII, l. 5. — Cf. Chabas, *Voyage d'un Égyptien*, à cet endroit.

apporte de nouvelles difficultés ; je ne puis adopter la traduction de *mise en cage*. Le mot qui fait la plus grosse difficulté est le mot 〈hiéro〉 : la racine 〈hiéro〉 veut dire *être frais* ; le mot qu'on en forme veut donc dire *endroit frais*, et il est déterminé par l'oiseau qui s'y tient, par le signe des régions élevées qui sert à marquer les endroits de niveau supérieur où l'eau séjourne après l'inondation et enfin par l'homme qui goûte la fraîcheur. Ce sont les endroits entre la plaine cultivée et la montagne, où l'inondation ayant recouvert le sable, produit une végétation extraordinaire où se nourrissent et se tiennent cachés une foule d'animaux. C'est dans ces sortes de fourrés que les grands seigneurs de l'Égypte allaient à la chasse au filet ou à la tirasse. Il s'agit ici de l'oie ou du canard dont on se servait comme appeau et qui était destinée à attirer dans le filet les autres oiseaux ; c'est un exemple merveilleux de ce que peut obtenir la domestication et comme tel admirablement approprié au but que poursuit le moraliste. M. de Rougé a traduit le mot 〈hiéro〉 par *elle apprend à s'accroupir* en le rapprochant de 〈hiéro〉 qui est une forme développée de 〈hiéro〉 signifiant *s'humilier, se prosterner*, d'où le sens de *s'accroupir* ; mais on peut tout aussi bien et avec autant de raison le rapprocher de 〈hiéro〉 qui signifie *voler, descendre en volant*, d'où le sens causatif de *faire descendre en volant, attirer le vol*. J'avoue cependant que ma traduction est conjecturale en cet endroit ; elle a du moins le mérite de se rapporter au sujet du précepte, tandis que celle de M. de Rougé y est opposée. J'ai considéré le mot 〈hiéro〉 comme formé du verbe 〈hiéro〉 *être*, suivi du suffixe 〈s〉 ; ceci est encore une conjecture et il faut attendre qu'on ait trouvé d'autres exemples plus probants. Quant à la dernière phrase, l'incertitude du premier mot rend la première partie incertaine ; je ferai observer pour la seconde partie que le mot 〈hiéro〉 contient deux signes identiques 〈o〉 et 〈s〉 ; il faudrait pour traduire par *ce que j'ai fait* le suffixe 〚⸺〛 qui n'existe pas.

M. Brugsch a traduit la partie de ce passage qui a rapport aux exemples pris de la domestication et il l'a bien traduite, sauf pour ce qui regarde l'oie. Voici sa traduction : « Le lion furieux abandonne sa férocité et devient aussi apprivoisé que l'âne le plus craintif. Le cheval entre dans son joug et, obéissant, il en sort. Le chien obéit à l'appel et suit son maître. Le chameau porte le fardeau que sa mère n'a pas porté. L'oie entre dans la cage et ses petits la suivent, quoi qu'elle soit chargée du filet. Les nègres apprennent la langue des Égyptiens, des Syriens et de toutes les nations étrangères. De la même manière ai-je agi dans toutes les situations de ma vie. Suis-moi donc et apprends à faire de même. » Quoique certaines parties de cette traduction, ne soient qu'une paraphrase, elle donne une idée généralement exacte du texte égyptien. J'ai expliqué ce que je regardais comme plus probable dans la phrase se rapportant à l'oie. De même la phrase qui regarde les nègres est coupée en deux parties qui sont en parallélisme d'idée : cette phrase finit à 〚⸺〛. La traduction *suis-moi donc* est une paraphrase inexacte qui va à l'encontre du but poursuivi ; la traduction *tu as écouté* est autrement mieux appropriée à ce but.

M. Chabas a traduit ainsi cette réponse : « Le scribe Ani répondit à son fils le scribe Khonsou-hôtep: Ne laisse pas ces échappatoires fausser ton cœur ; garde-toi de t'en servir dans tes supplications (à Dieu). Elles se brisent dans ton cœur ; je t'ai jugé par elles. Ne sont-elles pas d'autorité ces paroles de moi par lesquelles tu dis vouloir te conduire ? Le taureau vieilli, la victime de l'abattoir ne sait pas quitter le sol où il foule aux pieds sa nourriture ; son élevage l'a rendu tranquille : il est tel que l'a fait le pâtre. Le lion terrible, quoiqu'il reste féroce, va plus loin cependant dans l'obéissance que le pauvre âne. Le cheval entre sous son joug, et, obéissant, il se met en route. Le chien, celui-là, il entend la parole, il suit son maître. La chamelle porte les fardeaux : celle qui fut sa mère ne les avait pas portés. L'oie tombe avec la multitude d'oiseaux qui sont venus après elle, et elle s'étouffe dans le filet. On apprend au nègre à parler la langue des Égyptiens, des Syriens et de tous les étrangers. Ce que je t'ai dit avoir fait dans mes fonctions, sois docile et tu sauras la manière de le faire toi-même [1]. » Cette traduction pèche en beaucoup d'endroits. Le mot échappatoire ne saurait rendre les mots égyptiens ▭ : je rapproche le dernier mot de la racine ▭ qui veut dire *descendre, tomber*; le mot à mot donne donc ces *fois tombantes, descendantes*, d'où *faillissantes* en entendant ce mot dans le sens de *manquer*. Le mot ▭ veut bien dire *supplications*, mais non pas *supplications faites à Dieu* nécessairement : je crois que le signe transcrit par ▭ qui est assez indistinct dans le fac-similé est là par une erreur du scribe et que le mot primitivement employé était ▭ mais la présence du signe ▭ après le signe ▭ m'a fait admettre l'existence de celui-ci. Le mot ▭ ne signifie pas *briser*, mais *arracher* comme l'a très bien vu M. de Rougé et comme le déterminatif des jambes en arrière ∧ ; nous rencontrerons plus bas ce mot, et le sens d'*arracher* conviendra très bien au texte. Quant à la phrase interrogative de

---

1. M. Chabas a transcrit la fin ainsi : ▭

Je ne crois pas que le mot ▭ existe ; c'est le signe de séparation. Le signe ▭ n'existe certainement pas au fac-similé ; on peut lire tout autre chose, excepté cela. Les mots ▭ et ▭ sont déterminés de la même manière ; par conséquent si on avait le pluriel dans un groupe, il faut le voir dans l'autre.

M. Chabas, je ne puis voir le mot ⟨hiero⟩ qu'a cru pouvoir suppléer M. Chabas, et j'ai déjà expliqué pourquoi. Les phrases qui ont trait aux exemples tirés de la domestication sont généralement bien comprises, sauf ce qui regarde l'oie ; mais les phrases ne sont pas toujours bien coupées. Aussi dans la phrase qui regarde le taureau, deux phrases sont réunies par M. Chabas par le conjonctif *où* : ne sait pas quitter le sol où il foule aux pieds sa nourriture. Ce mot n'existe pas dans le texte égyptien ; d'ailleurs j'ai déjà dit que le mot ⟨hiero⟩ ne signifie pas *nourriture* ainsi déterminé et rien n'empêche d'admettre la justesse du déterminatif ici employé, car le sens *d'émerveillement* convient admirablement au but de l'auteur. Le mot *pâtre* ne rend qu'imparfaitement l'expression égyptienne ⟨hiero⟩ qui signifie bien *engraisser*[1]. La phrase qui regarde le lion renferme une impossibilité : si le lion terrible reste féroce, il ne peut pas aller plus loin que l'âne dans l'obéissance, cela est clair. Aussi faut-il traduire le mot ⟨hiero⟩ par *laisser, abandonner*, sens qu'a d'ailleurs le copte ϧⲁ, ⲕⲁ. Je crois que l'expression ⟨hiero⟩ veut dire simplement *sortir*, marcher au dehors du joug, et qu'il n'est pas question de se mettre en route : c'est ainsi que M. Brugsch l'a compris et il a eu raison. Pour ce qui regarde l'oie, la traduction de M. Chabas ne répond pas au but de l'auteur ; car dans la phrase traduite par M. Chabas, il s'agit évidemment de troupes d'oies qui s'abattent dans le filet et s'y pressent à s'étouffer : il ne saurait donc s'agir

---

[1]. Je crois que le texte renferme une faute dans ce mot que j'ai lu ⟨hiero⟩ : M. Chabas a aussi transcrit ⟨hiero⟩ Le signe ⟨hiero⟩ se fait autrement en hiératique ; et je crois bien qu'il ne se trouve pas ici. Le scribe se sera trompé et il s'agit peut-être du bâton dont se servent les engraisseurs. Ce mot s'est conservé dans le copte ⲙⲉⲛⲉⲥⲏⲧ = χηνοβόσκων; ⲙⲉ = engraisser ; ⲛⲉ = les ; ⲥⲏⲧ, oies.

d'oies domestiquées et dressées pour servir d'appeal. J'ai déjà expliqué les mots de cette phrase. Je ferai le même reproche à M. Chabas qu'à M. Brugsch pour ce qui est de la coupe de la phrase se rapportant aux nègres : la manière dont je l'ai coupée après M. de Rougé, montre bien mieux l'excellence de la race égyptienne ; car c'est la langue égyptienne qu'apprennent les nègres, les Syriens et les autres nations étrangères, toutes nations traitées de viles par les Égyptiens. La dernière phrase de M. Chabas donne assez bien l'idée que devait avoir l'auteur du papyrus ; mais je ne peux dire si c'était bien là le sens : ce que je peux dire c'est que les signes de la transcription de M. Chabas ne sont point dans le fac-similé du papyrus.

Le sens étant établi, il me faut montrer comment tout s'enchaîne. Nous avons entendu le fils répondre que les préceptes de son père étaient suffisants et qu'il n'était pas nécessaire de les multiplier, car l'homme devait surtout se produire à l'action. Cette réponse était en contradiction flagrante avec les idées généralement reçues en Égypte, à savoir que l'enseignement menait à tout et suffisait dans toutes les conditions. Cette idée est regardée par le père comme une idée de découragement et il répond en prévenant son fils contre le découragement ; il l'avertit de se garder de laisser arracher les bons enseignements de son cœur certes, ils sont difficiles (?) sans doute, mais l'habitude rend facile cela même qui semble répugner le plus à la nature, témoin les exemples qu'il va citer : celui du taureau devenu vieux et que l'on engraisse pour la boucherie ; il n'a jamais quitté le sol et cependant il surmonte sa répugnance à entrer dans le lieu où il doit trouver la mort, parce qu'on l'a habitué à obéir et que celui qui l'a engraissé l'a façonné de manière à ce qu'il obéisse dans cette triste circonstance ; celui du lion que l'on apprivoise de telle sorte qu'il dépasse en obéissance le malheureux âne lui-même, si bien habitué à tout endurer et à tout souffrir ; celui du cheval ombrageux qui entre sous le joug et qui en sort à volonté; celui du chien qui obéit à l'appel et marche derrière son maître; celui de la chamelle qui porte des fardeaux que sa mère n'avait point portés; celui de l'oie qu'on fait descendre dans les canaux, les fourrés de papyrus, afin de servir d'appeau pour attirer les autres oiseaux dans le filet; celui enfin des Nègres, des Syriens et des nations étrangères qui apprennent le langage des Égyptiens. On le voit, tout se tient dans cette traduction : les exemples apportés sont tous pertinents : il n'y en a pas un seul qui s'écarte du but visé par l'auteur. Il termine par une dernière phrase où perce un peu d'infatuation de soi-même et dit que pour bien agir, son fils n'a qu'à écouter ce que lui-même a fait et se servir du modèle qui lui est mis sous les yeux. Cette phrase va servir de prétexte à la réplique du fils, et tout ceci montre bien que tout cet *arrangement de phrases,* comme on dit du papyrus Prisse[1] est artificiel et que par conséquent l'ouvrage lui-même ne peut être authentique, si l'on regarde le nom de l'auteur qui devait être en tête et qui se retrouve dans ces dernières phrases. J'avoue que tout ceci me réjouit singulièrement, en me montrant que le caractère égyptien a toujours été en tout et partout fidèle à lui-même et que ce qui m'avait frappé chez les auteurs coptes se trouvait déjà dans l'Égypte ancienne au moins douze siècles avant l'époque de Schenoudi.

[1]. : Commencement dans l'arrangement de la bonne parole. Papyrus Prisse, pl. v, l. 6. — Cf. VIREY, *op. cit.* p. 32.

RÉPLIQUE DU SCRIBE ANI

Et répondit au scribe Khonsou-hôtep son fils le scribe Ani : Ne crie pas trop haut tes actions de force ; je suis gonflé de tes enseignements de conduite. Ce n'est point un homme celui qui cesse d'écouter la réponse en sa place. Puisque les hommes sont les seconds de Dieu, leur devoir est d'écouter l'homme avec sa réponse. Ce n'est point connaître son second, que de commettre des (actes) nombreux dans tous les maux; ce n'est point connaître l'enseignement reçu que d'être quelqu'un qui a le cœur d'un chef, pendant que toute la foule est désespérée. Tout ce que tu dis est parfait : ne (cherche) pas à le faire apprécier (?) depuis le temps des ancêtres. Ce que je dis au Dieu, ce que je t'ai juré, mets-le sur ton chemin [1].

Cette réplique du fils présente certaines difficultés qui proviennent de l'éclat du texte où quelques mots sont illisibles et d'autres peu connus. Evidemment le scribe était pressé d'arriver à la fin de sa copie et il a écrit les mots un peu au petit bonheur. C'est ce qui explique la différence que l'on va remarquer entre les deux traductions que je vais citer et celle que je présente du même passage. Je dois rappeler que la première réponse du fils a été que les enseignements de son père lui suffisaient et l'action devenait nécessaire. Le père a répondu que parler ainsi, c'était se décourager, car pour l'Égyptien la science des écrits suffisait à tout, et il a montré les exemples de ce que peut produire l'habitude : il suffit donc d'être docile et de regarder ce qu'il a fait avec docilité pour savoir le faire à son tour. C'est sur cette dernière pensée que roule la réplique du fils. Cette réplique doit donc exprimer des idées analogues à la réponse et un peu plus fortement accusées.

1. Mot à mot : Fut répondant au scribe Khonsou-hôtep son fils le scribe Ani : Ne fais pas être criées tes forces ; je suis gonflé de tes plans. Point devenu homme, il est laissant sa main écoutant la réponse à sa place. Etant les hommes seconds de Dieu, leur devoir (est) d'écouter homme avec sa réponse. Point connaître son second, devenir nombreux dans tous les maux; point connaître son instruction, devenir quelqu'un avec cœur de chef, étant toute la multitude désespérée. Ce que tu dis tout est parfait : ne fais pas cela être apprécié (?) depuis le temps des ancêtres. Ce que j'ai dit au Dieu, ce que j'ai donné à toi en serment, donne-le sur ton chemin. — J'ai considéré les lettres du mot [hiéroglyphes] comme suffisamment indiquées par le déterminatif.

Voici la traduction de M. de Rougé : « Le scribe Khons-hôtep, son fils, répondit au scribe Ani : Ne viens pas me vanter tes exploits. Je suis (chargé?) de tes conseils; ce n'est pas perdre son temps que d'écouter un discours à sa place. L'homme est le second de Dieu ; c'est son devoir d'écouter les réponses de chacun. L'homme qui ne connaît pas son second tombe dans une multitude de maux et celui qui ne s'instruit pas devient (digne des tribunaux?) ; mais la multitude fait peu de cas des bonnes paroles..... Je t'ai donné mes dernières paroles ; qu'elles restent avec toi dans ta route. » Cette traduction renferme d'excellents passages à côté d'autres que je ne peux adopter. Je dois faire observer d'abord que le papyrus présente ici une anomalie de construction. Dans les autres phrases analogues où il est question de réponse, le nom du scribe est placé d'abord, puis vient sa qualité de fils, s'il faut rapporter cette qualification au scribe Ani : c'est ce qui montre bien que j'ai eu raison de traduire comme je l'ai fait, car si l'on veut bien se reporter à la première réponse du scribe Ani, on verra que ce même scribe Ani serait qualifié de père de Khonsou-hôtep, s'il fallait lui faire rapporter la qualification qui précède, pendant qu'il est ailleurs qualifié de fils en traduisant de la même manière. Evidemment il y a une faute dans la phrase qui m'occupe et c'est pourquoi je peux dire, sans crainte de me tromper, que le scribe en arrivant à la fin du papyrus sommeillait quelque peu.

Je ne m'appesantirai pas sur le sens *chargé* que M. de Rougé attribue au mot 𓋴𓏤𓃀𓏏, puisqu'il le regardait comme incertain. Je ne peux en dire autant de la phrase 𓏞𓀀𓊨𓏏𓀁 qui signifie : *Point devenu homme* et non *ce n'est pas perdre son temps*, même en y ajoutant les mots suivants. On pourrait aussi traduire : *Il n'y a point d'homme qui cesse d'entendre la réponse en sa place* ; mais cette traduction possible serait trop contraire à la vérité : d'ailleurs j'ai montré précédemment qu'il fallait traduire ainsi une phrase analogue. Le mot 〈hiero〉 est mal traduit par *discours* ; il signifie *réponse, alternement de parler*. Sauf les nuances, les phrases suivantes sont bien traduites et je n'ai guère fait qu'adopter la traduction de M. de Rougé. Je ne puis en dire autant de la phrase : *L'homme qui ne connaît point son prochain tombe dans une multitude de maux*, non plus que de la suite : *et celui qui ne s'instruit pas (devient digne des tribunaux)*. Le mot à mot de la phrase égyptienne 〈hiero〉 donne : *point connaître quelqu'un le second de lui devenir nombreux en maux tous* ; c'est-à-dire ce n'est point connaître son prochain que de se permettre de nombreux actes en toutes espèces de maux à son égard ; et la phrase suivante est parallèle : *Point connaître son instruction devenir quelqu'un avec le cœur d'un chef, étant la multitude toute désespérée*. Le mot 〈hiero〉 que M. de Rougé croyait avec doute signifier *tribunal*, ou plutôt le groupe différent qu'il avait sans doute lu ici, ne peut être celui du tribunal que nous avons rencontré plusieurs fois au cours de ce papyrus et qui est fait d'une toute autre manière. Cependant j'avoue que le groupe que j'ai cru voir dans les signes hiératiques n'est pas certain, car le papyrus présente ici une certaine confusion de signes que le facsimiliste n'a pas bien saisis. Le mot 〈hiero〉 a une apparence étrange : le premier signe qui est toujours suivi de l'aigle complémentaire 〈hiero〉, n'a pas ici ce complément, mais un 〈hiero〉 situé au dessous du premier signe dans l'écriture, ce qui est tout à fait anormal. M. de Rougé a lu 〈hiero〉 [1] ; mais le facsimile du papyrus contient d'autres signes que ce savant a négligés. Le sens qu'il lui attribue de *négliger, faire peu de cas* pourrait aller ici, mais à condition de couper la phrase autrement qu'il ne

---

1. Cf. Pierret, *Vocabul. hiérogl.*, p. 398.

l'a fait. En y réfléchissant bien, le scribe avait peut-être affaire à une expression composée comme ⲭⲁⲛⲕⲁ, ce qui signifie *cesser, laisser en arrière* ou au passif *être laissé en arrière, être désespéré*; il l'aura mal écrite et en aura fait un seul mot d'apparence étrange. C'est pourquoi j'ai traduit par *désespérée*; mais je dois dire qu'il peut s'agir de toute autre chose, quoique le sens général semble bien appeler une idée de ce genre. M. de Rougé n'a pas traduit les mots suivants, parce qu'avec la coupe qu'il avait adoptée dans la phrase, il n'en trouvait pas l'emploi ; c'est qu'il avait mal coupé. Enfin le mot ⸺ veut bien dire *achever, terminer*, et par extension *dernier*, mais ici il est déterminé par l'homme qui porte la main à la bouche et ce déterminatif fait penser de suite au mot copte ⲱⲣⲕ lequel signifie *jurer, faire serment* et *serment*.

M. Chabas a traduit ce même passage de la façon suivante : « Le scribe Khonsou-hôtep répondit à son père le scribe Ani : Ne rabâche pas tes mérites : je suis obsédé de tes actes. L'homme ne déserte pas sa voie en écoutant et en répondant à propos. L'homme est le second de Dieu et ils ont (*sic*) l'obligation d'écouter. L'homme est sous celui qui répond. Quand deux hommes ne se connaissent pas, les paroles sont pour le mal (comme) celles de qui ne connaît pas son précepteur. Je suis devenu un homme ayant le cœur fait pour le commandement, et toutes les oppositions fâcheuses que tu as articulées, toutes sont à bout. N'en fais pas une criaillerie, comme s'il s'agissait d'une affaire d'ancêtres : ce que je dis à Dieu, ce que tu m'as fait jurer, laisse-le de côté. » J'avoue que je ne comprends rien à cette réponse d'un fils à son père. Où a-t-il été question d'*opposition fâcheuse ?* où le fils a-t-il pu *les mettre à bout ?* Qu'est-ce que signifie cette phrase : N'en fais pas une criaillerie comme s'il s'agissait d'une affaire d'ancêtres ? Et cette autre : Quand deux hommes ne se connaissent pas, les paroles sont pour le mal (comme) celles de qui ne connaît pas son précepteur ? Je pourrais dire ici ce que M. Chabas a écrit de M. de Rougé : On ne reconnaît plus ici la méthode sérieuse des premiers travaux de l'auteur et c'est par de semblables traductions trop risquées qu'on jette le discrédit sur une science naissante. Pour rendre sa phrase acceptable et susceptible d'un sens, M. Chabas institue des comparaisons que ne connaît pas le texte égyptien : évidemment il vaudrait mieux dire : je ne comprends pas, que de traiter un texte de cette manière.

M. Chabas a traduit le mot [hiéroglyphes] par *obsédé* : il semble que ce sens d'obsédé exigerait un autre déterminatif. Je l'ai rapproché du mot copte ϩⲣⲟⲧⲟ, ϩⲣⲟⲧⲱ, qui veut dire *gonfler* et ce sens va très bien ici. Ce mot contient certainement un sens irrespectueux ; mais pas plus, pas même autant que la traduction *obsédé*. M. Chabas a vu dans [hiéroglyphes] l'expression de *laisser sa voie* ; je ne crois pas que le mot [hiéroglyphe] veuille dire *voie* ou *direction* : nous sommes en présence d'une locution toute faite, et c'est pourquoi le mot [hiéroglyphe] n'est pas déterminé et est écrit idiographiquement. Ce même auteur a séparé en deux la phrase : *Son devoir est d'écouter l'homme avec sa réponse* ; il a préféré ne pas donner de régime au verbe [hiéroglyphes] et de traduire : *L'homme est sous celui qui répond*, ce qui n'offre aucun sens, à moins qu'il faille entendre que l'homme qui écoute la réponse qu'on lui fait est momentanément sous la dépendance de celui qui parle ; mais ce sens ne va pas avec le but de la réponse. Dans la phrase suivante, M. Chabas, qui avait traduit l'expression [hiéroglyphes] par *second*, comme il le faut, adopte une autre traduction et parle dans sa paraphrase de deux hommes qui ne se connaissent pas et de paroles qui sont pour le mal. Il aurait dû voir le parallélisme évident qui existe entre les deux phrases : [hiéroglyphes] ; non seulement ce parallélisme est évident, mais encore composé des mêmes mots. M. Chabas a préféré lire [hiéroglyphes] etc. J'ai le regret de constater d'abord que pour le second [signe] le texte porte bien [signe]. Quant au premier le fac-similé présente ici une petite interruption, mais le signe du lézard, ainsi cassé en deux, est encore très reconnaissable. Par conséquent toute la traduction de M. Chabas tombe. Je ne combattrai pas plus longtemps une traduction qui n'offre aucune solidité. Je me contenterai de faire observer que les derniers mots *laisse-le de côté* constituent un contre sens des mieux caractérisés par suite de cet amour de la périphrase dont j'ai déjà parlé. Le texte montre en effet à tout homme qui veut réfléchir que le fils ne peut dire à son père de ne pas s'occuper de ce qu'il a dit à Dieu et de ce qu'il lui a juré ; mais qu'il doit lui dire précisément le contraire.

Telle que je la présente, ma traduction, je crois, répond bien à ce que l'on est en droit d'attendre du contexte. Le fils prend prétexte des dernières paroles de son père pour lui répondre, avec un peu de vivacité qui frise l'irrévérence, de ne pas tant vanter les actes de sa vie administrative, qu'il est déjà tout rempli de ses conseils. D'ailleurs, ce n'est pas un homme celui qui ne sait pas écouter. Précisément parce que l'homme est le *second* de Dieu, expression qui pourrait offrir un vaste champ aux réflexions, il doit écouter tout homme qui lui répond, ou qui échange avec lui ses vœux et ses offrandes. Ce ne serait pas reconnaître son prochain, que de lui faire tous les maux ; ce n'est pas d'avantage montrer qu'on a reçu l'instruction morale que d'avoir un cœur audacieux et plein de joie, quand les autres hommes sont dans la désolation et le désespoir. Sans contredit les paroles de son père sont admirables ; mais il n'est pas nécessaire de parler à tout propos des ancêtres. Puis faisant allusion à une prière qu'il avait adressée au Dieu et à un serment qu'il avait fait à son père, prière et serment que nous n'avons plus et qui devaient probablement servir d'introduction à l'ouvrage moral qui nous est parvenu tronqué, il ajoute : Place-les sur ton chemin, phrase assez énigmatique, expression qui frise le proverbe et qu'il est assez difficile d'expliquer. Ce sont ses dernières paroles. J'avouerai franchement que ce fils me fait assez l'effet d'un libéral vis à vis des principes conservateurs de son père, qu'il était dans le mouvement du progrès, tandis que son père restait fermement attaché au vieux code tel que l'avaient légué les ancêtres. Ce serait en effet se faire illusion que de croire que la rivalité existant entre ce que nous nommons aujourd'hui le parti libéral et le parti conservateur date seulement de nos jours ou des siècles derniers : toute société, si loin qu'on puisse remonter dans l'histoire humaine, a toujours compris dans son sein deux partis, l'un qui voulait aller de l'avant sans se renfermer dans les institutions des ancêtres, l'autre qui voulait au contraire s'en tenir à ces institutions ancestrales et qui prétendait qu'elles étaient le fondement de toute stabilité sociale. Cet antagonisme doit nécessairement exister dans toute nation qui n'est pas appelée à disparaître, car le progrès est seul la raison suffisante de l'existence de l'homme. Par conséquent, il ne faut pas s'étonner de retrouver dans l'ancienne Égypte ces mêmes divisions de notre politique contemporaine : le contraire devrait nous étonner, car la vallée du Nil est loin d'avoir eu cette rigidité inébranlable que les poètes des siècles passés et du siècle présent se sont plus à lui prêter. Cette réplique du scribe Ani à son père doit nous montrer à quelle hauteur était déjà parvenue la pensée humaine, malgré les liens superstitieux où elle se débattait et dont elle n'était pas près de se dégager ; elle doit nous montrer en plus l'origine déjà accusée de mysticisme trompeur sous lequel l'ancien empire des Pharaons a succombé, ou pour mieux dire sous lequel la pensée humaine en cette terre classique des idées mystiques a sombré sans avoir jamais pu se relever. C'est un exemple frappant de cette vérité dont je parlais plus haut, à savoir que la raison de la continuité et de la perpétuité de la race humaine est le progrès. Quel peuple fit jamais plus pour la civilisation que le peuple égyptien ? Nous vivons encore de la civilisation égyptienne ; les choses les plus ordinaires de nos habitudes se rencontrent déjà en Égypte à une époque où les annales des autres nations étaient dans les plus complètes ténèbres ; mais parce que l'Égypte ne sut pas se défaire des idées premières qui avaient présidé à la formation des tribus, parce qu'elle se cantonna dans des idées qui considéraient le roi comme un Dieu et le peuple comme un esclave, parce qu'enfin le parti conservateur fut bien victorieux des quelques tentatives libérales qui essayèrent de se manifester, l'Égypte disparut graduellement devant d'autres peuples plus jeunes, qui avaient plus à apprendre, partant plus à progresser.

RÉPLIQUE DU SCRIBE KHONSOU-HOTEP

Et répondit au scribe Ani, son fils, le scribe Khonsou-hôtep : Laisse le derrière de ta tête à ces nombreuses paroles qui sont loin d'être entendues. Le bois arraché est laissé dans le champ ; lorsque le soleil rayonnant l'a frappé, l'artisan l'emporte, il le travaille habilement, il en fait le bâton des chefs ; le bois éprouvé, il en fait des armes. O cœur ignorant le jugement, est-ce que ton cœur est achevé, ou bien es-tu défaillant? Vois, il a souci semblablement, celui qui connaît la force de son bras, comme le nourrisson qui est sur le sein de sa mère et qui ne désire qu'être allaité. Vois ! il crie dès qu'il a trouvé sa bouche. Dis donc : Donne-moi du pain [1].

[1]. Mot à mot : Fut répondant au scribe Ani, son fils, le scribe Khonsou-hôtep: Laisse le derrière de ta tête pour ces paroles nombreuses qui sont éloignées d'être entendues. Le bois arraché est laissé dans le champ ; étant frappé du soleil rayonnant, emmène lui l'artisan, il fait son travailler habilement, il fait lui bâton du grand, le bois témoigné, il fait lui arme. O cœur ignorant la science, est-ce que ton cœur est achevé, ou bien as-tu défailli ? Vois, il crie son semblable celui qui connaît la force en sa main, le nourrisson qui dans le sein de sa mère, étant son cœur étant son allaitement. Vois, il crie ayant trouvé sa bouche. Dis : Donne-moi du pain.

ÉTUDE SUR LA MORALE ÉGYPTIENNE 245

Cette dernière réplique au père, laquelle termine le papyrus, n'est pas trop difficile à expliquer; mais elle a été tellement embrouillée par les explications qui en ont été données qu'il me sera très difficile, je crois, de faire admettre mon explication.

M. de Rougé a traduit ces dernières lignes du papyrus comme il suit : « Le scribe Ani répondit à son fils Khonshôtep : Tu as rejeté derrière toi mes nombreux discours qui avaient pour but la docilité. L'arbre arraché est laissé sur le sol ; il est frappé par l'ardeur du soleil. L'artisan l'emporte, il le place au milieu et il en fait le gouvernail. Le vieillard est le bois éprouvé qui doit régir les cœurs dépourvus de sagesse. Si tu m'as donné tes dernières paroles ou si tu échappes (à mes leçons), eh bien ! voici quelle est l'image de celui qui a reconnu la force de son bras : le petit enfant, sur le sein de sa mère n'a qu'un désir, c'est de s'allaiter. Vois ! quand il trouve sa bouche, il dit : Donnez-moi du pain ! » Il n'y a dans cette traduction qu'un petit nombre de points qui répondent à celle que je viens de proposer. Il me faut la justifier dans les points où elle s'écarte de celle de M. de Rougé.

Tout d'abord la phrase qui commence la réponse est contraire à ce que nous avons vu jusqu'ici, car Ani n'a pas du tout rejeté les recommandations de son père : il s'est seulement contenté de dire qu'elles lui suffisaient et même qu'il en était *gonflé*. Le texte ne dit pas, comme le lui fait dire M. de Rougé; *tu as laissé derrière toi mes nombreux discours* ; il s'exprime ainsi : : *laisse le derrière de la tête à ces paroles nombreuses*, c'est-à-dire laisse ton occiput pour toutes ces paroles que tu me rabâches et donne-moi le devant de ta tête pour faire attention à ce que je te dis. C'est encore une croyance populaire que c'est de derrière la tête que viennent les mauvaises idées, et qu'au contraire les bonnes proviennent du devant de la tête. Pour les hommes instruits, le derrière de la tête est réservé aux pensées que l'on ne veut pas communiquer à tout le monde ; c'est une autre acception de la même phrase ; mais on comprendra facilement que je n'hésite pas entre les deux et que je dois choisir la première comme se rapportant davantage à l'état primitif dans lequel ont dû vivre les hommes. Les mots suivants ont été traduits par M. de Rougé par : *qui avaient pour but la docilité* ; le texte : [hiéroglyphes] donne comme traduction au mot à mot : *qui éloignées d'entendre elles*. Le mot [hiéroglyphes] que M. de Rougé a traduit par *avoir pour but* est le mot copte ⲟⲩⲉⲓ et signifie *être éloigné, distans esse*. Ce sont les paroles du fils qui sont bien éloignées d'être entendues. La phrase suivante, jusqu'au mot [hiéroglyphes] est bien comprise ; ce mot doit signifier non pas *il le met au milieu*, comme a traduit M. de Rougé et ce qui ne signifie pas grand'chose, mais *il le dispose comme il faut, il le travaille*, peut-être *il le rend droit*. Je ne puis non plus traduire le mot [hiéroglyphes] par *gouvernail*. M. de Rougé a rapproché ce mot du copte ⲧⲱⲡⲉ, s'il faut en croire le vocabulaire hiéroglyphique de M. Pierret [1] ; mais le mot ⲧⲱⲡⲉ n'a jamais signifié *gouvernail* : ce mot signifie *une dent, une pointe, l'extrémité d'une branche, une houe*, et sans doute aussi *lance* [2], sous l'orthographe ⲧⲱⲣⲡⲉ. Ce qui a fait donner à ce mot le sens de *gouvernail* c'est le déterminatif ; mais on ne peut se fier à ce déterminatif qui doit être fautif comme l'indique le signe ⌇⌇⌇ placé après, avant le déterminatif du bois. Ce mot désigne donc probablement les bâtons que les grands portaient à la main en signe de commandement et qui étaient faits de branches de palmier,

---

1. PIERRET, *Vocabul. hiérogl.*, p. 681.
2. Cf. PEYRON, *Lexicon linguæ copticæ*, p. 219. A ce sujet Peyron, fait une petite dissertation pour prouver l'excellence de sa traduction ; s'il eût connu les instruments primitifs dont se servaient les Égyptiens, il aurait du premier coup attribué le sens de *houe* au mot copte ⲧⲱⲡⲉ ou ⲧⲱⲡⲓ.

comme celui de Schenoudi[1]. Il est impossible de lire le mot
𓀗 *vieillard* dans le papyrus ; d'abord parce que le signe n'est
pas assez courbé, ensuite parce que ce signe est suivi de son
complément phonétique au lieu d'en être précédé comme dans
le mot 𓀗𓀗𓀗𓀗, enfin parce qu'il est déterminé
par le *Dieu*. Ce bâton ou sceptre que les grands tiennent à la
main devait primitivement se faire sous cette forme 𓌀, comme
le sceptre que les divinités égyptiennes tiennent à la main :
c'est le bâton recourbé dont se servent encore les Arabes
pour conduire leurs chameaux dans le désert et qu'ils
nomment *medjen*. M. de Rougé a très bien expliqué le mot
𓍑𓅓𓏭 appliqué au bois ; c'est un bois dont on a porté
un témoignage, un bois *éprouvé*. Le parallélisme de la phrase
montre qu'il faut traduire : le bois éprouvé ou dont on a
témoigné, il est fait *samtot*. Ce mot 𓊃𓅓𓏏 a été
rapproché par M. de Rougé, d'après M. Pierret[2], du
copte ⲥⲱⲣ qui signifierait *dompter* ; et ce mot signifie seulement *tendre un arc* ou *arc tendu*. Je crois bien que c'est le
sens qu'il doit avoir ici : cependant je n'ai pas voulu être trop
précis et j'ai traduit par le mot générique *armes*. Par conséquent toute la phrase de M. de Rougé est coupée d'une
manière qui ne peut pas être la bonne ; la phrase s'arrête
après le mot 𓊃𓅓𓏏 et une nouvelle phrase commence
par l'exclamation : O *cœur dépourvu de sagesse*, ou *cœur
ignorant le jugement*, comme j'ai traduit. La phrase de
M. de Rougé : Si tu m'as donné, etc., ne répond pas, ce me
semble, à ce qu'on attend : ce savant a traduit le premier mot
par *si*, 𓇋 ; je le traduirai par *est-ce que*, comme l'a déjà fait
M. Chabas ; c'est le ⲁⲛ interrogatif du copte. Le mot 𓂝𓅓𓏛
n'est pas déterminé ici par l'homme portant la main

---

1. E. AMÉLINEAU, *Monum. pour serv. à l'hist. de l'Ég. chrét. aux IVᵉ et Vᵉ siècles*, p. 16.
2. PIERRET, *Vocabul. hiérogl.*, p. 499.

à la bouche : il ne peut donc signifier *serment*. Le sens d'*acheré*, va beaucoup mieux que celui de *dernière parole*, et l'opposition marquée par *ou bien* est très accusée ; et il n'est pas nécessaire de supposer des mots pour rendre le tout compréhensible. La phrase qui suit et parle de la similitude existant entre l'homme conscient de sa force et le petit enfant encore au giron de sa mère est bien expliquée pour le sens général des mots ; mais, le mot *image* ne peut rendre l'expression 〈hiéroglyphes〉 et la phrase n'a pas été comprise dans son ensemble ; je ne peux dire comment M. de Rougé avait interprété 〈hiéroglyphes〉, car je n'ai pas sa transcription et cette transcription serait ici nécessaire. Je suis plus libre pour la dernière phrase. D'après M. de Rougé, ce serait l'enfant qui est encore au sein de sa mère, qui n'a d'autre désir que celui de teter, qui s'écrierait : Donnez-moi du pain. Il est assez difficile de concilier entre elles ces différentes données, car si l'enfant n'a que le seul désir de teter, il ne peut guère crier : Donne-moi du pain. L'expression dit *qu'il trouve sa bouche* ne veut pas dire dès qu'il a appris à parler ; cette expression est un idiotisme égyptien et a un sens beaucoup plus général : j'y vois les cris que pousse l'enfant pour marquer que son estomac réclame de la nourriture. D'ailleurs le texte s'oppose à la traduction de M. de Rougé, car pour traduire ainsi, ce savant a dû supprimer un mot. Le texte donne 〈hiéroglyphes〉, ce qui doit se traduire ainsi : vois ! il crie, il trouve sa bouche. — Le mot 〈hiéroglyphes〉 ne peut se traduire par *il dit*, ou *disant*, puisque le suffixe manque ; le verbe doit donc être à un temps où le suffixe n'est pas nécessaire, et il n'y a que l'impératif qui soit dans ce cas : c'est aussi à l'impératif que se trouve préfixé le groupe 〈hiéroglyphes〉. Le scribe change donc de personne et termine par un trait épigrammatique.

M. Chabas a donné du même passage la traduction suivante : « Le scribe Ani répondit à son fils Khonsou-hôtep : Or, renonce à ces discours multipliés qui tendent à se faire écouter. Le bois brisé, resté dans le champ et qu'ont frappé le soleil et l'ombre, l'artiste le recueille, il le redresse, il en fait le fouet du chef. Le bois droit sert à faire des meubles délicats. O cœur ignorant le jugement! as-tu fait les serments ou t'es-tu relâché? Vois! ils crient de la même manière, le savant à la main puissante et le jeune enfant encore au sein de sa mère et dont le seul désir est de teter. Vois! il dit dès qu'il peut parler : Donne-moi de la nourriture. » Cette traduction est assez bonne dans son ensemble, quoique certains détails n'en sauraient être admis. La paraphrase de la première partie de la réplique est juste; la seconde partie doit être, ce me semble, traduite autrement, et j'ai expliqué plus haut pourquoi. J'ai expliqué de même le sens du mot que M. Chabas traduit par *brisé*. En outre je ne peux admettre la traduction : *qu'ont frappé le soleil et l'ombre* ; le mot qui signifie *ombre* en égyptien se rapproche assez du mot de notre texte 𓀀𓁐𓃀𓂋 : c'est 𓀀𓁐𓂓𓏏, copte ⲋⲏⲓⲃⲓ, mais on avouera qu'il faudrait être plus que distrait pour aller donner comme déterminatif au mot *ombre* le soleil rayonnant. D'ailleurs, si le scribe avait voulu dire *le soleil et l'ombre*, il aurait dit *le soleil sur l'ombre*, ou *le soleil avec l'ombre*; ou il n'y a pas trace de la préposition 𓊪 ou 𓇯 𓏤. Le mot *fouet* ne peut rendre, je crois, l'expression égyptienne; j'en dirai autant de la traduction par *meubles délicats* au mot 𓀀𓂋𓏏𓏥 : j'ai déjà dit ce que j'avais à dire à ce sujet ; la traduction de M. Chabas n'a pour elle que l'opposition entre *fouet* et *meubles délicats*; mais cette opposition n'est peut-être pas aussi marquée qu'on le croirait tout d'abord, et il se peut que cette opposition glisse sur le côté. J'ai de plus en ma faveur le mot copte. J'ai fait observer aussi que le mot 𓂋𓃀𓏏𓀀 n'est pas déterminé par l'homme portant la main à la bouche, et ne peut être pris dans le sens de *serment* qu'en tenant compte de l'erreur du scribe : ce sens, s'il était admis, cadrerait assez bien avec la dernière phrase de la réplique d'Ani. J'ai à faire, pour la dernière phrase de la traduction de M. Chabas, la même observation que j'ai faite à propos de celle de M. de Rougé. De plus je ferai observer que M. Chabas a transcrit une parti de cette phrase ainsi [hiéroglyphes], et que le texte porte [hiéroglyphes]. Si le papyrus contenait ce que M. Chabas y a vu, la phrase irait toute seule et ne serait pas difficile à expliquer ; mais le malheur est qu'au lieu du mot [hiér.] le texte a bien [hiér.], ce qui le rend peu clair à cause de l'emploi redoublé de [hiér.], si bien qu'on pourrait croire à une faute du copiste : cependant on pourrait peut-être expliquer ainsi *étant son cœur étant son allaitement*, en considérant le premier *étant* comme un simple copulatif. M. Chabas n'a pas traduit le mot [hiér.].

M. Maspero a traduit une partie de tout ce dialogue, le commencement et la fin. Voici ce qu'il en dit : « Vers la fin, le fils de Khons-hôtpou, fatigué de tant de sagesse accumulée, interrompt brutalement son père : « Ne rabâche pas tes mérites ; j'en ai assez de ce que tu fais ». Ani se résigne et explique par une parabole finale les motifs de sa résignation : « Voici la semblance de celui qui a éprouvé la force de son bras. Le nourrisson qui est dans les bras de sa mère, il n'a cure que de téter (*sic*), mais quand il a trouvé sa parole, c'est pour dire : « Qu'on m'apporte du pain. » J'ai le regret de ne pouvoir admettre ni cette traduction ni l'explication donnée de tout ce dialogue. La traduction, j'en ai dit assez long à propos des deux précédentes pour montrer qu'elle n'est pas acceptable. Quant à l'explication, elle va contre le but que se proposait le moraliste et qu'il devait se proposer : un auteur qui fait un traité de savoir-vivre n'a jamais dû terminer ce traité par des phrases où son élève, son fils, lui reprocherait tout ce qui est contenu dans son livre en termes grossiers, en lui disant : J'en ai assez de ta morale. Pourquoi dès lors faire des auteurs égyptiens des imbéciles, car vraiment ils ne seraient pas forts, si telles avaient été leurs paroles. Aussi n'ont-ils point parlé de la sorte, et c'est ce que je me suis efforcé de montrer.

Résumant maintenant ces explications, voici quel est, selon ma traduction, le sens de cette dernière réplique. Le père invite son fils à mettre derrière la tête ses nombreuses paroles qui n'ont pas de chance d'être entendues. Le mot *nombreuses* indique un blâme : il ne peut donc être mis dans la bouche du père comme se rapportant à lui-même. Khonsou-hôtep reprend alors un nouvel exemple tiré de la nature : le bois arraché est laissé dans les champs, survient l'ouvrier qui le prend, le façonne et en fait un sceptre pour le chef ; au contraire si le bois est de première qualité, on en fait un arc ou autre arme de guerre. De quel côté penche le cœur du jeune homme? du côté de la vaillance ou du côté de la faiblesse? Peu importe d'ailleurs, car le vaillant qui connaît la force de son bras n'a dans ce cas qu'un seul et même cri avec le nourrisson au sein de sa mère et qui crie dès qu'il sent son estomac vide. L'un et l'autre ont besoin de se nourrir : fais donc comme eux, ajoute le moraliste, et demande le pain de l'instruction.

C'est ainsi que finit ce papyrus. Sans croire avoir produit un travail qui n'a rien à craindre du progrès des temps, je ne puis m'empêcher de croire que la traduction que j'ai donnée de ces préceptes moraux est en sensible avance sur celles qui ont précédé, qu'un nombre encore assez grand de maximes ont été expliquées définitivement, quant au général, par la constante application d'une méthode qui vise à être et qui ne s'avance qu'à pas comptés. Cherchant avant tout à ne rien donner d'inintelligible en soi, ni rien même d'intelligible qui heurte le sens commun, qui ne cadre pas avec le contexte, j'ai fait en sorte qu'il n'y ait dans ma traduction aucune de ces phrases qui restent comme des îles isolées et inabordables au milieu de l'océan et cela, non pas de parti pris, en corrigeant le texte, mais au contraire en serrant ce texte de très près. Si par hasard j'ai rencontré quelques phrases dont je ne me suis pas rendu un compte suffisamment exact, j'ai eu soin d'en prévenir le lecteur et de lui dire qu'en ce cas la conduite que je lui donnais risquait de l'égarer. Je le dis sans fausse honte, car, à mes yeux, le véritable savant se trouve aussi honoré par les doutes qu'il indique consciencieusement sur certaines phrases que par l'explication donnée à certaines autres phrases. J'appellerai les premières, si on le veut bien, la pierre de touche négative, et les autres la pierre de touche positive de la science. L'une et l'autre sont nécessaires ; car il est aussi méritoire de soupçonner la difficulté dans ces reliques du passé, où les fautes de plusieurs générations de scribes se sont accumulées, que de traduire juste une phrase où il n'y a aucune difficulté.

Il me reste maintenant à donner une traduction suivie de ces préceptes moraux, afin que le lecteur puisse juger d'un seul coup d'œil de la totalité morale qu'ils nous présentent.

TRADUCTION SUIVIE[1]

. . . .
Fais-toi (prends) femme pendant que tu es jeune garçon ; qu'elle te fasse ton fils. Si tu as un fils pendant que tu es jeune, cela sera témoigné action d'homme bon, d'individu que ses hommes nombreux acclameront plus que son enfant.

Observe la fête de ton Dieu, renouvelle-la lui en sa saison : Dieu s'irriterait de ta transgression. Fais ériger les témoignages, après que tu lui as présenté ton offrande. Agir ainsi est très bien.

Si l'on vient pour te demander conseil, que cela te soit une raison pour consulter les livres divins.

L'occasion étant passée, il faut chercher à en saisir une autre.

Comme cela exalte les esprits de Dieu, que soient le chant, le prosternement, l'encens (de l'homme) dans ses œuvres, que l'adoration soit dans ses affaires. Qui fait cela, Dieu magnifiera son nom.

Si un homme quelconque est ivre, n'entre pas en sa présence, quand même ce serait un honneur pour toi d'être introduit.

Ne regarde pas une seconde fois, de ta maison, ce que ton œil a (déjà) vu : pendant que tu gardes le silence, ne le fais pas dire au dehors par un autre, de peur que cela ne devienne pour toi un crime digne de mort, par suite de ce qu'on ne l'avait point entendu dire.

Garde-toi de la femme que tu aurais au dehors, quand même cela ne serait pas connu dans sa ville. Ne fais pas inclination vers elle après ses pareilles, ne la connais pas, n'en remplis pas ton cœur : c'est une eau profonde et l'on ne connaît point ses détours. Si une femme en l'absence de son mari t'envoie des écrits, si elle te parle chaque jour, sans témoins et toute prête à jeter ses filets, c'est un crime digne de mort par la suite, si l'on vient à l'apprendre, quand même elle n'aurait pas accompli son dessein en réalité. Les hommes accomplissent tous les crimes pour ce seul (plaisir).

1. Je ne me suis pas attaché dans cette traduction suivie à conserver le mot à mot ; j'ai tenu avant tout à me rendre compréhensible autant que je le pouvais.

Ne te mêle pas à la multitude, de peur que ton nom ne soit sali.

S'il y a enquête, ne multiplie pas les paroles : en te taisant, tu te trouveras en meilleure condition ; ne fais pas le discoureur.

Ce que déteste le sanctuaire de Dieu, ce sont les fêtes bruyantes : si tu implores Dieu avec un cœur aimant, dont toutes les paroles sont mystérieuses, il fait tes affaires, il entend tes paroles, il accepte tes offrandes.

Offre de l'eau à ton père et à ta mère qui sont dans la vallée funéraire ; vérifie l'eau, offre des choses divines, autrement dit acceptables. Ne l'oublie pas, quand tu es au dehors. Si tu le fais, ton fils le fera pour toi semblablement.

Ne t'engraisse pas dans la maison où l'on boit la bière, car il est mauvais que des rapports sur autrui sortent de ta bouche, sans que tu saches les avoir dits. En tombant, tes membres sont brisés et personne ne te donne la main. Tes compagnons de beuverie se lèvent en disant : A la porte, cet ivrogne. Si l'on vient te chercher pour te blâmer, on te trouve couché sur le sol, comme un petit enfant.

Ne sors pas de ta maison. Si l'on t'ignore, n'y fais pas attention : dévore tout ce que tu aimes. Rappelle-toi ce qui a été et sache-le.

Place devant toi, comme but à atteindre, une vieillesse dont on puisse rendre témoignage, afin que tu sois trouvé ayant parfait ta maison qui est dans la vallée funéraire, lorsque sera venu le matin de cacher ton corps. Place cela devant toi dans toutes les fonctions que tu as à surveiller. Lorsque tu seras ainsi un grand vieillard, tu te coucheras au milieu des vieillards. Il n'y a point de surprise pour celui qui agit bien, il est préparé : ainsi, quand viendra pour toi ton messager (de mort), qu'il te trouve préparé. Certes, tu n'auras pas le temps de parler ; car, en venant, il se précipit sur toi. Ne dis pas comme un jeune homme : « Saisis-toi de moi, » car tu ne connais pas quelle doit être ta mort. La mort vient, elle s'empare du nourrisson qui est dans les bras de sa mère, comme de celui qui est devenu vieux. Vois! je t'ai dit des choses excellentes que tu dois considérer en ton cœur : fais-le ; tu deviendras un homme bon et tous les maux seront éloignés de toi.

Garde-toi de pécher en paroles ; qu'elles ne soient point blessantes.

C'est une chose condamnable dans l'homme qu'un malicieux bavardage qui ne se repose jamais. Tiens-toi à l'écart de l'homme qui a faibli, ne le laisse pas devenir ton compagnon.

Prends un économe réputé juste, qui agisse quand tu vois, car ton témoignage prenant sa balance. ... sauve ta main de ce qui est dans ta maison, les autres choses étant sous sa garde.

Ne te laisse pas dépouiller par l'homme que tu ne connais pas : il vient à toi pour ta ruine. Quand les biens sont mis au lieu où ils doivent être (rassemblés), il vient à toi comme un vicaire, il fait emmagasiner pour toi-même les choses qui t'appartiennent : tes hommes le trouvent sur ton chemin.

Celui qui donne peu, s'il arrive à une grande position, est comme une brique amenée.....

C'est une vie que la discipline dans la maison : la réprimande est salutaire à ton état futur.

Que ton œil soit ouvert, de peur que tu ne deviennes mendiant. Il n'est point d'homme, s'il est paresseux, dont on ait pu dire que c'était un homme de sa volonté.

N'enlève pas l'esclave d'un autre; c'est chose mauvaise, si le nom de son maître est notoirement décrié, et l'on ne sait point s'il appartient à un grand personnage. Ce maître se lève et porte plainte du vol qui a été fait de son esclave qui lui a été enlevé, qui le suivait à ses ordres, qui savait ce qui est dans sa maison. Tu te repens et dis : « Qu'ai-je fait? » Tous tes compagnons disent durement : « Je vais te faire connaître sur terre quelqu'un qui cherche à meubler sa maison. »

On t'a fait des lieux de plaisir, on t'a placé des cactus au devant de ce qu'on a labouré pour toi à la houe, on t'a planté à l'intérieur des sycomores qui relient tous les domaines qui dépendent de ta maison : tu remplis ta main des fleurs que tu contemples! on devient malade au milieu de tout cela. Heureux celui qui n'abandonnerait rien de tout cela!

Ne remplis pas ton cœur du bien d'autrui ; garde-t'en : agissant dans ton intérêt, n'approche pas du bien d'un autre, à moins qu'il ne l'apporte lui-même dans ta maison.

Bâtis-toi une maison, si tu te trouves haïr la résidence ne commun. Ne dis pas : C'est une part de maison qui m'est venue en héritage de mon père et de ma mère qui sont dans la tombe; car si tu viens à partager avec ton frère, ta part, ce sont les greniers.

Mon Dieu m'ayant accordé que tu aies des enfants, (le cœur) de ton père le connaît. Or, quiconque a faim est rassasié dans sa maison : je suis pour lui un mur de protection. Ne fais point d'actions où tu montrerais que tu n'as pas de cœur; car c'est mon Dieu qui donne l'existence.

Ne reste pas assis quand un autre est debout, s'il est plus âgé que toi, même si tu es plus grand que lui dans ses fonctions.

On ne recueille point le bien en disant le mal.

Marche chaque jour dans le chemin de la rectitude et tu atteindras le lieu où tu vas.

De quoi parle-t-on chaque jour? Les fonctionnaires parlent de leurs devoirs; la conversation de la femme roule sur son mari, et la conversation de l'homme sur sa profession.

Ne parle pas mal à tout venant : la parole au jour de ton bavardage renverse ta maison.

Si tu te trouves vaillant au temps de ta prospérité, l'adversité venue, tu la supporteras.

Le dissipateur voisine : comme les qualités du dissipateur sont un vide pour le frère, tes gens se réjouissent apparemment : ils pleurent dans leur cœur.

Si tu es bon, tu seras regardé; que tu sois dans un cercle nombreux ou que tu sois solitaire, tu trouves tes gens et on exécute ce que tu dis.

Si tu es habile dans les écritures, si tu les as pénétrées, place-les en ton cœur : tout ce que tu dis devient alors parfait. Si le scribe est employé dans une profession quelconque, il discourt d'après les écrits. Il n'y a point de fils pour le chef de la double maison blanche, il n'y a point d'héritier pour le chef du sceau. Les grands apprécient le scribe; sa main, c'est sa profession : on ne la donne point aux enfants : leur misère, c'est son bien; leur grandeur, c'est son œuvre.

N'enorgueillis point ton cœur à propos de l'homme dissipateur, de manière à faire qu'il s'emporte contre toi. Le rapport sorti de ta bouche, si tu le réitères, circule promptement. Ne te fais pas d'inimitiés : la ruine de l'homme est sur sa langue. Prends garde de causer toi-même ta perte.

Comme le ventre de l'homme est une salle de grenier public qui est remplie de toute sorte de réponses, choisis pour toi ce qui est bon : parle bien et que ce qui est mal soit enfermé dans ton ventre. Répondre avec violence, c'est lever le bâton. Parle avec la douceur de l'amant ; certes..... pour l'éternité.

Celui qui a été opprimé par le menteur accuse à son tour ; ensuite le Dieu proclame la vérité, et le trépas étant venu enlève le (premier) accusateur.

Lorsque tu fais tes offrandes à ton Dieu, garde-toi de ce qu'il a en abomination : n'organise pas son cortège, ne l'étend pas après son apparition, ne le raccourcis pas pour ceux qui le portent ; n'agrandis pas ses prescriptions et garde-toi de ce qui serait un surplus dans ses liturgies. Que ton œil regarde vers ses plans. Applique-toi à faire adoration en son nom, car c'est lui qui donne aux esprits des millions de formes et qui magnifie celui qui le magnifie. Si le Dieu de cette terre, le soleil, domine à l'horizon pendant que ses emblèmes sont sur terre, si chaque jour on offre l'encens avec les pains, son lever fait verdoyer tout ce qui a été planté ; multiplie les pains pour le Dieu.

Je t'ai donné ta mère qui t'a porté comme elle t'a porté ; elle s'est donné à cause de toi un lourd fardeau, sans se reposer sur moi. Quand tu es né après tes mois de gestation, elle s'est vraiment soumise au joug, car ses mamelles ont été dans ta bouche pendant trois ans. Comme tu venais à merveille, la répugnance de tes ordures ne lui a point répugné au cœur (et ne lui a point fait) dire : Que fais-je? Lorsque tu fus mis à la maison d'école, à cause de ton instruction, elle fut assidue chaque jour près de ton maître avec des pains et de la bière de sa maison. Maintenant que tu es devenu pubère, que tu as pris femme et que tu possèdes une maison, aie l'œil sur ton enfant, élève-le comme ta mère a fait pour toi. Ne fais pas qu'elle te reprenne, de peur que, si elle lève les deux mains vers Dieu, il n'écoute ses prières.

Ne mange pas le pain, pendant qu'un autre reste debout, sans que tu étendes ta main pour lui vers le pain. On sait qu'éternellement l'homme qui n'est pas devient ; l'un est riche, l'autre mendiant ; et les pains sont stables pour qui agit charitablement. Tel est riche pendant une ou deux saisons qui devient palefrenier la saison suivante.

Ne sois point avide pour remplir ton ventre, car l'on ne sait point pourquoi tu cours ainsi. Lorsque tu es arrivé à l'existence, je t'ai donné d'autres conseils.

Le cours du fleuve s'est écarté les années passées ; une autre direction se fait dans l'année suivante. Les grands océans se dessèchent ; les rivages deviennent des abîmes : il n'y a point eu homme d'un seul dessein. C'est ce que répond la maîtresse de la vie (la mort).

Prends garde : que ton existence soit misérable ou élevée, il n'y a point de bien assuré ; en marchant droit à elle, tu foules la route.

Ne donne pas trop de liberté à l'homme dans ta maison : lorsque tu entres, on te fait rapport de sa présence, tu es informé de son dessein et la conversation s'établit.

Celui qui hait le retard arrive sans avoir été appelé.

Sans se presser arrive le coureur.

Donne-toi au Dieu ; garde-toi chaque jour pour le Dieu et que demain soit comme aujourd'hui. Sacrifie : le Dieu voit celui qui sacrifie, il néglige celui qui est négligent.

N'entre pas dans la foule, si tu te trouves excitable en présence de la violence.

Ne transgresse aucuns champs, tiens-toi en sûreté contre leurs limites, de peur que tu ne sois traîné au tribunal en présence des grands, après qu'on aura fait enquête.

Tiens-toi à l'écart des hommes rebelles : celui dont le cœur sait se posséder parmi les soldats n'est certes point traîné vers le tribunal, il n'est point enchaîné et ne connaît point le *bakschisch*.

Belles sont les actions de l'ami : ses abominations lui sont purifiées ; tu es en sûreté contre ses nombreuses négligences ; prends garde à tout ce qui perdrait cette amitié.

Le chef du troupeau, en conduisant aux champs, n'est qu'un autre animal semblablement.

S'il y a ruine des endroits ensemencés dans les champs, que le mâne soit invoqué en réalité...

Il met le malheur dans sa maison, celui dont le cœur est....; il ...... les limites en réalité.

Ne traite pas rudement une femme dans sa maison, quand tu la connais parfaitement. Ne lui dis pas : Où est cela ? apporte-le-nous ; lorsqu'elle l'a parfaitement mis à sa place, ce que voit ton œil. Quoi que tu te taises, tu connais ses qualités. C'est une joie que ta main soit avec elle. Ils sont nombreux ceux qui ne connaissent pas ce que fait l'homme qui désire mettre le malheur dans sa maison et qui ne sait point trouver en réalité sa conduite en toute direction. L'homme ferme de cœur est vite maître dans sa maison.

Ne marche pas à la remorque d'une femme, ne permets pas qu'elle s'empare de ton cœur.

Ne réponds pas à un supérieur irrité : tiens-toi à l'écart. Parle doucement à celui qui parle en étant ému : c'est le remède pour pacifier son cœur.

Que la réponse d'un vieillard portant bâton renverse tes audaces, de peur que ton émerveillement n'irrite plus que tes œuvres.

Ne te décourage pas en face de toi-même : il suffit d'une heure de malheur pour renverser de fond en comble les faveurs dont quelqu'un a joui.

Si tes discours conciliants sont pour le mieux, les cœurs inclinent à les recevoir.

Cherche pour toi le silence.

N'humilie pas celui qui fait les fonctions d'économe, de vicaire pour ta maison ; ne permets pas qu'il coure après ton oreille, donne-lui audience pendant qu'il est dans ta maison. Ne fais pas que sa prière soit vaine ; parle-lui honorablement, s'il est honorable sur terre et sans reproches. Certes, s'il n'a pas sa part (dans ta maison), il n'a point de vivres : sa vie est un jour de fête renversé (?), lorsqu'il trouve ton..., il est rejeté à ta bonté.

A ton entrée dans un village, les acclamations commencent ; à ta sortie, tu es sauvé par ta main.

CONCLUSION ET DIALOGUE

Le scribe Ani répondit à son père le scribe Khonsou-hôtep : Cela me suffit ainsi. Je suis connu comme étant ton portrait ; autrement dit : j'ai fait ce que tu m'as enseigné par ton témoignage. Lorsque le fils est amené à la place de son père, tout homme se tire les cheveux. Toi, tu es un homme ; c'est-à-dire tes désirs sont élevés, toutes tes paroles sont choisies. C'est un fils mauvais en ses chairs, celui qui dit : Pose les écrits. Tes paroles étant douces au cœur, le cœur est enclin à les accepter, le cœur se réjouit. Ne multiplie pas tes bons conseils, quand on te porte attention. Les instructions que l'on donne en témoignage ne font point le jeune homme, quand même elles seraient devenues comme un livre sur sa langue.

Le scribe Khonsou-hôtep répondit au scribe Ani, son fils : Ne laisse pas amoindrir ton cœur par le découragement ; ne laisse pas arracher de ton cœur les supplications au sujet desquelles je t'ai porté témoignage ; certes, elles sont difficiles (?) mes paroles que tu dis vouloir suivre dans ta conduite. Le taureau vieilli, victime de la boucherie, qui ne sait pas ce que c'est que laisser le sol où il a vécu, foule aux pieds sa surprise, affermi par l'instruction qu'on lui a donnée ; il agit comme le veut l'engraisseur. Le lion furieux laisse sa férocité et il dépasse le pauvre âne (en obéissance). Le cheval, entré sous le joug, marche avec obéissance au dehors. Ce chien, il entend la parole et marche derrière son maître. La chamelle porte des vases que n'a point portés sa mère. L'oie, descendue dans les canaux, attire dans le filet les oiseaux (?) qui la suivent. On enseigne aux Nègres la langue des hommes d'Égypte ; le Syrien et toutes les nations étrangères font semblablement. Je t'ai dit ce que j'ai fait dans toutes mes fonctions ; si tu as écouté, tu sais comment on les accomplit.

Le scribe Ani, son fils, répondit au scribe Khonsou-hôtep : Ne crie pas trop haut tes actions de force ; je suis gonflé de tes enseignements de conduite. Ce n'est point un homme, celui qui cesse d'écouter la réponse en sa place. Puisque les hommes sont les seconds de Dieu, leur devoir est d'écouter l'homme avec sa réponse. Ce n'est point connaître son second (son prochain), que de commettre des actes nombreux dans tous les maux ; ce n'est point connaître l'enseignement reçu que d'être quelqu'un qui a le cœur d'un chef, pendant que toute la multitude est désespérée. Tout ce que tu dis est parfait ; ne le fais pas apprécier (?) depuis le temps des ancêtres. Ce que je dis au Dieu, ce que je t'ai juré, mets-le sur ton chemin.

Et le scribe Khonsou-hôtep répondit au scribe Ani, son fils : Laisse le derrière de ta tête à ces nombreuses paroles qui sont loin d'être entendues. Le bois arraché est laissé dans le champ ; lorsque le soleil rayonnant l'a frappé, l'artisan l'emporte, il le travaille habilement, il en fait le bâton des chefs ; le bois éprouvé, il en fait des armes. O cœur ignorant, est-ce que ton cœur est achevé, ou bien es-tu défaillant ? vois ! il a son cri semblablement celui qui connaît la force de son bras, comme le nourrisson qui est sur le sein de sa mère et qui ne désire qu'être allaité. Vois ! il crie dès qu'il a trouvé sa bouche. Dis donc : donne-moi du pain.

FIN

CHALON-SUR-SAÔNE, IMP. FRANÇAISE ET ORIENTALE DE L. MARCEAU

ERNEST LEROUX, ÉDITEUR, 28, RUE BONAPARTE

BIBLIOTHÈQUE DE L'ÉCOLE DES HAUTES ÉTUDES
SCIENCES RELIGIEUSES

VOLUME I
ÉTUDES DE CRITIQUE ET D'HISTOIRE
PAR LES MEMBRES DE LA SECTION DES SCIENCES RELIGIEUSES
AVEC UNE INTRODUCTION PAR M. ALBERT RÉVILLE, PRÉSIDENT DE LA SECTION

Sommaire du volume : Albert RÉVILLE, Introduction. — Le sens du mot *Sacramentum* chez Tertullien. — L. DE ROSNY. Le texte du Tao Teh King et son histoire. — PICAVET. De l'origine de la philosophie scolastique en France et en Allemagne. — Hartwig DERENBOURG. Un nouveau roi de Saba. — Sylvain LÉVI. Deux chapitres du Sarva Darçana-Samgraha. — MASSEBIEAU. Le classement des œuvres de Philon. — AMÉLINEAU. L'hymne au Nil. — Maurice VERNES. Les populations anciennes et primitives de la Palestine, d'après la Bible. — ESMEIN. La question des investitures dans les lettres d'Yves de Chartres. — Jean RÉVILLE. Le rôle des veuves dans les communautés chrétiennes des deux premiers siècles. — Ernest HAVET. La conversion de saint Paul. — SABATIER. L'auteur du livre des actes des Apôtres a-t-il connu les Épîtres de saint Paul ? — Is. LOEB. La Chaîne de la Tradition dans le premier chapitre des *Pirké Abot*.

Un beau volume in-8 .... 7 fr. 50

VOLUME II
DU PRÉTENDU POLYTHÉISME DES HÉBREUX
ESSAI CRITIQUE SUR LA RELIGION DU PEUPLE D'ISRAEL
SUIVI D'UN EXAMEN DE L'AUTHENTICITÉ DES ÉCRITS PROPHÉTIQUES
Par MAURICE VERNES
Directeur-Adjoint

Première partie ; un volume in-8 .... 7 fr. 50

VOLUME III
DU PRÉTENDU POLYTHÉISME DES HÉBREUX
Par MAURICE VERNES

Deuxième partie ; in-8 .... 7 fr. 50

VOLUME IV
LA MORALE ÉGYPTIENNE
QUINZE SIÈCLES AVANT NOTRE ÈRE
ÉTUDE SUR LE PAPYRUS DE BOULAQ N° 4
Par E. AMÉLINEAU

Un volume in-8 .... 10 fr.

CHALON-S-SAÔNE, IMP. FRANÇAISE ET ORIENTALE DE L. MARCEAU

www.ingramcontent.com/pod-product-compliance
Lightning Source LLC
Chambersburg PA
CBHW050749170426
43202CB00013B/2353